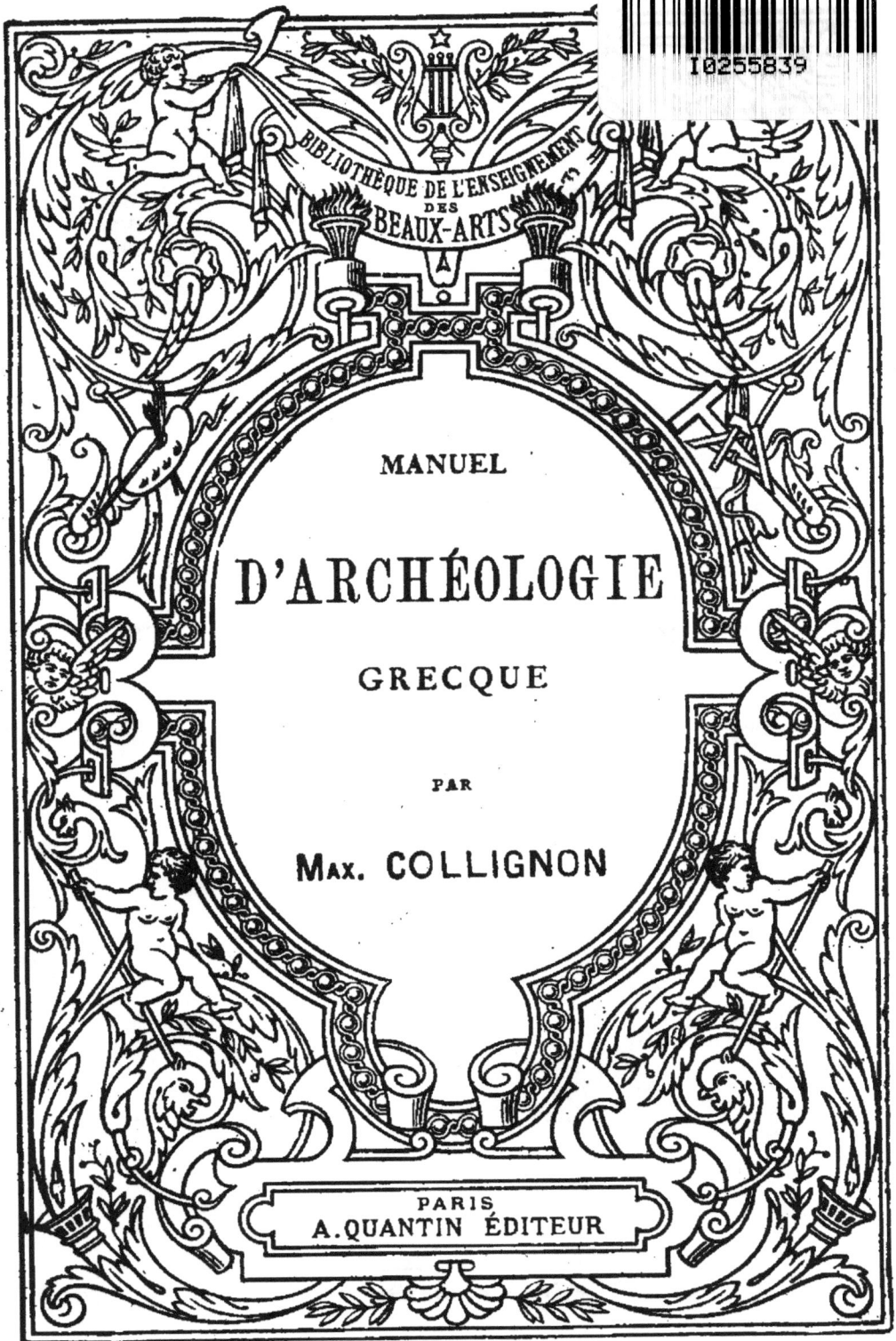

BIBLIOTHÈQUE DE L'ENSEIGNEMENT DES BEAUX-ARTS

MANUEL

D'ARCHÉOLOGIE

GRECQUE

PAR

Max. COLLIGNON

PARIS
A. QUANTIN ÉDITEUR

Marius Michel del.

OUVRAGE PUBLIÉ SOUS LE PATRONAGE

DE

L'ADMINISTRATION DES BEAUX-ARTS

Tous droits réservés

BIBLIOTHÈQUE DE L'ENSEIGNEMENT DES BEAUX-ARTS

MANUEL D'ARCHÉOLOGIE GRECQUE

PAR

MAXIME COLLIGNON

ANCIEN MEMBRE DE L'ÉCOLE FRANÇAISE D'ATHÈNES
PROFESSEUR
A LA FACULTÉ DES LETTRES DE BORDEAUX

PARIS
A. QUANTIN, IMPRIMEUR-ÉDITEUR
7, RUE SAINT-BENOIT

PRÉFACE

Les prétentions de ce petit livre sont fort modestes. Le titre seul de la collection où il doit prendre place indique assez quelle en est la portée : c'est avant tout un ouvrage d'enseignement, destiné aux élèves de nos lycées et de nos écoles, et à la partie du public qui s'intéresse aux choses de l'art. Il y avait, croyons-nous, quelque intérêt à présenter, sous une forme très abrégée, des notions qu'on n'acquiert souvent qu'au prix de longues recherches, dans des ouvrages trop spéciaux pour être facilement abordables. Dans un ordre d'études aussi complexe, l'absence de traités élémentaires déconcerte la bonne volonté des débutants, et la curiosité ne sait où se prendre. C'est ce qui justifie notre tentative de résumer, dans les limites restreintes de ce volume, les principaux éléments de l'archéologie grecque, ou tout au moins de ce qu'on est convenu d'appeler l'*Archéologie de l'art*.

Le *Manuel* d'Otfried Müller offre un plan tout tracé pour ces sortes d'ouvrages. Toutefois, nous avons cru devoir nous en écarter sur plusieurs points, pour ne pas multiplier outre mesure les chapitres. Après avoir exposé brièvement l'histoire des origines de l'art grec, nous avons successivement passé en revue les différents arts plastiques, en adoptant les divisions consacrées par l'usage. Dans chaque partie, nous avons donné une suite chronologique de monuments, classés par périodes, en nous attachant, non pas à accumuler les exemples, mais à les choisir. L'étude des séries laisse en effet dans l'esprit du lecteur des idées nettes; elle lui montre que les diverses parties de l'art se développent suivant les mêmes principes, sont soumises aux mêmes lois, et, en dépit de leur variété, reflètent les changements que subit la vie morale d'un peuple. Cette méthode nous a semblé offrir un autre avantage. Nos divisions correspondent au mode de classement adopté dans nos musées pour les monuments figurés : il n'est pas inutile que le lecteur trouve ici, sur chaque ordre de monuments, des indications générales qui lui permettent de s'orienter plus rapidement dans les salles d'un musée.

Il est à peine besoin d'ajouter que les dimensions du volume et le caractère même de la publication nous défendaient tout appareil scientifique. Nous nous sommes borné à placer, en tête de chaque chapitre, une courte bibliographie, où sont mentionnés de préférence les ouvrages les plus récents; nous souhaitons que nos lecteurs y aient souvent recours. Au moins nous est-il permis d'espérer que cet ouvrage vient à propos. La connaissance des monuments figurés est devenue, en effet, le complément indispensable des études classiques : elle éclaire d'une vive lumière l'interprétation des textes, et, par une sorte d'intuition rapide, nous met comme en contact avec l'esprit antique. Nous n'avons pas eu d'autre ambition que d'en donner une idée fort générale, et de montrer aux esprits curieux la richesse et la variété des études qui forment le domaine de l'archéologie classique.

LIVRE PREMIER

LES ORIGINES DE L'ART GREC

CHAPITRE PREMIER

PÉRIODE GRÉCO-PÉLASGIQUE

Fouqué : *Rapport sur une mission scientifique à l'île de Santorin : Archives des missions scientifiques*, t. IV, et *Santorin et ses éruptions.* — Schliemann : *Troie et ses ruines.* — Fr. Lenormant : *Les Antiquités de la Troade.* — Schliemann : *Mycènes.* — Fr. Lenormant : *Les Antiquités de Mycènes : Gazette des Beaux-Arts* (février, avril 1879).

§ I. — LES ANTIQUITÉS DE SANTORIN ET D'HISSARLIK

Les plus anciens monuments laissés sur le sol de l'Hellade par les populations primitives datent du temps où la Grèce n'avait pas encore d'histoire. Tandis que les empires d'Égypte et d'Assyrie comptent déjà de longs siècles de prospérité, les peuplades qui habitent l'Hellade ne sont pas sorties d'un état de civilisation peu avancé. Quelques rares mentions dans les documents écrits de l'Égypte, des légendes mythologiques, des monuments retrouvés grâce à des fouilles heureuses, tels sont les éléments dont on dispose pour étudier cette période obscure. Avant le grand fait historique qui suit la guerre de Troie, l'établissement définitif des Doriens dans le Péloponèse, on entrevoit une longue suite de luttes et de migrations, dont les pays qui forment le bassin de la mer Égée ont été le théâtre. La grande migration aryenne venue de l'Orient s'est partagée en trois groupes : l'un, traversant l'Hellespont et la Macédoine, s'est établi dans les régions montagneuses de la Thrace et de la Macédoine; c'est le lieu d'origine des tribus helléniques, qui descendront plus tard en Grèce. Un autre s'est cantonné sur les plateaux de la Phrygie, d'où il n'est pas sorti. Un troisième enfin a occupé les côtes d'Asie Mineure et colonisé les îles de la mer Égée et une partie de la Grèce continentale; c'est la race pélasgique, que les Grecs considéraient comme indigène, et dont les monuments attestent la haute antiquité. M. Curtius y reconnaît non sans raison les ancêtres des Grecs orientaux[1] : « Nous donnons aux peuples maritimes de l'Asie Mineure, à ceux du moins qui appartiennent à la race phrygo-pélasgique, le nom de Grecs orientaux. » Quand les tribus hellènes, Achéens, Doriens, Ioniens et Éoliens, quittent la Phthiotide pour se répandre inégalement sur le sol de la Grèce, elles en chassent les Pélasges, ou les asservissent. Ces Pélasges, sans doute proches parents des Hellènes, apparaissent dans l'histoire bien avant eux. Les monuments égyptiens de la XVIIIe dynastie en font déjà mention, et sous

---

1. *Histoire grecque*, t. Ier, p. 37, 38.

les règnes de Séti et de Ramsès II (xixe dynastie), ils prennent part aux expéditions que les Khétas de Syrie et les Libyens d'Afrique dirigent contre l'Égypte.

On ne saurait rien du degré de civilisation de ces peuples, si des fouilles récentes et d'une extrême importance n'avaient mis au jour des documents tout nouveaux. Les trouvailles de Santorin et d'Hissarlik, celles de Mycènes et de Spata, nous révèlent un état d'industrie qui semble avoir été commun à tout l'ancien monde grec. Cette civilisation *gréco-pélasgique* s'est étendue à tous les peuples qui occupaient le bassin de la mer Égée, et qui entretenaient entre eux des relations suivies, grâce à un cabotage très actif. On ne saurait fixer avec une entière exactitude la date des monuments trouvés; toutefois on peut les classer en deux groupes principaux : celui de Santorin et d'Hissarlik, qui nous reporte aux origines, et celui de Mycènes et de Spata, d'une époque plus récente, où apparaissent déjà des influences orientales.

Antérieurement au xve siècle avant notre ère (vers l'an 2000, suivant M. Fouqué), l'île de Théra, l'une des Cyclades, fut bouleversée par une éruption volcanique; la partie centrale s'effondra, ne laissant plus qu'une bordure circulaire formée par les îles actuelles de Santorin, de Thérasia et d'Aspronisi. Des fouilles, pratiquées à Thérasia et à Santorin en 1866-67, ont mis au jour les ruines d'habitations antérieures à l'éruption. Au milieu des débris de maisons grossièrement construites, on a retrouvé sous des amas de tuf ponceux des objets servant à la vie journalière, meules, augets, etc., et en particulier des vases d'un style primitif, dont la gorge renflée imite les formes féminines. Des objets de même style, retrouvés au-dessus de la couche de tuf, prouvent que peu de temps après l'éruption une autre population remplaça la première. Ce peuple, qui habitait l'île avant l'occupation des Phéniciens au xve siècle, vivait de la pêche et cultivait la terre. Peut-être faut-il reconnaître les anciens colons de Théra sur une peinture égyptienne du tombeau de Tothmès III, à Rekhmara, où « les peuples des îles de la mer » apportent des présents au Pharaon; ils tiennent à la main des vases à bec relevé, qui rappellent par leur forme ceux de Santorin.

C'est à une civilisation analogue, quoique plus récente, qu'appartiennent les objets trouvés par M. Schliemann près du village d'Hissarlik, dans la Troade. Ces importantes découvertes, que leur auteur a cru pouvoir attribuer à l'époque homérique, ont donné lieu à de longues discussions. M. Schliemann avait exhumé les ruines de plusieurs villes superposées; dans les plus anciennes, révélant encore les traces d'un incendie, l'explorateur croyait reconnaître les vestiges de l'Ilion d'Homère, et il donnait le nom de *Trésor de Priam* à une riche collection de bijoux barbares, vases d'or et d'argent, perles d'or fondu, etc., recueillis au milieu des débris. L'identification des ruines voisines d'Hissarlik avec la Troie homérique est loin d'être acceptée sans contestation; et certains savants placent au contraire la ville de Priam près de Bounarbachi, suivant l'opinion émise en 1788 par Lechevalier. Hissarlik marquerait seulement l'emplacement de l'Ilion des Romains, *Ilium recens,* plusieurs fois détruite et rebâtie au temps des

Éoliens, des Lydiens, des Lysimaques et des Césars.

Néanmoins, l'opinion qui fixe à Hissarlik l'emplacement de la Troie homérique est fort plausible. Des couches de débris, accumulées sur seize mètres de profondeur, prouvent qu'une population très dense a vécu pendant des siècles sur la colline d'Hissarlik; en outre, ce point est plus rapproché de la mer que Bounarbachi et se prête mieux à l'intelligence des scènes homériques[1].

Quant aux objets trouvés à Hissarlik, il est impossible d'y voir, avec M. Schliemann, des restes de la civilisation décrite par Homère. Ils appartiennent à une époque demi-barbare, et le peuple qui les fabriquait commençait à peine à se servir du métal. On n'y retrouve aucune trace d'une influence égyptienne ou assyrienne, et aucun caractère hellénique. Les poteries, en particulier, sont toutes primitives et faites à la main ; elles rappellent, pour les procédés techniques, celles qui ont été trouvées sous le tuf dans l'ancien Latium, et les vases de Santorin antérieurs à l'éruption. Les motifs de décoration sont des imitations enfantines d'animaux, et le vase lui-même représente grossièrement la figure humaine. Jointes à celles de Santorin, les antiquités d'Hissarlik constituent, en l'état actuel de la science, le groupe le plus ancien : ce sont les premiers documents qui nous soient parvenus pour l'histoire de l'industrie dans le monde grec[2].

1. Voir G. Perrot : *Les découvertes du Dr Schliemann, à Troie et Mycènes;* conférence faite à la Sorbonne, 19 mars 1881.
2. On ne parle pas ici des monuments de l'âge de pierre qui ont été retrouvés en Grèce comme dans toute l'Europe. Cf. DUMONT: La Grèce avant la légende et avant l'histoire : *Revue Archéologique,* t. XVI.

§ II. — Les antiquités de Mycènes, de Spata, de Rhodes

Le second groupe paraît appartenir à une époque plus récente. C'est comme une phase plus avancée de la civilisation dont nous apercevons les origines lointaines à Santorin et à Hissarlik.

L'acropole de Mycènes était déjà signalée à l'attention des savants par les sculptures de la *Porte des Lions* et par les ruines de murailles gigantesques. C'est là qu'en 1874, M. Schliemann commença plusieurs campagnes de fouilles, qui amenèrent la découverte de cinq tombeaux contenant un riche mobilier funéraire. Les trouvailles de Mycènes sont un vrai trésor. Les objets d'or, très nombreux, comprennent des plaques travaillées au repoussé, des couronnes, des coupes, des masques funéraires, imitant la figure humaine, et posés sur le visage des cadavres. Des armes, des objets de bronze, de cristal, d'albâtre, des pierres gravées, des fragments de stèles, complètent ce trésor, qui ne contient pas moins de 20,000 pièces. Le fer ne figure pas au nombre des métaux retrouvés, qui sont l'or, le cuivre et le bronze.

Certains objets trahissent une importation orientale évidente. Tel est le modèle de temple, orné de colombes, dont nous donnons le dessin; tels sont aussi de beaux vases en or, décorés de fleurs radiées et de lions d'un type conventionnel. On retrouve l'influence de l'Orient dans les plaques d'or estampées ou dans les bractées qui étaient cousues sur les vêtements. Mais si l'on peut distinguer dans le trésor de Mycènes des

FIG. 1. — MASQUE FUNÉRAIRE EN OR, TROUVÉ A MYCÈNES
(Gravure extraite de l'ouvrage du Dr Schliemann, *Mycènes*, publié par Hachette.)

objets de provenance phénicienne et babylonienne, importés par le commerce, le plus grand nombre est le produit d'une industrie locale et accuse un style encore rude et imparfait. Tels sont les vases d'or, un grand plastron de même métal, et les boutons d'or repoussé et ciselé, qui décoraient les objets de bois ou de cuir, comme les fourreaux d'épée.

Ces monuments offrent un système d'ornementation

FIG. 2. — MODÈLE DE TEMPLE EN OR, TROUVÉ A MYCÈNES.
(Extrait du *Mycènes* du Dr Schliemann.)

très original, qui procède par courbes et par lignes flexueuses; les motifs employés sont les suivants : les spirales, les rosaces florales, les bossettes circulaires, décorées de points en relief ou de cercles concentriques; le feuillage des plantes aquatiques; l'imitation des insectes et des animaux marins, tels que poulpes, méduses, astéries, etc. C'est le même système qui prévaut sur les poteries faites au tour et décorées de peintures, trouvées

FIG. 3. — BOUTON EN OR REPOUSSÉ, TROUVÉ A MYCÈNES.
(Extrait du *Mycènes* du Dr Schliemann.)

dans les tombeaux; or l'origine locale de ces vases ne saurait être douteuse.

On ne peut guère croire, avec M. Schliemann, que les tombeaux découverts par lui sont ceux d'Agamemnon et de ses compagnons, assassinés par Égisthe et par Clytemnestre. Il est toutefois vraisemblable que ces monuments datent du temps de la domination achéenne dans le Péloponèse. Otfried Müller a prouvé que la race achéenne, aux temps héroïques, a occupé la plus grande partie du Péloponèse et de la Thessalie; et elle est déjà citée sur les monuments égyptiens du xive siècle avant notre ère. Quand, sous le règne de Merenptah, les peuples méditerranéens font des tentatives contre l'Égypte, les Achéens se joignent à ce mouvement; ils figurent dans une inscription de Karnak, sous le nom facilement reconnaissable d' « Akaios », à côté des Tyrrhéniens, des Sicules, des Sardhanes et des *Leka,* ou Lyciens. La civilisation de ce peuple est empreinte d'une grandeur barbare; l'or est prodigué dans les sépultures des chefs achéens de Mycènes. Mais on est loin encore de l'époque homérique; deux siècles au moins séparent l'*art mycénien* de celui que décrivent les poètes homériques. Les objets travaillés par les rudes orfèvres mycéniens peuvent se comparer moins aux œuvres grecques de la période suivante, qu'aux bijoux trouvés dans les sépultures barbares de la vallée du Danube, en particulier à Hallstadt, près de Vienne. Les Achéens de Mycènes ont déjà des relations commerciales avec les Phéniciens; mais le moment n'est pas encore venu où l'Orient initiera la Grèce aux arts de la plastique.

Les antiquités de Mycènes ne sont pas un fait isolé. Si étranges qu'elles paraissent au premier abord, elles s'éclairent d'un jour tout nouveau, grâce à des découvertes faites sur différents points du monde grec, grâce surtout aux trouvailles de Spata, petit village de l'Attique[1]. Les objets de verre, d'or et d'ivoire trouvés dans les hypogées de Spata témoignent déjà d'une industrie plus avancée que celle de Mycènes. L'influence orientale y est encore plus sensible. Une tête d'homme barbu, coiffé d'une mitre conique, qui décore une applique en ivoire provenant de Spata, rappelle de très près certaines statues phéniciennes trouvées à Cypre; et le motif représenté sur une plaque d'ivoire, un lion dévorant un bœuf, n'est pas différent de celui qu'offrent une pierre gravée phénico-sarde et une coupe phénicienne de Palestrine. Mais si l'influence orientale est plus accusée qu'à Mycènes, ici aussi on reconnaît des produits de l'industrie locale, et les motifs empruntés à l'imitation des végétaux aquatiques, des oiseaux de mer et des poissons, qui caractérisent l'ornementation gréco-pélasgique.

FIG. 4.
PIÈCE D'APPLIQUE EN IVOIRE TROUVÉE A SPATA.
(Extrait du *Bulletin de Correspondance hellénique*.)

A ces découvertes viennent encore s'ajouter celles d'Ialysos, dans l'île de Rhodes, celles de Cypre, des sépultures archaïques de Nauplie en Argolide et de

---

1. Voir le catalogue des objets découverts à Spata, par M. Haussoullier, *Bulletin de Correspondance hellénique*, t. II.

Ménidhi en Attique. Nous touchons alors à la période gréco-orientale, qui succède à la civilisation pélasgique, par une transition naturelle. C'est le moment où le génie grec, tout imprégné d'influences orientales, cherche encore sa voie. Les comptoirs ou *emporia* phéniciens, échelonnés dans les îles de la mer Égée et le long des côtes du Péloponèse, y importent des types que les Grecs s'efforcent de reproduire avec une émulation naïve; d'autre part la Grèce ionienne, à demi orientale, touche à la Lydie, aux peuples de l'Asie Mineure, tout pénétrés des influences assyriennes. L'art grec s'éveille à peine et traverse une longue période d'initiation qui dure jusqu'aux dernières années du viie siècle. Il convient dès lors d'examiner ce qu'il a pu devoir aux civilisations plus avancées, qui lui fournissent ses premiers modèles.

CHAPITRE II

LES ORIGINES ORIENTALES

GERHARD : *Ueber die Kunst der Phônicier.* Dans les *Gesammelte Akademische Abhandlungen.* — RENAN : *Mission de Phénicie.* — *The Antiquities of Cyprus; discovered principally on the sites of the ancient Golga and Idalium,* by g^{al} *L. Palma di Cesnola,* publiées par MM. C.-T. Newton et Sidney Colvin. — DE CHABAS : *l'Antiquité historique et les Monuments égyptiens.* LEPSIUS : *Ueber einige aegyptische Kunstformen und ihre Entwickelung,* Mém. de l'Académie de Berlin. — DE LONGPÉRIER : *Musée Napoléon III.* — LAYARD : *Nineveh and its remains,* et *The Monuments of Nineveh.* — PLACE : *Ninive et l'Assyrie.* — PERROT et GUILLAUME : *Exploration archéologique de la Galatie et de la Bithynie.*—PERROT : *l'Art de l'Asie Mineure;* dans les *Mélanges d'archéologie.* — SEMPER : *Der stil in der technischen und tektonischen Kunst.*

Les Grecs semblent avoir pris à tâche d'obscurcir l'histoire de leurs origines artistiques. A les en croire, ils auraient tout inventé, et les premiers historiens de l'art grec, connaissant mal l'Orient, ont accrédité cette erreur. « L'art, dit Winckelmann [1], quoique né beau-

---

1. *Histoire de l'art,* § 4.

coup plus tard chez les Grecs que chez les peuples orientaux, y a commencé par les moindres éléments, simplicité qui persuade aisément qu'ils n'en ont rien appris des autres nations, et qu'ils en ont été les premiers inventeurs chez eux. » On sait déjà ce qu'il faut penser de cette théorie, que condamnent les découvertes faites en Orient.

Il est bien prouvé aujourd'hui que l'art grec, à son début, a subi l'influence des civilisations orientales ; qu'il leur a dû ses premiers modèles, et qu'il tient d'elles la science des procédés et l'habileté technique. Il suffit d'ailleurs de jeter un coup d'œil sur la situation géographique de la Grèce, pour voir à quel point elle favorise un commerce continu avec l'Orient : les îles semées dans la mer Égée, séparées par des distances minimes qu'on peut souvent franchir en quelques heures, mettent l'Hellade en communication directe avec l'Égypte et la Phénicie ; et les grandes vallées de l'Asie Mineure sont autant de routes naturelles ouvertes dans la direction de l'Assyrie. Tout contribue à faire de la Grèce l'élève de l'Orient : les conditions matérielles, et son infériorité au milieu de ces civilisations avancées et florissantes.

L'histoire des origines orientales de l'art grec ferait à elle seule la matière d'un livre. On se bornera à indiquer ici brièvement la part qui semble revenir aux pays orientaux dans cette initiation, jusqu'au moment où le génie grec entre résolument dans sa voie originale.

§ I. — INFLUENCES PHÉNICIENNES

C'est surtout sur les Grecs des îles et du Péloponèse que l'industrie phénicienne a exercé une action sensible. Les colonies des Sidoniens et des Tyriens avaient fait de la Méditerranée une mer phénicienne : leurs comptoirs, leurs factoreries étaient établis à Rhodes, en Crète, dans les Cyclades, et jusqu'à Cythère; de là, ils avaient poussé dans le Péloponèse, à Amyklæ, à Gythion, et remonté jusque dans l'Argolide, l'Attique et la Béotie. Ces établissements les mettaient en contact avec les Grecs occidentaux, surtout avec les Doriens; on sait ce que la civilisation grecque leur a dû : les origines phéniciennes de l'alphabet grec sont bien connues.

Les navires phéniciens apportaient en Grèce des ouvrages d'or et d'argent, de verre, d'ivoire, travaillés par les verriers et les orfèvres de Tyr et de Sidon, des vases peints, des statuettes de bronze, de terre cuite, comme celles que l'on vendait encore à Paphos au VIIIe siècle, et qui servaient de talismans aux navigateurs. Ces objets étaient les modèles des ouvriers grecs, qui les imitaient avec une gaucherie enfantine : c'est ainsi que toute une classe de vases peints, trouvés dans les Cyclades, montre comment, aux XIIe et XIIIe siècles, les *potiers grecs copiaient les produits de l'art phénicien*. Les navigateurs sidoniens et tyriens n'apportaient pas seulement les produits de leur industrie. Grâce à un privilège acquis depuis le règne de Tothmès Ier, ils avaient le monopole du commerce de l'Égypte avec l'étranger, et ils répandaient en Grèce des objets de fabrication égyptienne, qui frappaient les Grecs d'autant plus vivement que l'Égypte leur était fermée. Il faut donc reconnaître aux Phéniciens un double rôle : celui d'intermédiaires entre la Grèce et l'Égypte, et celui d'initiateurs par leur propre industrie.

Dans quelle mesure l'art phénicien a-t-il pu agir sur l'art grec à ses débuts ? Il offrait à l'imitation des Grecs des œuvres de styles fort mêlés. On a souvent remarqué que les produits phéniciens n'ont jamais fait que refléter le style de l'Égypte et de l'Assyrie, suivant que la Phénicie était soumise à la suprématie de l'un ou de l'autre de ces pays. Le témoignage le plus concluant est fourni par les monuments de l'art cypriote, qui est un des rameaux les plus importants de l'art phénicien. Grâce aux belles fouilles de M. Palma di Cesnola dans l'île de Cypre, on possède aujourd'hui une riche série de statues provenant des antiques villes de Golgos et d'Idalia ; on y retrouve clairement l'influence successivement prédominante de l'Égypte et de l'Assyrie. Les statues de style *égyptisant* montrent des personnages debout, les bras pendant le long du corps : la coiffure est le *klaft* ou le *pchent* de l'Égypte ; ils portent autour des reins le *schenti*, ou pagne échancré[1]. D'autres statues, de style assyrien, contrastent avec les précédentes : ici les personnages, rois ou prêtres, portent le casque ou une sorte de bonnet pointu[2] ; la barbe et la chevelure sont disposées

---

1. *The Antiquities of Cyprus,* publiées par Newton et Sidney Colvin, pl. IX.
2. Même ouvrage, pl. XVIII.

en boucles symétriques, et la longue robe recouvre presque tout le corps. Enfin des statues d'une date postérieure rappellent les caractères de l'art grec archaïque ; tout cela avec un fonds commun, un air de famille, qui constitue le style cypriote. On peut suivre cette progression, qui répond à des changements successifs d'influences étrangères, dans la précieuse collection de figurines du Louvre, provenant des fouilles de M. de Vogüé. On y reconnaît le style de l'Égypte et celui de l'Assyrie, jusqu'au moment où Cypre devient un des centres de la civilisation grecque en Orient.

Il est facile d'apprécier le genre de modèles que la Phénicie offrait à l'imitation des Grecs : c'étaient les formes générales égyptiennes, avec un souci du détail et une exécution qui relevaient plutôt de l'Assyrie. On retrouve ce mélange dans de précieux monuments, découverts en Cypre. Le trésor de Curium comprend de nombreux objets où apparaissent à la fois le style égyptien et le style assyrien : au premier appartiennent des scarabées, des coupes dorées ; au second des agrafes enrichies de chimères et de fleurs, des coupes décorées de sujets familiers aux artistes du royaume d'Assour. Les belles coupes phéniciennes d'argent doré trouvées à Larnaca présentent les mêmes caractères ; la pose, l'attitude, le costume des personnages figurés sur les frises, et les détails de l'ornementation offrent une telle confusion de styles, qu'on y reconnaît à la fois l'*uraeus* des rois d'Égypte, et les motifs employés pour la décoration des palais de Ninive[1].

---

1. De Longpérier : *Musée Napoléon III*, pl. X et XI.

Les Doriens durent beaucoup aux Phéniciens, qui furent leurs maîtres dans l'art de travailler le bronze. Aussi dans les plus anciennes statues doriennes, on retrouve cette sorte de compromis entre deux arts différents, qui est le propre du style phénicien : l'attitude hiératique des statues égyptiennes, et le soin du détail des œuvres assyriennes.

§ II. — INFLUENCES ÉGYPTIENNES

On a beaucoup exagéré, semble-t-il, l'influence directe de l'Égypte sur les arts de la Grèce. Il est certain que cette région a été longtemps fermée aux Hellènes, qui la connaissaient seulement par l'intermédiaire des Phéniciens. Elle ne s'ouvre pour eux que sous la vingt-sixième dynastie Saïte, au temps de Psamétik Ier (VIIe siècle), alors que les Grecs sont déjà en possession des procédés techniques de l'art; les témoignages historiques prouvent à quel point cette civilisation imposante les frappa d'étonnement. L'influence de l'Égypte est cependant sensible au début de l'art grec. Pausanias, parlant des antiques ξόανα, ces primitives images des divinités grecques, déclare que beaucoup d'entre eux étaient égyptiens. D'après lui, les statues de bois d'Héraklès, d'Hermès et de Thésée, qui se trouvaient dans le gymnase de Messène, accusaient clairement une origine égyptienne, et l'on reconnaissait ce même style « exactement » (ἀκριβῶς) dans l'Héraklès d'Érythres apporté de Tyr par les Phéniciens[1]. Pausanias distingue

---

1. *Pausanias*, VII, 6

les ξόανα en deux classes : ceux qui sont traités à la manière égyptienne ou même apportés d'Égypte, et ceux des Dédalides ou élèves de Dédale ; en d'autres termes, pour les Grecs, leurs plus anciennes statues religieuses se rattachaient à la tradition égyptienne, et Dédale représente les premiers efforts de l'art grec pour s'en détacher.

On sait déjà la part qui revient à la Phénicie dans cette question des origines égyptiennes. Par le commerce, elle importe en Grèce des objets qui servent de modèles ; par le caractère égyptisant de l'art phénicien, elle communique aux premières œuvres grecques comme un reflet des arts de l'Égypte. Quand Psamétik, accueillant au VIIe siècle des pirates ioniens et cariens, ouvre son royaume aux Grecs, le génie hellénique commence à sortir de sa longue enfance ; il est déjà préparé à recevoir de l'Égypte ce qu'il semble lui avoir emprunté : un sentiment plus élevé et plus religieux de l'art. En architecture, le dorique naissant s'inspire des formes massives de la colonne égyptienne ; dans la plastique, les artistes grecs, à l'exemple des sculpteurs égyptiens, appliquent à la figure humaine les principes d'un canon régulier. On a pu reconnaître cette influence de l'Égypte dans plusieurs monuments archaïques de la sculpture grecque. Une statue d'Artémis trouvée à Délos, et faite au VIIe siècle par un Naxien[1], offre la reproduction de ces statues de bois égyptiennes (ξόανα αἰγύπτια) dont parle Pausanias : les bras étaient collés au corps, et les jambes

---

1. *Bulletin de Correspondance hellénique*, t. III, pl. I. Cette statue a été trouvée dans les fouilles faites à Délos par M. Homolle.

semblent enfermées dans une gaine. L'imitation du style égyptien n'est pas moins sensible dans une figure

FIG. 5. — STATUE DE LIONNE, TROUVÉE A CORFOU.

de lionne en pierre calcaire trouvée à Corfou, d'une date postérieure à celle de l'Artémis Délienne.

§ III. — INFLUENCES ASSYRIENNES

La part qui revient à l'Assyrie dans l'histoire des origines orientales de l'art grec est la plus considérable. Son action s'exerce surtout dans la Grèce asiatique, dans cette Ionie où l'art prend son premier développement, et dans quelques parties de la Grèce propre, à Corinthe par exemple, ville commerçante, que ses relations mettent en rapport direct avec l'Asie Mineure. Les découvertes faites à Ninive par M. Botta, les fouilles de M. Layard à Kouyoundjik et à Nimroud ont eu une importance capitale pour éclairer l'histoire de l'art grec : la comparaison des monuments assyriens avec les plus anciennes œuvres helléniques a montré clairement que, dans les pays ioniens, l'art s'est formé à l'école de l'Assyrie. Cette filiation des formes est démontrée par un grand nombre de faits, qui peuvent se grouper sous les titres suivants : 1º motifs d'ornementation ; 2º types figurés ; 3º technique ornementale et plastique.

1º Certains motifs de décoration ont passé directement des stèles et des briques émaillées de l'Assyrie sur les vases peints et les marbres de la Grèce. Tels sont la palmette, la rosace, qui apparaissent sur les vases grecs du plus ancien style. La fleur de lotus, épanouie entre deux boutons, est assyrienne : on la retrouve fréquemment dans les peintures céramiques de la Grèce dites de style corinthien.

2º Les emprunts ne sont pas moins sensibles dans les sujets qui comportent des types d'animaux ou la figure humaine. C'est l'Orient qui a créé tout ce monde fantastique de sphinx, de personnages ailés, d'animaux chimériques à tête humaine, ces zones de tigres, de boucs, de mouflons, qui se déroulent en longues files sur les coupes de métal de Ninive ou sur les bas-reliefs, et qui viennent prendre place sur les vases grecs archaïques. Entre les griffons assyriens retrouvés à Nimroud et ceux qui décorent les vases de Rhodes, l'analogie est saisissante. Les figures monstrueuses et fantastiques, chères à l'Assyrie, ne le sont pas moins à l'art grec naissant, tandis qu'on ne les voit plus sur les monuments d'un style plus avancé. Les premiers artistes grecs ne bornent pas leurs emprunts à l'imitation des motifs assyriens ; ils copient aussi le système de décoration. Leurs vases sont ornés, comme les coupes de métal de Cypre et de Ninive, de zones successives, qui semblent autant de frises superposées. On ne se représente pas autrement le cratère d'airain que les Doriens de Sparte avaient fait exécuter pour Crœsos ; il était, dit Hérodote, « décoré jusqu'au bord de figures de plantes et d'animaux.[1] » Outre les vases et les objets de métal, les riches étoffes et les tapis d'Assyrie fournissaient aux Grecs ces types d'ornementation. C'est ainsi que le peplos d'Alcisthènes de Sibaris était, au dire d'Aristote, décoré de bordures à sujets orientaux : « Le haut représentait les animaux sacrés des Susiens, et le bas ceux des Perses. »

3º L'influence assyrienne se trahit également dans les œuvres de la plastique grecque. Bien que, dès le début, le génie grec se montre plus original dans la plastique que dans les arts industriels, comme la céramique, il faut encore ici faire la part de l'Orient. Le souci du détail, le soin avec lequel sont traités les accessoires, barbe, chevelure, costume ; une certaine préoccupation d'accuser l'anatomie dans le nu, et de faire saillir les muscles ; des formes lourdes et trapues, voilà autant de caractères communs à la sculpture assyrienne et à la plastique primitive des Hellènes. Toutefois on admettra que, dans cet ordre, l'imitation est plus difficile, et que, d'autre part, l'étude directe du nu, dans les statues d'athlètes, permettra plus vite aux Grecs de développer leurs qualités personnelles.

---

1. *Hérodote*, I, 70.

§ IV. — L'ART LYDO-PHRYGIEN

La domination assyrienne en Cypre et en Phénicie, au temps des Sargonides, ne suffit pas pour expliquer les influences que nous venons de signaler. La transmission des formes et de la technique assyriennes en Grèce s'est faite surtout par l'entremise de l'Asie Mineure; on connaît, grâce aux travaux de M. G. Perrot, l'art qui a servi d'intermédiaire. C'est dans la Ptérie et en Phrygie, à Euïuk, à Boghaz-Keui, à Kalaba, qu'on peut le mieux étudier cet art *lydo-phrygien,* qui paraît avoir été commun à la Lydie, à la Cappadoce, à la Phrygie, et se rattache directement à l'Assyrie. Dans les figures d'animaux, de lions, de taureaux, on reconnaît l'imitation très exacte des types assyriens que le commerce répandait en Asie Mineure; et en voyant les bas-reliefs de la Ptérie, où des personnages s'avancent en longues files, dans des attitudes hiératiques, vêtus de costumes orientaux, il est difficile de ne pas songer aux sculptures ninivites. L'hésitation n'est plus permise sur le rôle qu'a joué l'Asie Mineure dans l'histoire des origines grecques. Les découvertes récentes n'ont fait que confirmer la doctrine de Gerhard, qui disait, en parlant des motifs empruntés par l'art grec primitif à l'Assyrie : « Ces types artistiques paraissent avoir été portés en Grèce bien moins par les Phéniciens que par les peuples de l'Asie Mineure, maîtres des routes commerciales qui passaient par Comana et Tarse, pour atteindre Ninive et Babylone[1]. »

Tels sont les faits que l'érudition moderne a substitués aux fables sous lesquelles les Grecs déguisaient les origines de leur art. Les Cyclopes Lyciens, les Dactyles de l'Ida, ces premiers ouvriers habiles à travailler le fer et les métaux, les Telchines venus de Crète à Cypre et à Rhodes symbolisaient un art fabuleux : mais, sous la légende même, on entrevoit ce que les Hellènes savaient confusément des formes, des procédés transmis par l'Orient à la Grèce. L'art grec a donc subi une loi naturelle : venu le dernier, il a emprunté aux civilisations antérieures tout ce qui peut s'apprendre, pour dégager ensuite ses qualités propres par un vigoureux essor.

1. *Ueber die Kunst der Phönicier*, t. II des *Ges. Akad. Abhand.*, p. 1-21.

CHAPITRE III

PÉRIODE GRÉCO-ORIENTALE

Brunn : *Die Kunst bei Homer*. — Quatremère de Quincy : *le Jupiter olympien.* — Beulé : *l'Art grec avant Périclès.* — Salzmann : *Nécropole de Camiros.* — Conze : *Melische Thongefaesse.*

§ I. — L'ART HOMÉRIQUE

On ne saurait songer à délimiter exactement la période où les influences orientales se font sentir : en pareille matière, les affirmations trop tranchées sont une source d'erreurs. Toutefois, on peut dire que, dès la fin du VIIe siècle, les artistes grecs sont en pleine possession des procédés techniques; l'histoire de l'art grec commence. La période qui précède cette date, et qu'on peut appeler *gréco-orientale*, est toute remplie par les efforts du génie grec pour s'émanciper, et pour lutter contre des influences qu'il subit par nécessité.

Les monuments de la période gréco-orientale sont rares. Pour connaître l'état de la civilisation grecque depuis la guerre de Troie et les invasions doriennes jusqu'aux temps historiques, on est réduit le plus souvent au témoignage des textes. Mais ces textes eux-mêmes laissent voir tout ce que la Grèce doit encore à l'Orient. Les poèmes homériques, dont la date est plus voisine du ixᵉ siècle que de la guerre de Troie, décrivent la civilisation de ce temps; ils prêtent aux personnages de l'âge héroïque les mœurs contemporaines : aussi la civilisation homérique est-elle à demi orientale. Les édifices décrits dans l'*Odyssée* laissent deviner une architecture dont il faut rechercher les types plutôt en Assyrie qu'en Grèce. Le palais d'Alkinoos est un palais d'Orient : les couleurs, les métaux précieux y sont répandus à profusion, et le font paraître « semblable à la lune ou au soleil ». On s'explique les « murs d'airain » par les plaques de bronze repoussé qui ornaient les palais d'Assyrie; le faîte des murs, brillant de couleur bleue (περὶ δὲ θριγκὸς κυάνοιο)¹, fait songer aux briques émaillées des palais de Ninive. Il y a plus : dans les chiens d'or et d'argent fabriqués par Héphaistos, et qui gardent les portes, ne reconnaît-on pas le pendant des animaux fabuleux, des taureaux ailés à face humaine placés aux portes des palais de Khorsabad? Les œuvres d'art décrites par Homère témoignent que l'art le plus avancé est celui du métal : mais on ignore encore la soudure, qu'un Grec de Chio inventera plus tard. Le bouclier d'Achille, déjà si compliqué, est fait de petites figures d'or ou d'argent battu au marteau (σφυρήλατα), assemblées mécaniquement; ces figures sont sans doute disposées par zones. C'est l'art des Grecs ioniens du xᵉ siècle, élèves

---

1. *Odyssée*, VII, 87.

des Asiatiques et des Phéniciens. Homère parle, il est vrai, de vases de grande valeur[1] : mais ces cratères si parfaits sont, au dire du poète, les ouvrages des Sidoniens.

§ II. — L'ART AU VIIe SIÈCLE

A une époque déjà historique, au viie siècle, les textes nous montrent encore le mélange d'influences asiatiques et d'hellénisme qui caractérise cette période. Pausanias nous a laissé la description d'un important monument du viie siècle; c'est le coffre votif dédié à Olympie par les Kypsélides, en souvenir de Kypsélos, tyran de Corinthe, que sa mère avait caché dans un coffre pour le sauver de la mort[2]. L'opinion commune fait remonter ce monument à la xxxe olympiade environ[3]. Il était décoré de zones horizontales, et les figures étaient les unes sculptées dans le cèdre, les autres rapportées et travaillées en or ou en ivoire. Les sujets figurés sont empruntés en grande partie aux mythes helléniques, mais l'influence de l'Orient y est encore fort sensible; elle se trahit par la recherche du symbolisme cru et des figures d'épouvante, comme celle de la Destinée (Κῆρ), figurée sous les traits d'une femme aux ongles crochus, aux dents énormes. Certains sujets purement asiatiques ne sont plus compris par Pausanias : telle est,

1. *Iliade*, XXIII, 740. *Odyssée*, IV, 616.
2. Pausanias : V, 17.
3. Il peut avoir été exécuté plus tôt : Pausanias dit seulement que les inscriptions en vers qui accompagnaient les sujets étaient empruntées au poète Eumélos, qui florissait vers la fin de la ixe olympiade (741 av. J.-C.).

par exemple, l'Artémis persique. Le voyageur grec se demande pourquoi elle est figurée « avec des ailes aux épaules, et tenant d'une main une panthère, de l'autre

FIG. 6. — ARTÉMIS PERSIQUE.
(D'après un vase grec.)

un lion ». C'est un motif que reproduisent souvent les gemmes orientales et les bijoux phénico-grecs de Camiros, à Rhodes.

Quant au style des figures, on peut s'en faire une idée d'après les peintures céramiques des VIIIe et VIIe siècles. Nous avons déjà cité les vases de Rhodes et de Corinthe; ceux de Milo n'ont pas moins d'intérêt. Les ornements sont encore orientaux; on y retrouve les bandes d'animaux asiatiques; mais les personnages qu'elles encadrent sont déjà les dieux helléniques sous leur forme grecque. On reconnaît, sur un vase de Milo, Apollon et Artémis, traités comme devaient l'être les personnages du coffre de Kypsélos [1].

Dès la seconde moitié du viie siècle, les écoles artistiques se constituent dans la Grèce orientale, et l'art de travailler le métal prend un singulier développement. On n'en est plus à copier l'Orient; l'art grec s'ingénie et devient personnel. Vers la xle olympiade (ou dès la xxe, suivant la chronique d'Eusèbe), Glaucos de Chio invente la soudure des métaux, et substitue un procédé nouveau à la vieille technique de l'assemblage mécanique; c'est celle que les Corinthiens employaient encore avant l'Olympiade xxxviii, lorsqu'ils exécutèrent pour les Kypsélides un colosse destiné à Olympie, fait de lames d'or battues au marteau et ajustées à l'aide de clous. A Chio également, les sculpteurs Mélas, Mikkiadès et Arkhermos sont, dès le viie siècle, les fondateurs d'une école qui se développera brillamment au vi[e]. A Samos, l'art de travailler le bronze fait de rapides progrès sous l'impulsion de Rhœcos et de ses fils Théodoros et Téleclès. Ces toreuticiens sont aussi architectes; ils commencent à Samos le grand temple d'Héra, dont les fondations exigent des travaux multiples, où se déploient les aptitudes variées de ces vieux maîtres. Dès le viie siècle, l'école des fondeurs samiens produit des œuvres importantes; tel est le cratère d'airain dédié dans l'Héraion par les Samiens à leur retour de Tartesse (Olympiade xxxvii); il était orné de têtes de griffons en ronde bosse, avec trois

---

[1]. Conze, *Mel. Thongefaesse*, pl IV.

figures agenouillées servant de piédestal. Les artistes de Samos arrivent à une telle habileté, que moins d'un siècle plus tard leurs œuvres sont recherchées en Orient : ainsi l'école samienne exécute pour Crœsos un grand cratère d'or qui figura plus tard dans le palais des rois de Perse (Olympiade LV-LVIII).

Ces rapides progrès se produisent surtout dans la Grèce orientale. Tandis que le VIIe siècle voit déjà s'élever plusieurs temples dans cette région, ceux de Samos, de Sardes, d'Éphèse, les pays doriens n'en comptent qu'un petit nombre. Mais l'art va bientôt marcher du même pas dans la Grèce continentale. C'est à la L^e olympiade que vont s'épanouir en Grèce les écoles doriennes, sous l'influence des sculpteurs crétois, Dipoinos et Skyllis et du Magnésien Bathyclès. Les ordres d'architecture se constituent; aux anciens simulacres de bois succèdent les statues de dieux et d'athlètes, témoignant déjà de l'étude directe de la nature; les sculpteurs vont cesser d'être des « racleurs de pierre », comme les Grecs appelaient les premiers artistes qui travaillaient le marbre; un siècle sépare encore l'art grec de ce merveilleux Ve siècle qui sera l'époque de la perfection.

En même temps que la trace des origines orientales s'atténue et s'efface, les tendances opposées du génie dorien et du génie ionien s'accusent davantage. Mais, en dépit de ces différences, il y a un caractère commun à toute la race hellénique : c'est un instinct supérieur de la beauté, servi par les qualités les plus rares; c'est aussi une foi invincible dans son génie, qui lui inspire, avec le sentiment de sa force, le dédain de tout ce qui n'est pas grec.

LIVRE II

L'ARCHITECTURE

CHAPITRE PREMIER

LES MONUMENTS GRÉCO-PÉLASGIQUES

Petit Radel : *Recherches sur les monuments cyclopéens, etc.* — Dodwell : *Wiews and descriptions of Cyclopian or Pelasgic remains.* 1834.

Nous insisterons peu sur les monuments antérieurs à l'apparition des ordres. Il ne saurait être question d'art à propos des constructions massives élevées par les Pélasges, aussi bien en Grèce qu'en Italie et en Asie Mineure. Les Grecs, saisis d'étonnement, leur prêtaient une origine mythologique; ils les attribuaient à des êtres fabuleux, aux Cyclopes, aux *Gasterokheires* venus de la Lycie. Les ruines qu'on appelle aujourd'hui cyclopéennes ou pélasgiques sont loin d'appartenir toutes à la même époque : on les classe suivant les différences que présente l'appareil des murs.

Les plus anciennes sont désignées vulgairement sous le nom de *murs cyclopéens*. Les murailles sont formées de blocs énormes, irréguliers, assemblés sans ciment; des pierres plus petites bouchent les intervalles. C'est en

Argolide qu'on retrouve le type le plus frappant de ce genre de construction, dans les galeries de Tirynthe. Pratiquées dans l'épaisseur des murs cyclopéens, elles aboutissent à des portes triangulaires très étroites, et sont aménagées en vue d'un usage défensif.

L'appareil dit *Pélasgique* se compose de gros blocs travaillés plus régulièrement; ils sont de forme polygonale, bien rapportés, et taillés de façon à obtenir une surface unie. Ce type se rencontre dans plusieurs régions de l'Italie et de la Grèce; une partie des murs de Mycènes était ainsi construite.

L'appareil pélasgique comporte une autre variété, qu'on a quelquefois appelée le *troisième système polygonal*. Ici, les blocs affectent déjà la forme quadrangulaire; mais les assises ne sont pas horizontales, et les joints se croisent dans toutes les directions. Cet appareil a été employé à Mycènes, dans la construction d'une partie des murs de l'Acropole, avoisinant la porte des Lions. Il y a lieu de croire que ces murailles sont d'un âge moins avancé que les murs cyclopéens, et appartiennent déjà à la période achéenne. Toutefois, on ne saurait leur attribuer une date précise, et Euripide se faisait l'écho de la tradition populaire en y reconnaissant l'œuvre des Cyclopes, qui les auraient bâtis avec « le levier, la règle et le marteau[1]. »

Ces murs massifs redisent assez clairement que la principale préoccupation des anciens habitants de l'Hellade était le soin de la défense. Les villes n'étaient que des refuges placés sur de hauts sommets. Au moment des alertes,

---

1. Euripide : *Héraklès furieux*, v. 943 et suiv.

on entassait dans l'enceinte de l'Acropole tout ce qu'on pouvait sauver, et chacun se défendait de son mieux. L'architecture gréco-pélasgique n'est cependant pas incompatible avec des formes plus soignées que ne semble l'indiquer le rude appareil de

FIG. 7.

PORTE DES LIONS, A MYCÈNES.

ces murs. Les monuments de la période achéenne, antérieurs aux invasions doriennes, témoignent déjà d'un certain art, et offrent ce mélange de style personnel et d'influences orientales que nous avons déjà signalé. Le plus beau spécimen de cette décoration architecturale est connu depuis longtemps : ce sont les sculptures qui ornent le tympan de la *Porte des Lions*, à Mycènes. Un bas-relief représente deux lionnes affrontées de chaque côté d'une colonne à chapiteau circulaire dont le fût repose sur une base; c'est un motif essentiellement asiatique. Les têtes des lionnes étaient sans doute de bronze, et ont disparu. Les fragments d'architecture retrouvés à Mycènes par M. Schliemann montrent déjà un sentiment très vif de l'art décoratif : ce sont des fragments de colonnes cannelées, de frises, de colonnes de porphyre ornées de spirales et de palmettes.

Les monuments les plus remarquables de cette période sont les *Trésors* d'Orchomène et de Mycènes. Avant les fouilles de M. Schliemann, on connaissait à Mycènes un de ces édifices, désigné par le nom de trésor d'Atrée; les fouilles récentes en ont mis au jour un second. Ces constructions sont formées de dalles horizontales, dont les assises vont se rapprochant, et dessinent une voûte ogivale; elles se terminent par une clef de voûte; la porte, aux montants évasés, affecte la forme pyramidale, et un tympan triangulaire la surmonte. L'intérieur était revêtu de plaques de bronze, à la mode orientale, et sans doute orné de colonnes : on a retrouvé près du trésor d'Atrée un fragment de colonne à base circulaire, décoré de chevrons et de spirales.

Ce sont là les origines obscures d'un art qui va se développer avec éclat, quand la période des luttes sera terminée, et que les peuples de l'Hellade, solidement établis sur leur territoire, n'auront plus à pourvoir uniquement à leur défense.

CHAPITRE II

LES ORDRES GRECS. — LEURS ORIGINES
LEURS PRINCIPES

Kugler : *Geschichte der Baukunst.* 1853. — Lubke : *Geschichte der Architekture.* 1865.—J. Fergusson : *The illustrated Handbook of architecture.* 1855. — Ern. Wagner et G. Kachel : *Die Grundformen der antiken classischen Baukunst.* 1869. — E. Vinet : *Esquisse d'une histoire de l'architecture classique.* 1875. — Ch. Blanc : *Grammaire des arts du dessin.* — Chipiez : *Histoire critique des origines et de la formation des ordres grecs.* 1876. — Beulé : *Histoire de l'art grec avant Périclès.*

§ I. — ORIGINES DES ORDRES

Après les invasions doriennes, le génie grec vise de bonne heure à créer des formes architecturales qui lui soient propres, et qui portent son empreinte. C'est par la constitution des ordres qu'il dégage sa personnalité ; en même temps le principe des proportions vient donner à l'architecture grecque un caractère de beauté unique et original.

Les ordres ne sont constitués, à la fin du VIIᵉ siècle et au VIᵉ, qu'après une période de tâtonnements, pendant laquelle les éléments de l'architecture hellénique, empruntés à l'Orient, sont appliqués un peu au hasard, pour être ensuite soumis à des règles fixes. Avant cette époque, les anciens édifices helléniques, construits soit d'après des traditions étrangères, soit sous l'empire d'influences locales, peuvent se ramener à cinq types distincts, appliqués simultanément pendant la période d'initiation.

1º Le temple métallique, ou revêtu de métal, qui se retrouve en Médie, en Judée et en Asie Mineure. Les écrivains grecs, comme Pausanias, citent des édifices construits en airain, tels que le temple légendaire d'Apollon à Delphes, celui d'Athéna Calkhiœcos à Sparte, et le trésor de Myron, tyran de Sicyone. Dans l'*Énéide,* le temple élevé à Carthage par la Phénicienne Didon est également en airain.

2º Le temple en bois, qui est un agrandissement de la cabane bâtie en bois de grume et en boue où vivaient les anciennes populations helléniques. Plus tard, la piété populaire conserva avec soin ces édifices ; tels étaient le temple en bois de Métaponte, et le *sekos* de Poseidon Hippios, près de Mantinée, que la tradition attribuait aux architectes légendaires Agamèdes et Trophonios : Hadrien le fit enfermer dans un temple de marbre. Il est vraisemblable que l'emploi du bois tenait surtout à la pauvreté des villes primitives.

3º Le temple mixte, ou de pierre et de bois. On se servait du bois pour les parties supérieures de l'édifice, comme dans le temple de Zeus à Némée et de Zeus

Larissæos à Corinthe. Le bois pourrissait par l'action du temps, et le toit s'effondrait : ainsi Pausanias cite plusieurs sanctuaires très anciens dépourvus de toiture.

4° Le temple en forme de caverne. Le sanctuaire d'Apollon Délien, à Délos sur le Cynthe, est le type de cette variété [1].

5° Le temple en pierre, formé d'une enceinte quadrangulaire, comme celui du mont Ocha, en Eubée.

Par quel travail le temple grec, avec son ordonnance régulière, s'est-il substitué à ces sanctuaires? Plusieurs systèmes ont été émis. Le plus ancien est celui de Vitruve, qui a régné pendant toute la Renaissance et qui a été adopté d'une façon plus ou moins absolue par des écrivains de nos jours. D'après ce système, l'architecture grecque procède de la construction en bois; tout en faisant la part d'influences orientales manifestes, les modernes qui l'ont accepté, MM. Hittorf, Beulé, Charles Blanc, ont cherché dans le principe d'une construction en bois l'explication des divers membres d'architecture qui constituent le temple grec. On reconnaîtrait dans l'entablement ou partie supérieure du temple les poutres, les chevilles, les plafonds de bois; quant à la colonne, elle dériverait du support de bois, équarri et épannelé à la hache. Un autre système, celui de MM. Viollet-le-Duc et Regnault, fait naître l'architecture grecque des nécessités de la construction en pierre, et la considère ainsi comme un art né sur le sol même de la Grèce. Les découvertes faites en Orient infirment cette théorie, en montrant que les éléments des ordres grecs ont été empruntés aux pays orientaux, Assyrie,

1. Lebègue : *Recherches sur Délos*.

Phénicie, Asie Mineure. M. Chipiez a tenté de démontrer que les principes de l'architecture en bois expliquent imparfaitement certains détails du temple grec. D'après lui les formes adoptées dans les ordres se trouvaient déjà appliquées dans les édifices de l'Orient ; pour la constitution définitive des ordres, les architectes grecs se sont guidés d'après les exigences plastiques et la nécessité de faire du temple un ensemble raisonné et harmonieux.

§ II. — L'ORDRE DORIQUE

Les trois ordres purement grecs sont le dorique, l'ionique et le corinthien. Le plus ancien est le dorique, qui apparaît simultanément à la fin du VIIe siècle dans tous les pays doriens, à Corinthe, à Métaponte, à Pæstum, à Ségeste, à Agrigente, à Syracuse. C'est l'ordre national des Doriens, et cette race lui a imprimé les caractères de sévérité, de force et de puissance qui sont propres à son génie.

Dans ses éléments essentiels et à l'époque de son épanouissement complet, le dorique se compose des membres suivants. Le fût de la colonne posant directement sur le stylobate, ou soubassement, et creusé de vingt cannelures à arêtes vives, affecte sensiblement la forme de deux cônes tronqués, appliqués l'un sur l'autre à leur section la plus large. La colonne offre ainsi un renflement ou *entasis,* qui lui donne un aspect de force et d'élasticité ; elle est composée de tambours cylindriques scellés intérieurement les uns aux autres, et qui étaient le plus souvent cannelés sur place. L'extrémité de la colonne se termine par le gorgerin, compris entre deux rangs de rainures ou annelets qui semblent réunir énergiquement par une ligature les forces de résistance du fût, pour supporter le chapiteau. Celui-ci comporte une sorte de coussinet ou échine, surmonté d'une plaque rectangulaire (tailloir ou abaque) qui fait saillie au-dessus de l'échine.

Ce puissant support soutient un entablement composé de plusieurs parties distinctes. D'abord l'architrave tout unie, composée de blocs lisses ayant leur portée franche de colonne en colonne. Au-dessus court une moulure

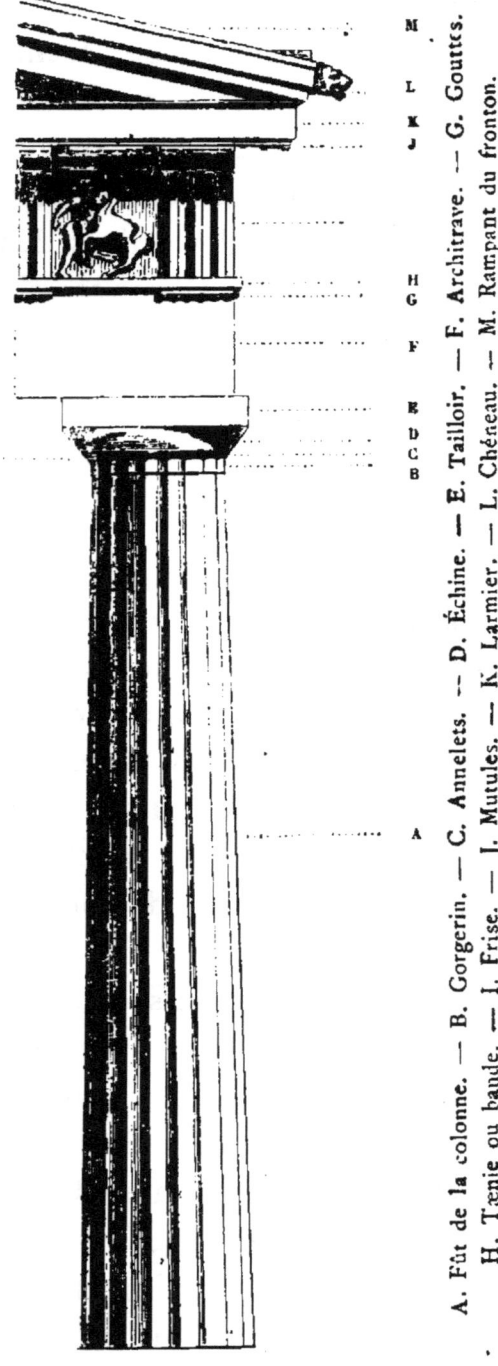

FIG. 8. — COLONNE ET ENTABLEMENT DORIQUES.

A. Fût de la colonne. — B. Gorgerin. — C. Annelets. — D. Échine. — E. Tailloir. — F. Architrave. — G. Gouttes. H. Tænie ou bande. — I. Frise. — J. Mutules. — K. Larmier. — L. Chéneau. — M. Rampant du fronton.

plate, la bande ou tænie, qui sépare l'architrave de la frise, formée par l'alternance des triglyphes et des métopes. On donne le nom de triglyphes aux canaux

FIG. 9. — DÉTAIL DE LA FRISE ET DU LARMIER.

entaillés en biseau qui décorent un rectangle en saillie posant sur la bande, et au-dessous duquel viennent se fixer six petits cônes de marbre appelés *gouttes*.

En réalité, les canaux ne sont pas au nombre de trois, comme le nom de triglyphe semble l'indiquer : on en compte deux entiers sur la face du rectangle, et un demi à chaque extrémité. Ces rainures ont été expliquées de la façon la plus diverse ; Vitruve est conséquent avec son système en affirmant qu'elles dérivent des tringles de bois qu'on appliquait à l'extrémité des poutres pour les décorer. La métope est une plaque de marbre quelquefois lisse, le plus souvent ornée de sculptures en bas-reliefs, qui remplit exactement l'intervalle entre les triglyphes. Primitivement, cet intervalle restait vide, comme on le voit d'après les textes des auteurs. Dans la tragédie d'*Oreste*, ce personnage raconte qu'il s'est échappé en passant à travers les ouvertures des triglyphes.

L'entablement est couronné par la corniche, dont la partie essentielle est le larmier, surface plate s'avançant

FIG. 10. — DÉTAIL DES MUTULES.

au-dessus de la frise, et destinée à la protéger en favorisant l'égouttement des eaux. Le plafond du larmier est formé par les mutules, sortes de corbeaux qui soutiennent la saillie du larmier ; elles sont ornées de trois rangées de petits cônes tronqués, au nombre de six pour chaque rang, qu'on appelle des gouttes. Au-dessus du larmier court la cimaise, moulure ondée, qui sur les deux faces latérales termine l'entablement, et sur les face antérieure et postérieure, borde le fronton, espace triangulaire, encadré entre deux rampants.

Les Grecs appelaient le dorique l'ordre masculin ; c'est que rien n'y est sacrifié à la grâce ; les proportions sont vigoureuses, l'ornementation sobrement distribuée ; l'ensemble frappe par un aspect de puissance et de simplicité austère, qui a fort bien pu rappeler aux Grecs les formes robustes du corps masculin.

C'est aujourd'hui un lieu commun que les éléments du dorique se retrouvent dans l'architecture orientale. On a reconnu à Karnak et dans les colonnes du tombeau égyptien de Béni-Hassan, comme le prototype de la colonne dorique ; le chapiteau composé de l'abaque et de l'échine se retrouve en Cypre à Golgos et à Eddé ; enfin les monuments de la Ptérie, en Asie Mineure, nous montrent des édicules surmontés d'un fronton curviligne, en forme d'ailes éployées, qui semblerait expliquer le nom d'*aetos* (aigle) donné par les Grecs à leur fronton. Mais si l'on admet cette transmission des formes, faite surtout par l'intermédiaire de l'Asie Mineure et de la Phénicie, il faut ajouter que l'art grec s'est singulièrement assimilé ces éléments, et les a transformés au point de créer vraiment une œuvre originale. Les monuments conservés nous font assister à ce travail qui guide le génie grec vers la perfection.

On peut suivre les progrès de l'ordre dorique en

étudiant les dimensions des colonnes qui se modifient lentement, jusqu'au moment où elles atteignent les proportions canoniques. D'abord massives et trapues, elles offrent un caractère de pesanteur qui va diminuant à mesure qu'on se rapproche de la perfection; peu à peu elles deviennent plus élancées et le rapport du diamètre à la hauteur s'accroît régulièrement. Le tableau suivant peut donner une idée de ce progrès.

Date incertaine. Corinthe, le plus ancien temple dorique de la Grèce propre. La colonne n'a pas même en hauteur 4 diamètres : la pesanteur est extrême, et le stuc qui la recouvre y ajoute encore.

VIIe siècle. (?) Sélinonte. Le vieux temple : 4 diamètres 2/5.

VIe siècle. Sélinonte. Temple plus récent : 4 diamètres 1/2. Temple de Zeus : 4 diamètres 2/3.

Syracuse. Temple connu sous le nom de temple de Diane, 4 diamètres 2/5. Temple d'Athéna (?) à Santa-Maria delle Colonne, dans l'île d'Ortygie : moins de 5 diamètres.

Pæstum. Grand temple de Neptune : le renflement des colonnes est considérable : 4 diamètres 1/2. Temple de Déméter : 4 diamètres 4/5.

Ve siècle. Égine. Temple d'Athéna : les colonnes ont 5 diamètres 1/3 : c'est déjà l'époque voisine de la perfection.

Athènes. Le temple de Thésée : 5 diamètres 1/2. Ce sont les proportions de la bonne époque.

En même temps que la colonne s'élance, l'entablement diminue de hauteur : il devient moins pesant, et se met en harmonie avec la forme moins trapue des colonnes. Le chapiteau témoigne d'un progrès analogue : primitivement aplati, refouillé, et comme comprimé sous le tailloir, il se redresse, et le galbe prend de la fermeté. On peut mesurer le progrès accompli en mettant en parallèle deux chapiteaux, l'un du vieux temple de Sélinonte, l'autre d'Égine ; le premier est le point de départ, le second est voisin du point d'arrivée. C'est, en effet, au ve siècle qu'Ictinos, dans la construction du Parthénon, du temple d'Apollon Épicourios à Bassæ, emploie le dorique avec sa majesté la plus sévère ; aux Propylées, Mnésiclès marie l'ionique et le dorique ; avec le temps on cherche à prêter au dorique une grâce qui n'est point de son essence, et qui le conduit à la décadence. Au IVe siècle, on continue à l'employer, mais l'ionique tend à le détrôner ; c'est ainsi que dans le temple d'Athéna Aléa, à Tégée, Scopas choisit l'ionique comme l'ordre principal, et relègue le dorique à l'intérieur. Il se forme même en Ionie une école d'architectes qui proscrit cet ordre, en attendant que l'époque romaine achève d'altérer les proportions qui en avaient fait la beauté : il n'y a de commun que le nom entre le dorique mou et lourd de Vitruve et celui du Parthénon.

§ III. — L'Ordre ionique

Suivant les écrivains anciens, l'ordre ionique est postérieur au dorique, et se montre pour la première fois

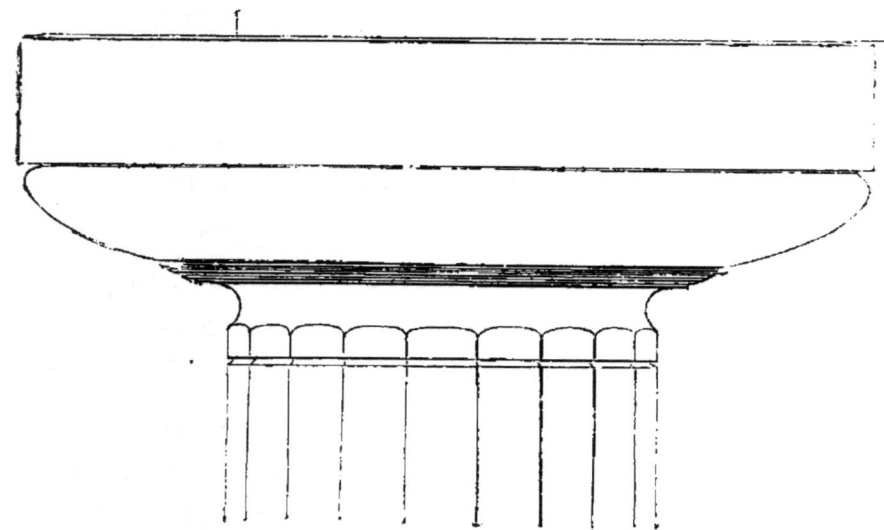

FIG. 11. — CHAPITEAU DE SÉLINONTE.

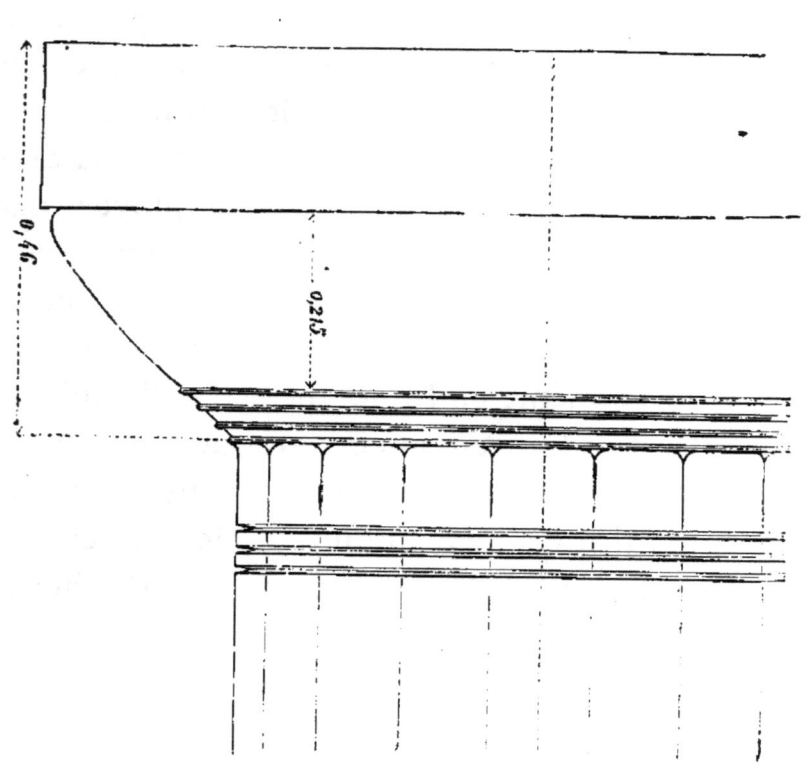

FIG. 12. — CHAPITEAU DU TEMPLE D'ATHÉNA, A ÉGINE.

en Asie Mineure, dans le temple d'Artémis à Éphèse, construit par Khersiphron de Cnosse et son fils Métagènes. (Olympiade L, 580-577.) Il faut entendre par là que le temple d'Éphèse marque la date où sont fixées les proportions canoniques de l'ionique, de telle sorte que ces deux architectes peuvent écrire un traité sur l'ordre qu'ils ont employé. Cette constitution définitive de l'ionique se place au milieu du vi^e siècle, et le témoignage des auteurs montre qu'elle s'est produite en Ionie.

La colonne ionique diffère essentiellement de la colonne dorique. Au lieu de porter directement sur le stylobate, elle repose sur une base qui comprend : un tore décoré de stries horizontales; une scotie ou moulure creuse; un second tore, ou quelquefois un rang de doubles anneaux. Cette base forme comme un coussin élastique, dont les moulures horizontales s'opposent nettement aux lignes verticales des cannelures du fût. Ces dernières sont plus creuses et moins larges que dans le dorique; au lieu de se terminer par des arêtes vives et tranchantes, elles sont séparées par des baguettes plates. Le chapiteau dérive d'un principe rectangulaire. Il se compose d'une échine très diminuée, ornée d'oves et de rangs de perles, à demi cachée par les volutes qui s'épanouissent largement de chaque côté; le tailloir, très mince, disparaît pour ainsi dire entre les volutes et l'architrave. Quelquefois un gorgerin, ou bandeau orné de palmettes et de fleurs d'eau, court au-dessous du chapiteau et termine la colonne.

L'architrave n'est plus unie, comme dans le dorique: elle est formée de trois divisions ou *faces* superposées, de telle sorte que la seconde surplombe la première, et la troisième la seconde. La plus élevée se termine par un rang de perles, et se relie à la frise par une moulure décorée de rais de cœur. La frise est ornée d'une série continue de bas-reliefs, à l'imitation des édifices orientaux. Enfin le larmier tout uni protège l'entablement, et se termine par une cimaise décorée d'oves et de rangs de perles.

L'ordre rival du dorique prend naissance dans la Grèce orientale, et devient l'ordre national des Ioniens, par opposition au dorique, qui domine dans la Grèce occidentale, où les Doriens sont maîtres. Toutefois, les

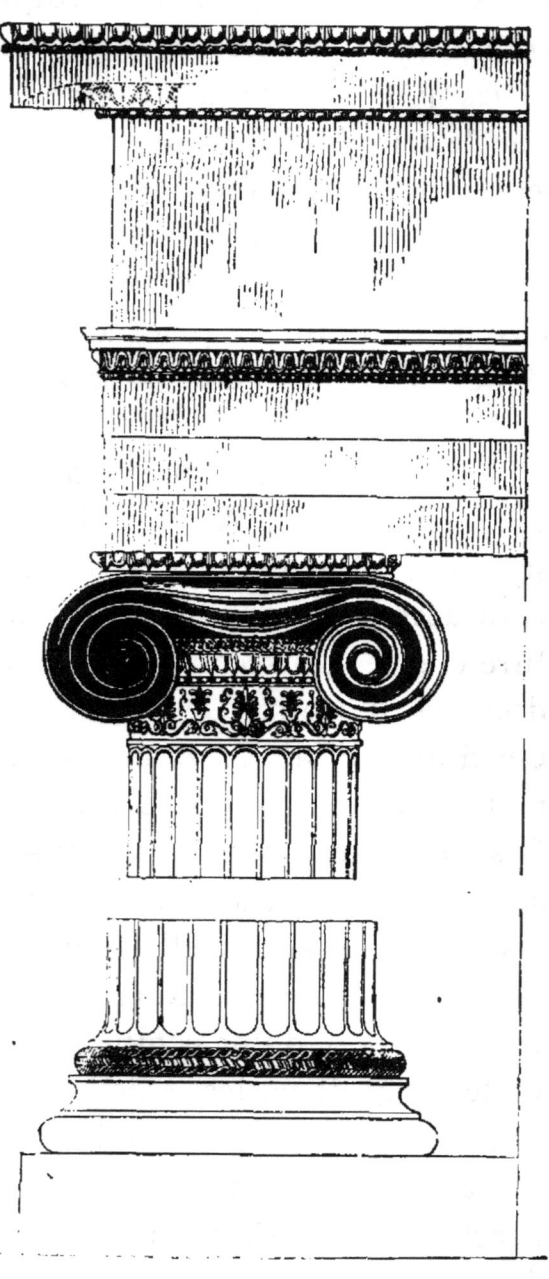

FIG. 13.
BASE, CHAPITEAU ET ENTABLEMENT IONIQUES.

architectes du temple d'Éphèse ne l'ont pas créé de

toutes pièces; les éléments en existaient déjà, et les Ioniens les trouvèrent employés de longue date, lorsqu'ils s'établirent en Asie Mineure. On ne conteste pas

FIG. 14. — DÉTAIL DU CHAPITEAU IONIQUE.

aujourd'hui les origines orientales des formes ioniques. Les fouilles de Ninive et de Babylone, les découvertes faites en Phénicie, en Asie Mineure, ont permis de reconnaître sur plusieurs monuments le type qu'on a appelé proto-ionique. Il suffit de citer les bas-reliefs du palais de Sargon, à Khorsabad, ceux de Kouyoundjik, qui offrent des exemples de colonnes à volutes. En Phénicie, à Golgos, on retrouve le principe du chapiteau ionique, et un bas-relief de Ptérium, en Asie Mineure, montre un petit édicule à colonnes surmontées de volutes qui présente tous les éléments caractéristiques de l'ordre grec.

Quand les Ioniens constituent leur ordre national,

FIG. 15. — PALMETTES, RANGS DE PERLES, OVES ET RAIS DE CŒUR SUR UN CHAPITEAU D'ANTE IONIQUE.

le principe du chapiteau circulaire était déjà appliqué avec éclat à l'ordre dorique; ils adoptent donc le chapiteau quadrangulaire à volutes, et la colonne à base. Mais en empruntant ces formes aux civilisations de l'Orient, ils leur impriment un caractère très personnel de grâce et d'élégance ornées, qui s'oppose nettement à la nudité sévère du dorique. Pour continuer la comparaison indiquée plus haut, l'ionique est l'ordre féminin; ses formes élancées et délicates se prêtent à une riche parure, qui jurerait avec l'austérité du dorique. Aussi le marbre est-il finement ciselé, partout où le permet la sobriété du génie grec, ennemi de la surcharge et de l'excès. Des palmettes d'une exquise élégance, des tresses, des fleurs d'eau, des lis marins, des rais de cœur se marient à merveille avec les courbes de la volute et les formes arrondies de la base. Un autre caractère essentiel de l'ionique, c'est qu'au lieu d'être immuable, comme l'ordre rival, il comporte une infinie variété. La base admet des ornementations très diverses. En Asie Mineure, au temple d'Apollon Didyméen, il n'y a pas deux bases exactement semblables : sur l'une d'elles, le tore supérieur est remplacé par un bandeau cylindrique décoré de palmettes; sur l'autre, les scoties font place à un tronc dodécagone, dont chaque face est décorée d'un motif différent. Quelquefois, comme à Éphèse, le fût est orné de sculptures. Enfin, le chapiteau offre des combinaisons de lignes très variées qui peuvent se ramener à trois types : 1° Les volutes sont reliées entre elles par une courbe fléchissante; c'est le style classique, adopté pour le temple de la Victoire Aptère à Athènes. 2° La courbe est surélevée, comme à Phigalie. 3° La courbe est droite; c'est la forme usitée généralement en Asie Mineure.

Cette souplesse, si conforme aux instincts de la liberté du génie héllénique, a fait dire justement que l'ionique est le plus grec des ordres grecs. Il est, en effet, le principal élément des innovations que les architectes introduisent dans leur art au siècle de Périclès. Si l'on passe en revue les édifices ioniques les plus importants, on trouve cet ordre appliqué pour la première fois à l'Artémision d'Éphèse. Ce temple périt dans l'incendie allumé par Érostrate, et les fragments en ont été retrouvés par M. Wood dans les substructions du nouvel Artémision, rebâti sur l'emplacement de l'ancien. L'Héraion de Samos, commencé vers la xxxve olympiade, par Rhœcos et son fils Théodoros, suivant l'ordonnance dorique, fut terminé plus tard d'après les principes de l'ionique. Peut-être cet ordre avait-il été appliqué d'une façon partielle au premier Héraion, car une colonne ionique du type le plus ancien a été retrouvée à Samos. Au ve siècle, l'ionique est surtout employé à Athènes. Déjà Ictinos en avait montré les ressources au temple d'Apollon Épicourios, à Bassæ, près de Phigalie. A Athènes, cet ordre brille de l'éclat le plus vif aux Propylées, où il s'unit au dorique; au charmant temple de la Victoire Aptère, véritable bijou architectural de proportions très restreintes; enfin, à l'Érechthéion, où il déploie toutes ses élégances et toutes ses richesses.

Le ive siècle est par excellence le siècle de l'ionique, et cette suprématie se trahit clairement par la place qu'on lui attribue dans l'ordonnance extérieure des temples. C'est en Asie Mineure qu'il s'épanouit surtout; il y atteint son point de perfection avec Pythios, qui travaille au Mausolée et au temple d'Athéna Polias à Priène. Les maîtres de son école, Pæonios d'Éphèse et Daphnis de Milet construisent le temple d'Apollon à Didymes, où ils appliquent l'ionique avec une merveilleuse richesse d'invention. Mais la flexibilité des principes de l'ordre ne le met pas à l'abri de modifications profondes, introduites par deux architectes asiatiques, Hermogènes d'Éphèse et Thargélios de Tralles. Le premier, dans les temples de Téos et de Magnésie, supprime l'une des colonnades et altère le profil des bases; le second, dans le temple d'Asclépios à Tralles, substitue au chapiteau ionique le chapiteau corinthien. Alors commence pour l'ionique une ère de décadence, continuée par les architectes romains : Vitruve a formulé les principes de cet ordre, singulièrement abâtardi par la tradition romaine.

§ IV. — L'ORDRE CORINTHIEN

Le dernier en date des trois ordres grecs est le corinthien. Ses formes canoniques se composent d'un calathos, sorte de corbeille autour de laquelle s'appliquent de hautes feuilles d'acanthe ; des hélices ou volutes soutiennent un tailloir plus mince que dans le dorique, et échancré sur ses quatre faces, de telle sorte que les angles font une forte saillie et exigent un soutien, figuré par les volutes. L'entablement est, à peu de chose près, celui de l'ordre ionique.

Il est à peine besoin de rappeler la légende par laquelle les Grecs expliquaient l'origine de cet ordre. Une jeune fille de Corinthe étant morte, sa nourrice avait posé sur la tombe une corbeille recouverte d'une tuile, et contenant les objets favoris de la morte; au printemps suivant, la corbeille, entourée des feuilles d'une acanthe qui avait poussé par là, inspira au sculpteur Callimaque l'idée du chapiteau corinthien.

De cette historiette il faut surtout retenir le nom l'artiste. Callimaque vivait vers la LXXXVe olympiade (440-

437). Avant cette époque, on connaissait déjà le principe campaniforme de cette sorte de couronnement : l'expédition française de Morée en a retrouvé à Coron un type fort ancien, qui comporte le tailloir dorien posé sur le calathos, décoré à sa base de feuilles d'acanthe minces et pointues. La réforme de Callimaque, assez importante pour avoir mérité le nom d'invention, a dû consister à fixer les formes canoniques du chapiteau. Cet artiste était surtout un toreuticien ; il travaillait le métal ; c'était lui qui avait fait la lampe d'or du temple d'Athéna Polias. Aussi est-on fondé à croire que le chapiteau corinthien imaginé par lui était métallique. C'est ce que semblent indiquer l'évidement des feuilles d'acanthe, les fleurons qui les fixent au calathos, et dissimulent les têtes des clous, enfin tout le travail de refouillement du chapiteau. En outre, le chapiteau de Callimaque ne décorait que des colonnes isolées : les Grecs, frappés de sa beauté, en firent un ordre.

FIG. 16.
CHAPITEAU CORINTHIEN.

Dès la xcvi^e olympiade, au temple d'Athéna Aléa, à Tégée, Scopas applique l'ordre corinthien à une partie des colonnes intérieures ; déjà vers 431, Ictinos s'était servi de cet ordre au temple de Bassæ, pour une colonne appartenant sans doute à un sanctuaire intérieur. Ce n'étaient là, on le voit, que des essais isolés. Le premier édifice où le corinthien soit franchement appliqué à l'ordonnance extérieure paraît être le petit monument choragique de Lysicrate, à Athènes, daté, par une inscription, de la cxi^e olympiade (deuxième année), c'est-à-dire de 335. Vers la même époque, il apparaît au Didymaion de Milet, où il couronne les colonnes intérieures de la façade; enfin Thargélios est le premier qui, dans l'Asclépiéion de Tralles, fait courir autour du temple une colonnade corinthienne, et consacre définitivement l'emploi du plus récent des ordres grecs.

Le corinthien fleurit surtout à l'époque romaine. Ce n'est pas ici le lieu de poursuivre son histoire hors des limites du monde grec. Il est toutefois intéressant de noter que dans les édifices romains on trouve des particularités précieuses, qui confirment les origines métalliques de l'ordre corinthien. A Rome, par exemple, l'ordre intérieur du Panthéon d'Agrippa était formé de colonnes corinthiennes, ornées de chapiteaux d'airain; et le portique élevé en 147 av. J.-C. par Cn. Octavius, après sa victoire sur Persée, était, nous dit Pline, « appelé corinthien, parce que les chapiteaux des colonnes étaient d'airain. »

CHAPITRE III

LES MONUMENTS

§ I. — LE TEMPLE

C'est surtout dans l'architecture religieuse des Grecs que l'on peut étudier l'emploi des ordres dont nous avons retracé l'historique. Le temple grec est en effet un tout organique, et la plus haute expression de l'art ; les peintres et les sculpteurs concourent à embellir la demeure du dieu, à en faire un ensemble harmonieux, dont l'unité est fondée sur les règles les plus claires.

Le choix de l'emplacement du temple n'était pas laissé au hasard. Le plus souvent, d'après la légende, le dieu avait indiqué par quelque signe visible le lieu où il voulait qu'on lui élevât un sanctuaire. Ainsi s'explique un fait assez fréquent : l'existence d'un temple loin de tout endroit habité, comme à Égine, à Sunium, à Didymes. L'édifice, orienté vers l'est, était entouré d'une enceinte sacrée, le *téménos,* où la piété des fidèles accumulait des ex-voto, des stèles, des statues. Cette enceinte franchie, on se trouvait en présence du temple, dont les différentes parties exigent une description détaillée.

Les proportions. — L'élément fondamental du temple grec, c'est la chambre du dieu (*naos* ou *cella*), entourée d'une décoration architecturale qui est variable, et réglée par le principe des proportions. Nous avons indiqué quelle influence a pu exercer sur l'architecture grecque le *ptérôma* ou colonnade de la cabane en bois. Suivant que le principe des colonnades est appliqué d'une façon plus ou moins complète, il donne naissance à diverses catégories de temples que l'on classe d'après l'ordonnance des colonnes.

Le temple est dit à *antes*, quand la façade principale est décorée de deux colonnes, et que les deux extrémités de la façade sont formées par le prolongement des murs de la cella, terminés en pilastres. Il est *prostyle*, quand ces pilastres sont remplacés par des colonnes indépendantes du mur de la cella; *amphiprostyle*, lorsqu'il a une façade postérieure semblable à la première. Dans le temple *périptère*[1], la colonnade se prolonge le long des murs latéraux, et fait ainsi le tour de la cella; le temple *diptère* offre une double colonnade autour de la cella; le temple *monoptère* est rond, avec une colonnade circulaire supportant une coupole, sans mur intérieur ni cella; cette forme est rare en Grèce. Ces principes simples ont été modifiés par certains architectes, notamment par Hermogènes, contemporain d'Alexandre, qui adopta pour le temple d'Artémis à Magnésie l'ordonnance *pseudo-diptère;* ce qui revient à dire que le

---

1. Voir plus loin le plan du Parthénon, page 70.

second rang de colonnes était engagé dans le mur de la cella.

Une autre classification naît du nombre des colonnes de la façade. Avec quatre colonnes sur la façade, le temple est *tétrastyle;* avec six, *hexastyle;* avec huit, *octastyle*. Le temple *décastyle* a dix colonnes, et le *dodécastyle,* douze.

Ce qui fait par excellence l'originalité du temple grec, c'est l'échelle des proportions; c'est par là que les Hellènes ont imprimé à leurs édifices un caractère personnel, avec une science que les découvertes de l'érudition moderne viennent chaque jour confirmer. Lorsque l'Égypte fut ouverte aux Grecs, au milieu du VIIe siècle, le vif génie des Hellènes fut frappé de l'aspect de puissance et de force que donnaient aux temples égyptiens leurs colonnes trapues, très rapprochées les unes des autres. Mais le temple égyptien n'avait que des dimensions; le temple grec a des proportions, fondées sur le rapport des diverses parties de l'édifice avec le diamètre de la colonne à sa base, pris pour module.

Appliqué à la largeur des entrecolonnements, ce principe détermine une classification nouvelle des temples grecs. Le temple *pycnostyle* a des entrecolonnements larges de trois modules; c'est-à-dire qu'entre deux colonnes, le diamètre de la base peut être reporté trois fois; le temple *systyle* a quatre modules; l'*eustyle,* quatre et demi; le *diastyle,* six; l'*aræostyle* plus de six modules.

A ces différences correspondent des variations dans la hauteur des colonnes et de l'entablement; toutes les parties du temple sont soumises au même principe, de telle sorte qu'on a pu souvent, avec une certitude presque entière, reconstituer l'ensemble d'un temple à l'aide des débris que le temps avait respectés.

La disposition extérieure. — La disposition extérieure du temple n'était pas uniforme. Aussi, pour plus de précision, convient-il de l'étudier d'après un exemple déterminé. Nous choisirons pour type le Parthénon[1]. Le temple repose sur un soubassement formé de trois hauts degrés de marbre, qui supporte directement les fûts des colonnes doriques; celles-ci entourent le corps principal de l'édifice, qui affecte la forme d'un grand rectangle. L'ornementation architecturale ne comporte que la décoration sévère de l'ordre dorique, triglyphes, gouttes, mutules. C'est sans doute au temps de l'orateur Lycurgue qu'on disposa sur l'architrave de la façade orientale une série de boucliers d'or. Les métopes sculptées alternant avec les triglyphes, comme autant de tableaux carrés, offrent une suite de sujets empruntés aux légendes chères aux Athéniens : le combat des Lapithes et des Centaures, le mythe d'Érechthée et de Pandrose, l'histoire des origines fabuleuses d'Athènes et de la légende d'Athéna. Les frontons sont ornés de statues en ronde bosse, œuvre de Phidias et d'Alcamènes, et représentant, à l'est, la naissance d'Athéna, à l'ouest, Poseidon et Athéna se disputant l'Attique. Sous la colonnade, à la partie supérieure du mur, une frise continue se déroule autour de la cella; c'est la procession des Panathénées, avec les prêtresses de la déesse, les vierges Errhéphores, le cortège des victimes destinées au sacri-

---

1. Voir Michaëlis : *Der Parthenon,* texte et atlas.

fice, les chars armés en guerre, et la longue file bondissante des cavaliers, dont la chlamyde flotte au vent.

La décoration plastique du temple est complétée par des ornements placés à la partie supérieure du temple. Tels sont les chéneaux, terminés par des gargouilles en forme de tête de lion, destinées à faire égoutter les

FIG. 17. — ACROTÈRE ET CHÉNEAU.

eaux de pluie au-dessus du larmier. Les extrémités et le sommet du fronton sont ornés d'*acrotères*, sortes de socles supportant des figures, sphinx, vases, trépieds, victoires, lions, etc.; cette disposition, sans être constante, était fréquente; on la retrouve au Parthénon, au temple de la Victoire Aptère, à Égine, etc. Au temple d'Égine on a retrouvé le fleuron qui ornait le sommet du fronton, et les deux figures de femmes drapées qui le flanquaient de chaque côté (fig. 18). Enfin on sait que des couleurs vives, sobrement disposées, accusaient les détails de l'architecture et les faisaient valoir; nous examinerons plus loin cette question en traitant de la polychromie.

Pour avoir une juste idée de l'aspect extérieur du

FIG. 18. — FRONTON DU TEMPLE D'ÉGINE.

temple antique, il faut le replacer dans son milieu, sous un soleil éclatant, qui souligne par des ombres nettes les plus fines arêtes du marbre; il faut l'entourer d'une ceinture de montagnes dont les contours s'harmonisent avec les lignes horizontales du temple, ou contrastent avec la verticale des colonnes. Posé sur le roc nu et à peine aplani autour du temple, l'édifice apparaît comme une œuvre parfaite, se suffisant à elle-même. Les Grecs, en effet, n'ont pas sacrifié à cette préoccupation toute moderne de faire valoir un monument par l'*ordonnance symétrique des édifices qui l'entourent*. Rien de plus irrégulier que la disposition des monuments de l'Acropole d'Athènes ; les Propylées, qui donnent accès au Parthénon, ne sont pas dans l'axe du temple. C'est que le temple est un tout indépendant et ne doit sa beauté qu'à l'harmonie de ses parties.

Des travaux modernes ont montré à quel point était poussée cette savante recherche de la perfection. Tout est calculé pour que rien ne choque les exigences les plus raffinées de la vision. On sait par les études de MM. Pennethorne, Penrose et Paccard que le Parthénon affecte la forme d'une sorte de pyramide tronquée. Afin que les lignes verticales du temple paraissent exactement perpendiculaires, l'architecte, Ictinos, a corrigé les erreurs de la vision ; il a incliné vers le centre les murs de la cella et l'axe des colonnes ; il a renforcé les colonnes d'angle en leur donnant des proportions plus fortes, et ainsi, baignées d'air et de lumière de tous côtés, elles ne semblent pas plus maigres que celles du milieu. Au contraire, les antes, les corniches, les larmiers, au lieu de fuir vers le centre, s'inclinent vers le dehors, pour présenter à l'œil du spectateur les ornements peints dont ils sont revêtus. Les lignes horizontales de l'édifice sont légèrement courbes ; les lignes du soubassement, celles de l'architrave, du larmier qui court sous le fronton, se dépriment aux extrémités et forment un arc convexe. L'architecte grec s'est inspiré des courbes naturelles de la mer et des montagnes.

La disposition intérieure du temple. — L'intérieur du temple comporte trois grandes divisions : le pronaos, le naos ou la cella, et l'opisthodome. Si, passant sous le fronton est, on franchit la première rangée de colonnes du péristyle, on pénètre dans le pronaos (fig. 19. C) : cette division est formée par le prolongement des murs de la cella et par un mur transversal. Une rangée de colonnes fermait le pronaos; des grilles scellées entre les colonnes achevaient de le clore et de mettre à l'abri les objets précieux qui s'y trouvaient. Le naos (ou cella), (D) auquel le pronaos donne accès, est, par excellence, la demeure de la divinité. Il est comme partagé en trois nefs par un double ordre de colonnes superposées. L'ordre inférieur dorique posait sur le pavé du temple, comme on a pu le constater par les traces que les colonnes, cannelées sur place, ont laissées sur les dalles; il supportait une architrave, surmontée de l'ordre supérieur, tantôt ionique, tantôt dorique. On ne sait si cet étage intérieur avait un plancher et formait galerie. Au Parthénon, Paccard n'a pas découvert de traces de l'escalier qui aurait permis de monter à cette galerie.

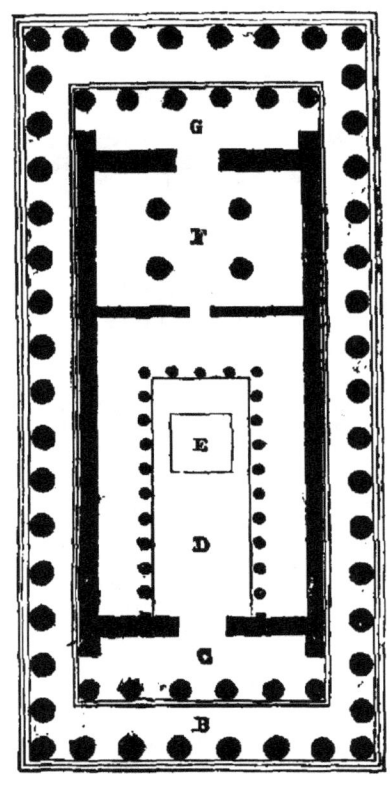

FIG. 19.
PLAN D'UN TEMPLE GREC
(PARTHÉNON).

La statue de la divinité se dressait au fond de la cella (E). Au Parthénon, c'était la statue d'Athéna Parthénos, l'un des chefs-d'œuvre de Phidias, toute brillante de métaux précieux, d'ivoire et de pierres fines, et

FIG. 20. — ORDRE INTÉRIEUR DU NAOS.

posant sur une base délicatement sculptée. Pour comprendre quel aspect à la fois imposant et riche devait présenter le sanctuaire de la déesse, qu'on se figure les colonnes du naos décorées d'armes, de boucliers; des œuvres d'art, des tables votives, de somptueuses étoffes accumulées autour du piédestal d'Athéna, et la statue elle-même toute resplendissante de l'éclat des ors et de la blancheur mate de l'ivoire. Les églises byzantines, Saint-Marc de Venise, par exemple, peuvent seules nous donner une idée de ce qu'était la décoration du naos grec. On comprendra sans peine que cette ornementation variait à l'infini dans le détail. A Olympie, par exemple, la statue de Zeus, assise sur un trône d'or, d'ivoire, de marbre et d'ébène, était entourée de barrières peintes, et le sol était recouvert de marbre noir, destiné à recevoir l'huile qu'on versait sur la statue pour empêcher l'ivoire de s'altérer. A Didymes, la statue d'Apollon était placée sous un édicule. A Athènes, à l'Erechthéion, devant la statue de bois d'Athéna Polias était placée une lampe d'or, œuvre du toreuticien Callimaque; elle était surmontée d'un palmier de bronze, qui conduisait la fumée de la lampe jusqu'au toit.

La dernière division du temple s'appelait l'opisthodome (fig. 19. F). Quelquefois complètement isolée de la cella, cette division communiquait d'autres fois avec la précédente, à l'aide d'une porte ouverte dans l'axe des portiques. L'opisthodome était fermé par une porte de bronze et par des grilles. Il est probable qu'au Parthénon, le plafond de cette partie du temple était soutenu par quatre colonnes. C'est dans l'opisthodome qu'était conservé le trésor de la déesse, formé par les dons, les offrandes, le produit des biens sacrés, etc.; on y conservait aussi des objets historiques tels que le cimeterre de Mardonius, le trône aux pieds d'argent de Xerxès, et le trésor de l'État, avec les sceaux de la république. Ces trésors étaient gardés par « les trésoriers des richesses sacrées de la déesse » qui, tous les quatre ans, en faisaient l'inventaire. Des stèles de marbre nous en ont conservé le détail pour différents temples, aussi bien pour le Parthénon que pour l'Asclépiéion d'Athènes et le temple d'Apollon à Délos[1]. C'est ainsi que les inventaires du Parthénon énumèrent des couronnes d'or, des lits de Chio, des cuirasses, des épées, des lyres, des tables d'ivoire, des boucliers dorés, des phiales, des statuettes en métaux précieux. Dans les grandes crises financières, l'État avait parfois recours à ce trésor particulier de la déesse : c'était Athéna qui prêtait à la ville d'Athènes.

La disposition intérieure des temples grecs variait peu; celle du Parthénon peut servir de type. Toutefois, quand le temple était un *mantéion* ou temple oracle, l'aménagement différait, comme à Didymes. Dans le temple d'Apollon Didyméen, le pronaos était séparé du naos par une chambre, où les visiteurs qui venaient consulter l'oracle attendaient que le dieu eût

---

[1]. Inventaires du Parthénon : *Corpus Inscr. Atticarum*, t. Ier. *Traditiones quæstorum Minervæ.* — Inventaires de l'Asclépiéion : Girard et Martha, *Bull. de Corr. hellénique*, 1878, p. 419-445. — Comptes des hiéropes de Délos : Homolle : *Bull. de Corr. hellénique*, 1878, p. 570-584. Les belles fouilles de M. Homolle à Délos, dont les résultats ne tarderont pas à faire l'objet d'une publication d'ensemble, permettront de connaître dans le détail l'administration du temple d'Apollon Délien.

inspiré la Pythie. Cette division du temple s'appelait l'*œcos*.

L'éclairage des temples hypèthres[1]. — Peu de questions ont été plus controversées que celle de l'éclairage des temples. Comment la lumière pénétrait-elle dans les temples que les Grecs appelaient *hypèthres* (ὑπὸ αἴθρας)? Ce nom donne à entendre que certaines parties de l'édifice, dépourvues de couverture, étaient exposées à l'air libre; mais comment concilier cette disposition avec la nécessité de protéger contre les influences de l'air les richesses accumulées dans le sanctuaire et la statue du dieu? Les ruines des temples offrent peu de ressources pour résoudre le problème, car on sait que l'effondrement ou la destruction des parties supérieures n'ont laissé aucune trace de la toiture. La question est donc de celles qu'on ne peut essayer d'éclaircir que par l'examen des textes et par des théories. Parmi les témoignages écrits, l'un des plus importants est le texte de Vitruve, qui donne de l'hypèthre la description suivante : « Le temple hypèthre a dix colonnes au pronaos et au posticum. Semblable aux grands temples dont la colonnade extérieure est double, il a dans l'intérieur de la cella deux rangs de colonnes superposées, éloignées des murs, laissant de l'espace pour la circulation comme les portiques du péristyle. *L'espace intermédiaire est à ciel ouvert, et sans toiture;* à chaque extrémité, il y a des portes et dans le pronaos et dans le posticum[2]. »

---

1. Beulé : *Histoire de l'art grec avant Périclès*, p. 281 et suiv. — Chipiez : *Mémoire sur le temple hypèthre;* Revue Arch., nouvelle série, t. XXXV.

2. Liv. III, 2, 8.

FIG. 21. — ÉCLAIRAGE DU TEMPLE D'ÉPHÈSE, D'APRÈS M. WOOD.

Les érudits ont mis en avant plusieurs systèmes pour mettre d'accord les textes et les nécessités de la construction. D'après une opinion très répandue, partagée par M. Wood dans sa restauration du temple d'Éphèse[1], le temple aurait été éclairé par une ouverture (ὀπαῖον) pratiquée dans le plafond et dans la toiture. Mais si restreinte que fût cette ouverture, elle aurait eu l'inconvénient de laisser pénétrer les eaux de la pluie dans une partie de la cella. On est conduit dès lors à supposer l'emploi d'un velum ou de pierres transparentes, ce qui est une hypothèse gratuite. Fergusson et Canina[2] ont imaginé une sorte de lanterne, percée de jours latéraux, et placée au-dessus de l'ouverture. Mais ce système donne au faîtage du toit un appendice disgracieux; et au contraire, les représentations des temples sur les médailles montrent une ligne de toiture continue et parfaitement nette[3]. Le système le plus récent est celui de M. Chipiez, qui fait disparaître ces difficultés par une interprétation ingénieuse du texte de Vitruve : « *L'espace intermédiaire* » désignerait l'intervalle compris entre le mur de la cella et les colonnes de l'ordre intérieur, qui forment sur les côtés latéraux de la cella une sorte de galerie. « Si nous enlevons une rangée de larges tuiles de marbre du toit, dans chaque surface comprise entre les colonnes intérieures et les murs du naos, la lumière tombe tout d'abord sur... les pla-

---

1. *Discoveries at Ephesus.*
2. Fergusson : *On the temples at Ephesus, ... as illustrating the hypæthrum of the Greeks.* — Canina : *l'Architettura antica descritta.*
3. Donaldson : *Architectura numismatica*, 401.

fonds qui couvrent les portiques inférieurs; puis, à travers les entrecolonnements des portiques supérieurs, elle se répand comme par autant de fenêtres dans le naos..» Si séduisante que soit cette théorie, il faut reconnaître qu'elle ne saurait encore apporter une solution définitive, et la question reste à l'étude, comme tant de problèmes que soulève encore l'histoire de l'art antique.

La polychromie[1]. — On a longtemps repoussé, comme une injure faite à l'art grec, l'idée qu'une décoration peinte pût être appliquée aux temples helléniques; la *polychromie* des temples n'a été admise de nos jours qu'après de longs débats. Ce n'est pas ici le lieu de rappeler en détail par quelles phases a passé cette question, et comment les préjugés qui tenaient à des habitudes modernes ont cédé devant les faits. C'est à Hittorf que revient l'honneur d'avoir réuni en un corps de doctrine les arguments qui combattaient en faveur de la polychromie, et d'avoir nettement posé la question. Ses théories, adoptées avec ardeur et poussées à l'extrême, ont donné naissance au système de la polychromie à outrance : toutes les parties du temple auraient été revêtues de couleurs éclatantes, sous lesquelles aurait disparu la blancheur du marbre. Une opinion plus modérée, qui représente le système de la polychromie mixte,

---

1. Hittorf : *Architecture polychrome des Grecs*, 1830. — Beulé : *Histoire de l'art grec avant Périclès*, p. 244. Des documents précieux pour la question sont fournis par les restaurations des temples grecs faites par les architectes pensionnaires de l'Académie de France à Rome. Ces restaurations sont conservées à l'École des beaux-arts.

admet un emploi de la peinture plus discret et plus conforme au goût sobre des Grecs. Au reste, il paraît prouvé que la polychromie a varié, suivant les époques, d'après une progression décroissante. Appliquée d'abord largement sur le stuc qui recouvrait la pierre des temples archaïques, elle a été réduite, avec le progrès de l'art et suivant le goût des écoles, à des proportions plus restreintes. Aussi l'histoire de la polychromie ne peut-elle être faite qu'en tenant compte des époques, des localités et des écoles d'architectes.

Les traces de peinture[1] observées sur les divers membres d'architecture des temples, à Égine, à Athènes, en Sicile et dans la Grande Grèce, permettent de reconstituer en partie la décoration peinte des temples doriques, aux VIe et Ve siècles. Au temps de Pisistrate, les colonnes paraissent avoir été peintes en jaune pâle ; cette couleur était appliquée sur la couche de stuc qui recouvrait la pierre, offrant ainsi une surface lisse et fine. On ne sait si l'usage général était de peindre le chapiteau ; il faut toutefois citer ceux du portique de Pæstum, où l'on distingue encore des palmettes peintes qui font saillie, tandis que le reste de la pierre a été rongé par le vent de mer. L'architrave à Égine était peinte en rouge, d'une teinte uniforme qui servait de fond aux boucliers dorés, aux inscriptions votives en lettres métalliques. Au-dessus de l'architrave, la frise présentait une alternance de triglyphes peints en bleu, et de métopes à fond rouge, où se détachaient les bas-

---

1. La peinture était appliquée à l'encaustique : les peintres sont désignés par le nom de ἐνκαυταί, dans une inscription relative à l'Erechthéion. *Corp. inscr. græc.*, n° 160.

reliefs, avec leurs accessoires de bronze doré. Les mutules de la corniche étaient bleues. Quant au fronton, le tympan offrait un fond bleu qui faisait valoir, par une opposition de teintes, les figures sculptées; les moulures qui l'encadraient étaient décorées de feuilles rouges et vertes, ou rouges et bleues. Qu'on ajoute au-dessous de l'entablement des chéneaux colorés de tons vifs, des tuiles, des acrotères, des antéfixes en marbre ou en terre cuite, ornées de palmettes ou de têtes de Gorgone, et l'on pourra se faire une idée de la polychromie archaïque, de ses tons hardis, qui sont en parfait accord avec les lignes austères du vieux dorique.

FIG. 22. — ANTÉFIXE EN MARBRE.

Quand les proportions du temple deviennent plus élégantes, qu'on substitue le marbre à la pierre et que, par suite, le travail exige plus de fini, les couleurs sont réparties avec plus de mesure. L'ordre ionique surtout commande une polychromie discrète et fine. Comment en effet faire disparaitre sous une couche de couleur ces délicates nervures, ces exquises ciselures du marbre, qui courent comme des dentelles au gorgerin des chapiteaux et sous le tailloir à volutes? La couleur devra

FIG. 23. — CHÉNEAU EN TERRE CUITE PEINTE (ATHÈNES).

seulement les souligner, pour les faire valoir sur la blancheur du marbre, qu'inonde une vive lumière; et aux tons vifs du rouge et du bleu on joindra l'éclat de la dorure. C'est ce que prouve une inscription de la xcii[e] olympiade[1], relatant les comptes des dépenses de l'Erechthéion. On y trouve la mention de « cent soixante-dix feuilles d'or, à une drachme la feuille », qui étaient destinées à la dorure des yeux des volutes et des fleurons des caissons. Mais ici, comme pour l'ordre dorique, point de système absolu; il faut faire la part des variations du goût et des traditions d'école.

Les observations faites sur les ruines des édifices ioniques de Priène, de Didymes, d'Éphèse, d'Halicarnasse, d'Athènes, ont permis de juger dans quelle mesure la polychromie s'associait à l'ordonnance ionique. Deux couleurs surtout sont employées : le rouge et le bleu. La première est réservée aux fonds, aux parties ombrées, qu'elle fait valoir par ses teintes intenses; ainsi à Halicarnasse, les ruines du mausolée offrent des rangs de perles se détachant sur un fond rouge; quelquefois aussi le rouge est employé pour souligner les dards des rais de cœur ou la coque des oves[2]. Le bleu est appliqué sur les parties plus éclairées, sur les fonds des oves qui se présentent en pleine lumière, tandis que les détails saillants restent blancs. De cet agencement résulte une harmonie de couleurs discrète et gaie ; des ombres chaudes et transparentes, des bleus adoucis par

---

1. *Corp. inscr. græc.*, n° 160.
2. Voir Newton : *Halicarnassus, Cnidus and Branchidæ*, pl. XXIX. Various mouldings with their original colours. Cf. O. Rayet : *le Temple d'Apollon Didyméen.*

l'éclat du soleil, enfin les fines ciselures en saillie conservant dans toute sa pureté la blancheur vive du marbre.

Les lois de la polychromie ne pourront être établies rigoureusement que par une étude minutieuse des faits. Mais il est acquis, dès à présent, qu'elle était de tous points conforme aux habitudes du génie grec. Ce système, si contraire à nos goûts modernes, à nos préjugés sur la division des arts, montre une fois de plus à quel point, dans l'esprit des Grecs, les arts devaient concourir à une œuvre commune. Il faut ajouter qu'on comprendrait mal la polychromie, si l'on oubliait les conditions de climat qui la rendaient presque nécessaire. Sous cette lumière dorée, la teinte unie du marbre eût été monotone; les détails se seraient perdus dans une teinte blanche uniforme, que l'éclat du soleil d'été eût rendue aveuglante. Il fallait accuser les lignes pures de l'édifice, faire valoir tous les détails de ce travail exquis, et les rehausser par des tons brillants qui se mariaient merveilleusement à la clarté rayonnante du ciel.

§ II. — LES PROPYLÉES. — LES PORTIQUES

L'idée de construire en avant des temples et des grands édifices un monument décoratif (ou *Propylées*), qui en décorait les abords, n'est pas particulière aux Grecs. Les Égyptiens, les Assyriens en construisaient avant eux. En Grèce, les Propylées étaient fréquents; il y en avait à Corinthe, à Priène, à Sunium, devant le temple d'Athéna, à Éleusis. Mais les plus célèbres étaient ceux de l'Acropole d'Athènes, qui partageaient avec le Parthénon l'admiration de la Grèce : « Les Propylées et le Parthénon, dit Philostrate, suffisaient à la

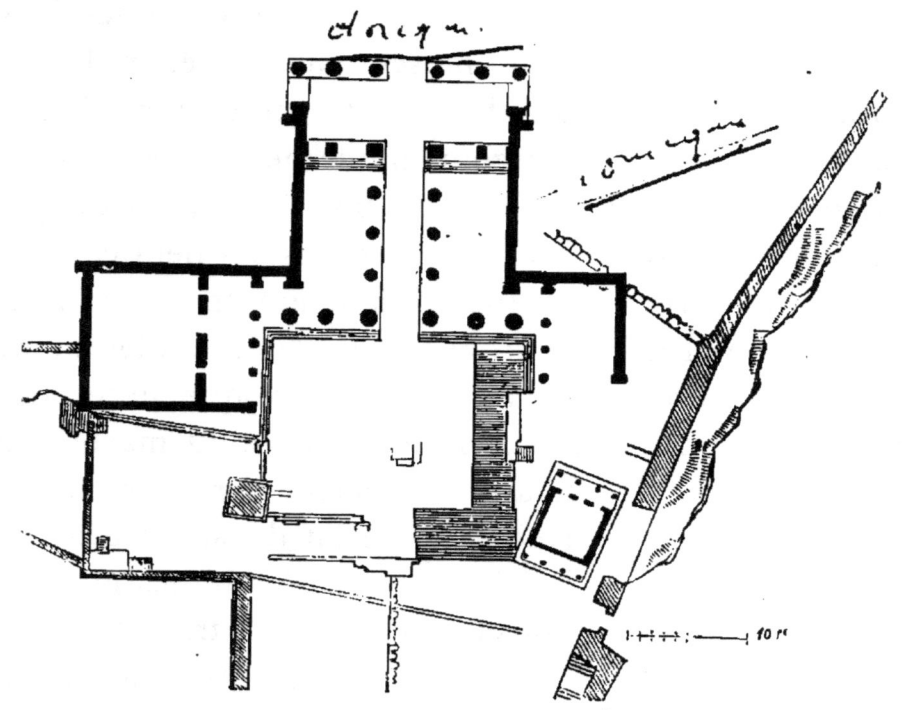

FIG. 24. — PLAN DES PROPYLÉES DE L'ACROPOLE D'ATHÈNES.

gloire de Périclès[1]. » Commencés par Mnésiclès en 437 av. J.-C. (sous l'archontat d'Euthymène) et construits en cinq ans[2], ils représentent à Athènes la perfection de l'architecture civile. Le plan est fort simple. Le principal motif est un mur percé de cinq portes, dont l'une, celle

---

1. *Vie d'Apollonius de Tyane.*
2. Les Propylées n'ont jamais été terminés; on voit encore, à la surface des blocs de marbre, des saillies (ou *témoins*), qui n'ont pas été abattues.

du milieu, de beaucoup la plus grande, pouvait donner passage aux chars et aux cavaliers. En avant du mur règne un portique hexastyle, encadré par deux ailes en saillie, qui ont aussi leur portique. Celle de gauche formait une salle, appelée la *Pinacothèque,* aujourd'hui conservée en partie. La façade des ailes n'offrait qu'un mur orné d'une frise de triglyphes[1].

Du côté intérieur, la face du mur qui regarde le Parthénon est également bordée d'un portique, moins profond que le premier, mais comptant le même nombre de colonnes. Ce plan si simple a été cependant exécuté avec une singulière originalité. On a bien souvent remarqué que les colonnes des deux portiques latéraux sont de dimensions plus restreintes, afin qu'elles n'écrasent pas l'ordre principal, celui de la façade; les portes suivent une progression décroissante, et ainsi les plus grandes dimensions sont au centre, ce qui est un principe d'harmonie et d'unité. Enfin, par une hardiesse heureuse, Mnésiclès avait employé simultanément le dorique et l'ionique, le premier, dans toute sa beauté sévère, le second encore sobre d'ornements, tous deux en parfait accord. Un des éléments de la beauté des Propylées, qui n'échappait pas à l'admiration des Grecs, c'est la rare habileté du travail. Pausanias s'étonnait de l'énorme dimension des blocs de marbre assemblés avec un soin infini : « Les Propylées ont un faîte en marbre blanc, et c'est l'ouvrage le plus admirable qu'on ait fait jusqu'à présent, tant pour le volume des pierres

---

[1]. Voir la description des Propylées dans Beulé : *l'Acropole d'Athènes,* I, ch. vi.

que pour la beauté de l'exécution.¹ » Comme pour faire mieux valoir encore cette perfection de technique, Mnésiclès avait donné aux Propylées un soubassement en pierre vulgaire du Pirée, dédaignant les parties accessoires et ne cherchant la beauté que dans l'œuvre elle-même.

On a longuement discuté sur la destination des Propylées. Faut-il y voir un ouvrage de défense, fait pour protéger l'entrée de la citadelle d'Athènes, ou un monument décoratif? Cette dernière opinion, que justifie la perfection de l'œuvre, est la plus vraisemblable.

Il ne reste que des débris très incomplets des portiques qui entouraient les agoras, les gymnases, les palestres. A Athènes, en particulier, les ruines les plus importantes de ce genre d'édifices datent de l'époque romaine. Telle est, par exemple, la construction qui marquait l'entrée de l'agora d'Athènes, et dont il reste quatre colonnes doriques supportant un fronton. Une inscription gravée sur l'architrave indique que l'édifice a été construit grâce aux libéralités de J. César et d'Auguste, sous l'archontat de Nicias, et dédié à Athéna Arkhégétis. Une autre inscription, relatant un édit d'Hadrien sur la vente des huiles, et gravée sur un jambage de la porte, confirme l'hypothèse que ces ruines appartenaient au portique de l'agora². C'est aussi de l'époque romaine que date la *stoa* ou portique d'Hadrien, dont on voit encore une façade décorée de colonnes corin-

---

1. *Attic.*, XXII.
2. On voit sur l'emplacement de l'ancienne Pompéiopolis, dans la Cilicie-Trachée, une belle colonnade qui bordait une rue ou *dromos*, sans doute près de l'Agora.

thiennes. La stoa formait une enceinte carrée, entourée de portiques, comprenant des salles décorées de tableaux et de statues. Il y avait, en outre, un temple de tous les dieux ou Panthéon, et une bibliothèque. Athènes, comme toutes les villes grecques, possédait un grand nombre de ces édifices accumulés dans le quartier de l'agora, au centre de la vie publique et des affaires. On connaît par les témoignages des auteurs, plus encore que par les ruines, le portique des Hermès, le gymnase de Ptolémée, le portique d'Attale, le Pœcile; c'est là que se passait une grande partie de la journée des Athéniens, si épris de la vie en plein air, du mouvement, des discussions politiques. Sous ces portiques ornés de statues et d'hermès, on agitait les questions du jour, on traitait des affaires de l'État. Aussi rien n'était négligé pour embellir ces édifices publics. Le Poecile, en particulier, était décoré de peintures exécutées par Panœnos, Polygnote et Micon, et représentant les principaux mythes de l'Attique, ou les exploits des ancêtres : Thésée combattant avec les Athéniens contre les Amazones; les Athéniens à Œnoë, prêts à engager l'action contre les Lacédémoniens; enfin la bataille de Marathon, où les divinités protectrices de l'Attique luttaient au premier rang de l'armée athénienne[1]. Dans cette vie tout extérieure, il n'y avait pas d'instant où l'Athénien n'eût sous les yeux quelque monument rappelant les faits glorieux de l'histoire de la patrie.

La vie du Grec se partageait entre les affaires publiques et les cérémonies religieuses; on sait, par l'histoire

---

1. Paus., c. 15, 4.

de l'éphébie, qui n'était qu'une préparation aux devoirs de citoyen, à quel point les occupations extérieures étaient nombreuses [1]. Aussi la maison grecque était-elle d'une grande simplicité et construite avec les matériaux les plus modestes. Les traces de maisons qui sont encore visibles à Stymphale en Arcadie, à Syracuse, à Athènes, sur la colline du Pnyx, montrent combien l'habitation privée du Grec était chétive. Le rocher aplani servait d'aire et souvent était utilisé comme muraille. Sur cet emplacement s'élevait la demeure; le rez-de-chaussée était réservé à l'homme, le premier étage, ou *gynécée*, aux femmes; le tout d'une exiguïté singulière. Une ville grecque offrait donc un curieux contraste entre la splendeur des monuments publics et l'humble aspect des habitations privées [2]. C'est à une époque relativement tardive, et sous l'influence des mœurs asiatiques, que le luxe s'introduisit dans les demeures. Déjà Démosthène se plaint que les maisons des citoyens rivalisent pour la magnificence avec les édifices publics : « Ceux qui considèrent la maison de Thémistocle, celle de Miltiade et des autres grands hommes de ce temps-là voient que rien ne les distingue des maisons ordinaires... Mais, de nos jours, l'opulence des particuliers qui se mêlent des affaires de l'État est portée au point que plusieurs d'entre eux se sont fait construire des palais qui surpassent en beauté nos plus grands édifices [3]. » Plus tard encore, à l'époque alexandrine, les raffinements apportés à l'aménagement de la maison

---

1. Voir A. Dumont : *Essai sur l'éphébie attique*.
2. Cf. la *Description d'Athènes*, par Dicéarque.
3. *Disc. contre Aristocrate*.

atteignent leur plus haut degré. On peut en juger par la description que Vitruve a laissée d'une habitation hellénique, avec ses portiques à colonnes, ses salles de bains, sa pinacothèque ou galerie de tableaux, ses exèdres, ses salles de festin, sa bibliothèque. Le passage de Vitruve fait comprendre comment l'influence de l'Ionie avait développé chez les Grecs le goût du luxe et du bien-être ; on disait : « bâtir une maison à la mode ionienne. »

§ III. — LES THÉATRES[1]. — LES ODÉONS LES STADES

Les ruines de théâtres sont fréquentes en Grèce et en Asie Mineure ; on voit encore les traces plus ou moins complètes des théâtres de Tlos, de Patara, de Kaunos, de Telmissos, de Cnide en Asie Mineure, et de Sunium, d'Épidaure, d'Argos, de Sparte, etc., pour ne citer que les plus importants. Nous prendrons pour type le théâtre de Dionysos à Athènes, qui offre avec des particularités intéressantes, les dispositions usitées dans ce genre de constructions. Le théâtre de Dionysos est connu depuis les fouilles exécutées en 1862 par un architecte allemand, M. Strack. Situé à l'angle sud-est de l'Acropole, il était adossé au flanc du rocher, où sont taillés une partie des gradins, et dominé par le mur sud de l'Acropole. C'est ainsi que le

---

1. Wieseler : *Theatergebäude.* Otfried Müller : *Histoire de la littérature grecque.* O. Benndorf : *Beitraege zur Kentniss des Attisches Theaters.*

montre une médaille d'Athènes, où le graveur n'a pas négligé d'indiquer la perspective grandiose qu'offre ce côté de l'Acropole ; le rocher percé d'une grotte, la muraille qui court au sommet du roc, et au-dessus le faîte majestueux du Parthénon. La disposition intérieure du théâtre de Dionysos semble avoir servi de modèle pour les autres édifices grecs de ce genre ; aussi suffira-t-il de la décrire brièvement pour donner un aperçu des théâtres grecs en général. Cette construction comprend trois parties essentielles : 1° la scène ; 2° l'orchestre ; 3° les gradins réservés aux spectateurs.

La scène a été remaniée plusieurs fois, d'abord au temps d'Hadrien, et ensuite, sous Septime-Sévère par un architecte nommé Phædros ; ces modifications avaient pour objet de donner plus d'ampleur à cette partie, aux dépens de l'espace occupé par l'orchestre. On ne s'occupera ici que de la scène hellénique, dont les murailles, en bel appareil, sont encore visibles ; elle date de l'administration de Lycurgue (330 av. J.-C.). C'est à ce moment que le grand orateur, chargé de diriger les finances de la république athénienne, termine les travaux du théâtre, commencés en 496 (ol. LXXe) par les architectes Démocratès et Anaxagoras. Cette scène était fort reculée, et laissait à l'orchestre tout son développement. Elle comprenait, comme toutes les scènes grecques, deux parties : un espace rectangulaire (λογεῖον) où parlaient les acteurs et le fond (σκηνή) avec un mur percé de trois portes ; celle du milieu s'appelait *porte royale*. Sur les deux ailes en retour de la scène étaient deux autres portes, dont l'une était censée donner sur la campagne, l'autre sur l'agora. La tragédie se jouait au milieu de décors permanents dont on a retrouvé les restes : des fragments de colonnes doriques, d'architraves, de frontons, formaient cette décoration, d'un caractère simple et architectural. D'autres décors peints étaient disposés sur le mur du fond. Quant aux machines compliquées, servant à figurer des apparitions, ou à produire les changements qu'exigeait la mise en scène, elles étaient renfermées dans un *dessous* (ὑποσκήνιον), divisé en compartiments séparés et dont les fouilles du théâtre athénien ont fait connaître l'aménagement. La scène, d'un niveau plus élevé que l'orchestre ($1^m,50$ environ), était soutenue par un mur décoré de sculptures. On a retrouvé le mur de la scène reconstruite par Phædros. Des figures de satyres agenouillés, formant cariatides, soutiennent le *proscénium*; et entre ces figures, l'intervalle est rempli par des bas-reliefs représentant des scènes de la vie de Dionysos. Au centre, un escalier fait communiquer le λογεῖον avec l'orchestre.

Cette partie du théâtre, qui sépare la scène des gradins, a la forme d'un hémicycle, pavé de dalles de marbre. Au centre s'élevait l'autel de Dionysos (θυμέλη), autour duquel évoluait le chœur, à la suite du coryphée. Le pourtour demi-circulaire est dessiné par la première rangée des gradins, qui s'élèvent en amphithéâtre, divisés en compartiments par des escaliers (κλίμακες). Les gradins ont sans doute été refaits sous Hadrien, car le nombre des compartiments (κερκίδες) est de treize ; c'est le chiffre des tribus attiques sous cet empereur. La première rangée de sièges était réservée aux prêtres et aux archontes, qui avaient le droit de *proédrie*;

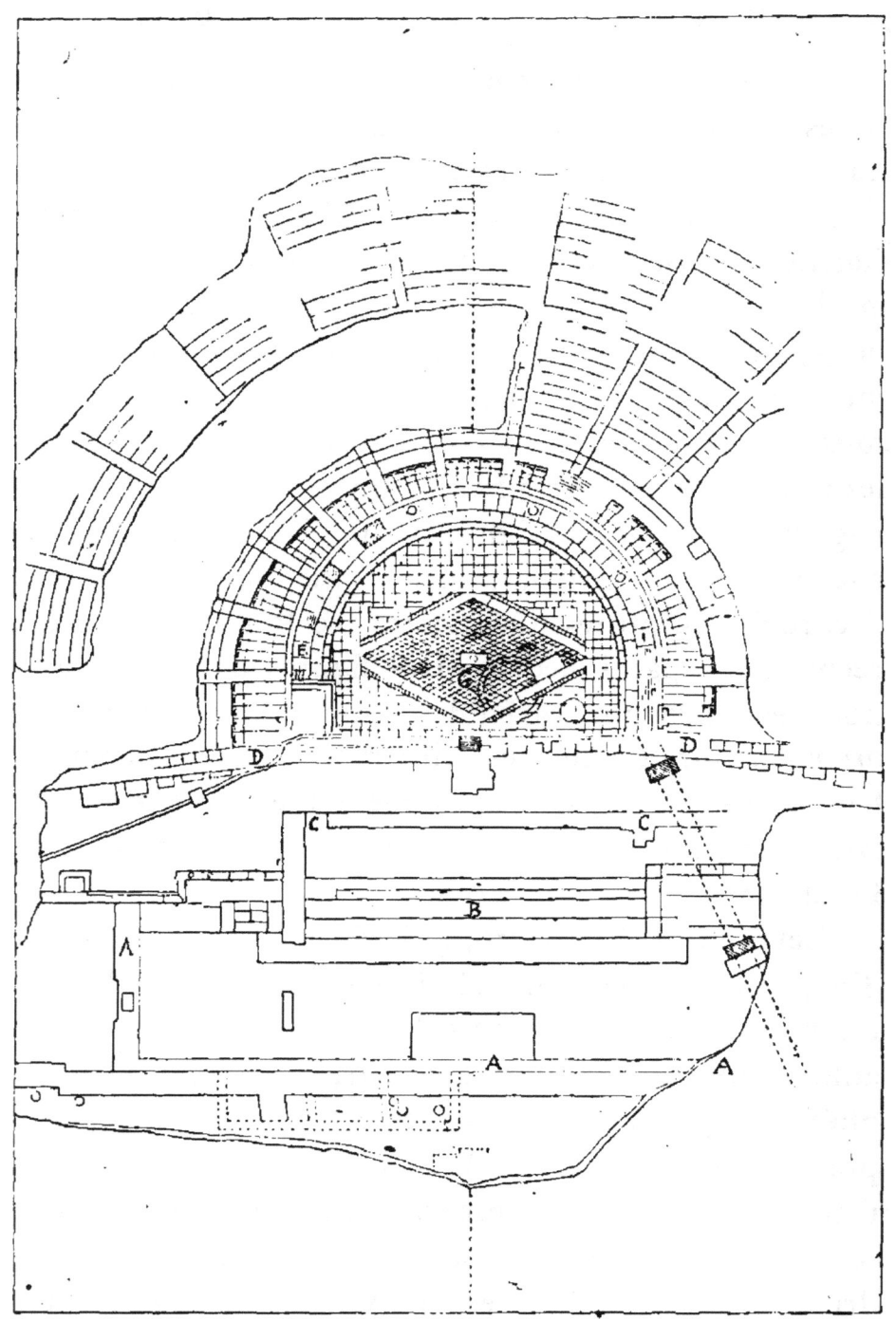

FIG. 25. — PLAN DES FOUILLES DU THÉATRE DE DIONYSOS.
A. Scène hellénique. — B. Scène d'Hadrien. — C. Scène de Septime-Sévère. — D. Siéges de marbre des personnages ayant le droit de proédrie. — E. *Podium* séparant les gradins de la scène. — G. Orchestre.

les deux gradins suivants étaient aussi occupés par des personnages de marque. Ces sièges, ayant la forme de fauteuils, sont en marbre pentélique, reliés ensemble et séparés les uns des autres par des saillies sculptées ; le siège est creusé légèrement pour recevoir un coussin. Une inscription gravée sous le rebord de chaque fauteuil indique à quel haut personnage sacerdotal ou politique il était destiné[1]. C'étaient, pour n'en citer que quelques-uns, les prêtres de Zeus Olympien, de Zeus protecteur de la cité, d'Apollon Délien, de Poséidon Phytalmios, d'Apollon Pythien, etc.; c'étaient encore l'exégète de l'oracle d'Apollon, l'hiérophante, qui présidait à l'initiation aux mystères d'Éleusis, le *hiéromnémon*, député d'Athènes au conseil amphictyonique ; enfin, les archontes : l'éponyme, le basileus, le polémarque et les thesmothètes.

Le fauteuil qui fait directement face à la scène est celui du prêtre de Dionysos Éleuthérien, le dieu auquel était consacré le théâtre[2]; aussi se distingue-t-il des autres par une ornementation plus riche. Le dossier est décoré d'un élégant bas-relief, représentant des satyres traités dans le goût archaïque ; sous le rebord du siège est sculptée une petite frise, montrant le combat de deux Arimaspes contre des griffons ; enfin, sur chacun des côtés, figure Agôn, le génie des combats de coqs qui se livraient dans l'enceinte du théâtre. Le prêtre de Dio-

---

1. *Corpus Inscr. Attic.*, t. III, 1, 240 et suiv. Ces textes sont des documents précieux pour l'histoire des sacerdoces athéniens et de la hiérarchie religieuse.
2. Il porte l'inscription :

ΙΕΡΕΩΣ ΔΙΟΝΥΣΟΥ ΕΛΕΥΘΕΡΕΩΣ.

nysos était ainsi à la place d'honneur. On comprend facilement l'effet plaisant que produisait une scène des *Grenouilles* d'Aristophane : quand Dionysos, accom-

FIG. 26. — FAUTEUIL DU PRÊTRE DE DIONYSOS ÉLEUTHÉRIEN

pagné de son esclave Xanthias, arrive aux enfers et se sent pris d'une terreur comique devant les monstres qui en gardent l'entrée, l'acteur chargé du rôle du dieu se tournait vers le public et s'écriait : « Toi, mon prêtre, sauve-moi d'ici, et que je sois ton compagnon de festins[1] ! » A droite et à gauche de la scène s'ouvrent de larges couloirs, autrefois ornés de statues : sur les bases, seules conservées, on lit encore les noms des poètes dramatiques les plus célèbres, Thespis, Eupolis, Timostrate, Ménandre.

A l'histoire du théâtre attique se rattache l'étude des monuments choragiques, souvenir des victoires dramatiques remportées aux fêtes de Dionysos. On sait qu'à Athènes, les représentations théâtrales avaient le caractère d'une institution religieuse et nationale ; le soin de former et d'entretenir les chœurs lyriques était dévolu officiellement aux citoyens aisés, qui supportaient les dépenses de la *chorégie*. Le chorège devait réunir les éléments des chœurs composés d'hommes, d'enfants, de pyrrhikhistes, de danseurs cycliques, de joueurs de flûte, et fournir les vêtements, les masques, les accessoires ; il y avait un chorège par tribu. Si le chœur qu'il avait formé remportait la victoire, le chorège recevait en prix un trépied de bronze, qu'il consacrait au nom de sa tribu, soit dans une des rues d'Athènes portant le nom de *rue des Trépieds*, soit dans le *téménos* de Dionysos, ou dans le voisinage du théâtre. Le trépied était placé sur un petit monument, d'un caractère architectural dont la forme variait beaucoup. Ainsi, dans une grotte située au-dessus du théâtre, et transformée en temple par le chorège vainqueur Thrasyllos (année 320), les trépieds étaient posés sur des colonnes à chapiteaux triangulaires. D'autres édifices affectaient la

---

1. *Les Grenouilles*, vers 297.

FIG. 27. — MONUMENT CHORAGIQUE DE LYSICRATE.

forme d'un petit temple à pilastres, dont la niche recevait le trépied donné en prix. Le plus connu des monuments choragiques est celui de Lysicrate, qui se trouvait dans la rue des Trépieds. Il se compose d'une base quadrangulaire, en marbre blanc veiné de bleu, qui supporte un petit édifice en forme de rotonde. Six colonnes cannelées, à chapiteaux corinthiens, soutiennent une frise délicatement ornée de bas-reliefs représentant la défaite des pirates tyrrhéniens par Dionysos, et leur transformation en dauphins. Les entrecolonnements étaient remplis par des plaques de marbre ajustées avec soin et ornées à leur partie supérieure de trépieds en relief. L'édifice est couvert d'un toit de marbre simulant des tuiles, et surmonté d'un fleuron qui servait de base au trépied. Une inscription donne la date du monument (335-334 av. J.-C.), qui offre un des plus anciens exemples de l'ordonnance corinthienne appliquée à l'architecture : « Lysicratès, fils de Lysitheidès du dème de Kikynna, était chorège ; la tribu Acamantide a remporté le prix des chœurs d'enfants ; Théon jouait de la flûte ; Lysiadès a instruit le chœur ; Evænétos était archonte. »

On donnait le nom d'*Odéon* à des théâtres spécialement destinés à des concerts ; les poètes, les musiciens y exerçaient aussi leur talent avant de soumettre leurs œuvres au jugement du public. Les Odéons différaient des théâtres surtout par la toiture qui les recouvrait et par certaines particularités de la disposition intérieure ; des rangées de colonnes soutenaient la toiture, et les sièges, disposés en amphithéâtre, étaient très nombreux. Athènes possédait un Odéon célèbre, celui que Périclès avait fait construire pour remplacer l'ancien Odéon situé près de l'Ennéacrounos. Cet édifice s'élevait près de l'Acropole, à l'est du théâtre de Dionysos, auquel il était contigu. La toiture, de forme pointue, était décorée des mâts et des antennes des vaisseaux perses, et faisait ressembler le monument à la tente de Xerxès. Plutarque parle du grand nombre de sièges et de colonnes qu'il renfermait. S'il est difficile aujourd'hui de s'en faire une idée exacte, on retrouve les dispositions communes aux théâtres de musique dans les ruines de l'Odéon élevé par Hérode Atticus, en mémoire de sa femme Régilla. C'était le plus grand de tous les Odéons connus, et son plafond en bois de cèdre était d'une rare magnificence. Aujourd'hui, grâce à des fouilles faites en 1857 et 1858, on distingue nettement les gradins avec leurs escaliers et leurs couloirs, et les murailles, percées d'arcades, qui soutenaient le proscénium[1].

Les *stades,* où luttaient les pugilistes, les coureurs à pied, etc., étaient distincts des *hippodromes,* réservés aux courses de chars. La disposition générale de ces monuments différait peu, en raison du plan très simple qui avait été adopté à l'origine. C'étaient de vastes espaces aplanis, entourés de levées de terre artificielles, ou compris entre des tertres naturels, où se massaient les spectateurs. Le travail de l'architecte et de l'ingénieur consistait surtout à y disposer des barrières ; celles de l'hippodrome d'Olympie, construites par Cléœtas, étaient

---

1. La restauration de l'Odéon de Régilla, par M. Daumet, est conservée à l'École des beaux-arts.

célèbres : c'étaient des sortes de boxes, où étaient enfermés les chars; les portes, disposées suivant une ligne courbe, permettaient aux chars de partir au signal donné, sans qu'aucun d'eux eût l'avance sur les autres. L'arène était divisée en deux parties par une levée de terre, à l'extrémité de laquelle se trouvait la borne qu'il fallait tourner.

Le stade est une arène étroite et longue, terminée à l'une de ses extrémités par un demi-cercle (σφενδόνη), qui ressemble à un théâtre, grâce à ses gradins et à sa forme arrondie. Les gradins se prolongeaient sur les longs côtés de l'arène, comme on le voit au stade de Cibyra, en Asie Mineure, qui est bien conservé. La différence essentielle entre les stades et les hippodromes tient surtout à l'absence, dans les premiers, des stalles et des barrières destinées à enfermer les chars. Pour tout le reste, on retrouve les mêmes dispositions, et les parties analogues sont désignées par les mêmes termes. Avec les progrès du luxe public et privé, les stades se décorèrent de gradins de marbre, de colonnades dont on retrouve la trace au stade de Messène. Le stade panathénaïque d'Athènes, qui servait aux jeux des Panathénées, avait été magnifiquement orné par le riche Hérode Atticus, qui fit couvrir les talus de sièges en marbre pentélique. Pausanias et Philostrate parlent avec admiration de ce travail luxueux, exécuté en quatre ans, qui transforma l'ancien stade aménagé par les soins de Lycurgue, en 350 av. J.-C. C'est là que plus tard Hadrien fit assister la population d'Athènes à des jeux sanglants, empruntés aux usages romains.

LIVRE III

LA SCULPTURE

CHAPITRE PREMIER

PREMIÈRE PÉRIODE

Ouvrages généraux : OTFRIED MÜLLER : *Manuel d'archéologie* (trad. Pol. Nicard). — BRUNN : *Geschichte der Griechischen Künstler*. — OVERBECK : *Geschichte der Griechischen Plastik.*— *Recueils de planches* : MÜLLER-WIESELER : *Denkmaeler der Alten Kunst.*— CLARAC : *Musée de sculpture.* — WELCKER : *Alte Denkmaeler.* — O. RAYET : *Monuments de l'art antique,* et les grandes publications périodiques, comme les *Monumenti inediti dell' Instituto di corrispondenza archeologica di Roma,* l'*Archaeologische Zeitung,* la *Gazette Archéologique,* par MM. de Witte et Fr. Lenormant. On citera au fur et à mesure les principaux ouvrages spéciaux.

LES ORIGINES LÉGENDAIRES
JUSQU'A LA FIN DU VIIe SIÈCLE

Si les arts industriels se développent de bonne heure en Grèce, la sculpture proprement dite, celle qui vise à reproduire la forme humaine et à traduire les conceptions religieuses ou poétiques, reste longtemps en retard. Essentiellement religieuse à ses débuts, elle consacre ses premiers efforts à représenter les dieux sous une forme sensible : or ce travail ne peut commencer que lorsque la poésie, plus libre, aura donné aux dieux un caractère plastique assez arrêté, et fourni à la sculpture les éléments qu'elle doit mettre en œuvre. Le développement de la sculpture est donc subordonné à celui du sens poétique et du sentiment religieux.

Les plus anciens simulacres des divinités helléniques sont plutôt des symboles que des œuvres plastiques. La piété des âges primitifs se contente d'un signe extérieur, qui n'est pas l'image du dieu, mais qui le personnifie. Ainsi Éros à Thespies, les Kharites à Orchomène, sont figurés par des pierres (ἀργοὶ λίθοι); Apollon Agyieus est représenté par une colonne sur des monnaies d'Ambracie; l'Héra d'Argos était une simple colonne (κίων), et les Dioscures de Sparte avaient la forme de deux poutres réunies par des traverses. Ces simulacres grossiers ne méritent pas qu'on s'y arrête; ils sont du domaine de la mythologie figurée, plus qu'ils n'appartiennent à l'histoire de la plastique.

FIG. 28.
APOLLON AGYIEUS.
Sur une monnaie d'Ambracie.

Les premières statues où l'on s'efforça de représenter les dieux sous une forme humaine étaient en bois (ξόανα). Elles étaient comme enfermées dans des gaines, « avaient les yeux clos, les bras pendants et collés aux flancs[1] ». Ces vieilles statues de bois étaient toutes sans exception des images du culte. Les Grecs leur prêtaient

---

1. *Diodore de Sicile*, IV, 76.

des origines fabuleuses, et les conservaient religieusement. Pausanias, qui vivait au temps d'Hadrien, put encore en voir dans les temples, où elles excitaient l'émotion respectueuse des dévots et les railleries des sceptiques[1]. Entretenues avec soin, peintes en blanc ou en vermillon, elles étaient vêtues de riches étoffes, et possédaient une garde-robe complète, comme celle d'Artémis Brauronienne, dont une inscription nous a fait connaître l'inventaire. On retrouve souvent sur les vases peints la représentation de ces ξόανα, traitée sommairement; mais on peut en apprécier le style d'après des documents plus précis. Nous avons déjà cité l'Artémis de Délos, comme un des monuments les plus anciens de la statuaire grecque : sans remonter à ces époques lointaines, le marbre de Délos peut faire comprendre la raideur d'attitude des ξόανα; le Musée Britannique possède également une imitation en pierre d'un ξόανον, trouvée près de Rhamnus en Attique. L'interprétation du visage humain dans les plus vieilles statues de bois était enfantine : une simple ligne indiquait les yeux, qui paraissaient fermés. C'est ainsi que la figure humaine est traitée sur de curieux marbres du Louvre, dont l'un provient de Paros. On y reconnaît sans peine les essais informes d'un art grossier et timide, qui se borne à reproduire gauchement les éléments essentiels du visage.

Les Grecs attribuaient les premiers progrès de la sculpture à Dédale, personnage légendaire qu'on faisait

---

1. En 39 ap. J.-C., elles figuraient encore dans les cérémonies du culte. Cf. inscr. de Cyzique, relatant les fêtes célébrées en l'honneur d'Antonia Tryphæna. Curtius : *Monatsberichte der Akad. der Wissensch.* de Berlin. Janvier 1874.

naître à Athènes. « Les statues qu'il avait faites étaient semblables à des êtres vivants; elles voyaient, elles marchaient. C'est lui qui, le premier, leur ouvrit les yeux, leur délia les jambes et les bras[1]. » Par une tournure d'esprit qui leur était familière, les Grecs personnifiaient en lui toute une longue période; ils ne citent aucun autre artiste à côté de lui. Le nom de Dédale couvre toute une école d'obscurs sculpteurs qui, par un progrès lent, donnent quelque apparence de vie et de mouvement aux idoles primitives, et s'écartent de la rigidité traditionnelle. Les statues de bois dédaléennes étaient nombreuses, et Pausanias les note avec soin; on les distinguait des images plus anciennes à leurs yeux ouverts, à leurs bras détachés du corps, et à leur attitude, qui était celle d'une personne en marche.

Il n'y a pas lieu d'insister longuement sur ces humbles origines de la plastique, ni de s'attarder aux fables sous lesquelles l'imagination des Grecs les déguisait. Pour les Grecs, tous les arts avaient pris naissance sur leur sol, et chaque invention avait sa légende, merveilleuse ou charmante. On sait l'histoire du potier Boutadès, qui trouva l'art de modeler, grâce à sa fille Coré. Un soir, la jeune Corinthienne eut l'idée de retracer sur la muraille la silhouette de son amant, qu'y projetait la lumière d'une lampe; le père remplit d'argile ce contour, et l'art de modeler fut inventé[2]. Si l'on revient à la réalité des faits, on découvre, à travers toutes ces fables, que la plastique se développe d'abord dans la

---

1. *Diodore de Sicile, ibid.*
2. Pline N. H., XXXV, 151. Athénagoras : *Legat. pro christianis*, 14.

Grèce orientale, comme tous les arts helléniques. Les procédés se transmettent dans des familles d'artisans; ils s'améliorent lentement, jusqu'au jour où les modestes forgerons, qui fabriquaient des armes, des meubles, etc. deviennent d'habiles toreuticiens et appliquent à la statuaire la science technique qu'ils ont acquise. Alors on trouve des noms historiques, des personnalités, des écoles ayant leur physionomie particulière. L'art sort de la légende, et l'on peut suivre, à l'aide des témoignages écrits, les progrès de la plastique.

CHAPITRE II[1]

DEUXIÈME PÉRIODE

LES MAÎTRES PRIMITIFS, DEPUIS LA FIN DU VIIe SIÈCLE
JUSQU'A L'OLYMPIADE LX. (540 AVANT J.-C.)

BEULÉ : *Histoire de l'art grec avant Périclès.* — A.-S. MURRAY :
*A History of Greek sculpture, from the earliest times, down
the age of Pheidias.* Londres, 1880.

§ I. — GRÈCE ORIENTALE

Les maîtres de Samos excellent surtout dans le travail du métal. Toreuticiens et orfèvres, ils exécutent des œuvres recherchées par les princes asiatiques. Toutefois ils ne se bornent pas à un seul genre ; leur activité s'exerce aussi dans le domaine de la plastique et ils mènent de front tous les arts. Rhœcos, le chef de l'école samienne, qui vivait vers la XLe olympiade, avait fait une statue de la Nuit, que l'on conservait à Éphèse. Théodoros, son fils, était d'une rare habileté, dont témoignait sa propre statue : il s'était représenté tenant un quadrige qu'une mouche couvrait de ses ailes ; on lui attribuait aussi une statue d'Apollon Pythien, exécutée pour les Samiens, de concert avec son frère Téleclès. Ces artistes représentent l'école de Samos jusque vers la LX² olympiade. Unis souvent dans leurs travaux, ils le sont aussi par la tradition, qui fait remonter à Rhœcos et à Théodoros l'invention de la fonte en forme, c'est-à-dire de l'art de couler le bronze autour d'un noyau d'argile [1]. Rien ne nous fait mieux comprendre ce qu'étaient ces premières écoles d'artistes, où les procédés se transmettaient de père en fils pendant plusieurs générations.

L'école de Chio comptait aussi des toreuticiens et des sculpteurs sur marbre. Glaucos, sans doute élève des Samiens, était l'auteur du cratère dédié à Delphes par le roi lydien Alyatte (vers la XL² olympiade). Il paraît avoir surtout continué la tradition du travail des métaux et passait pour avoir inventé la soudure. Cependant, avant la IV² olympiade, l'école des sculpteurs sur marbre compte déjà plusieurs représentants, Mélas, son fils Mikkiadès, et son petit-fils Arkhermos. Dès la IV² olympiade, Boupalos et Athénis, fils d'Arkhermos, ont assez de talent pour que leurs œuvres méritent d'être transportées à Rome, lors de la conquête de la Grèce ; on voyait d'eux à Chio une statue d'Artémis qui paraissait triste à ceux qui entraient dans le temple, et gaie à

---

[1]. Les anciennes statues de bronze étaient faites de pièces rapportées. Les fouilles récentes d'Olympie ont mis au jour une tête de Zeus en bronze, composée de morceaux de métal rivés ensemble. C'est un curieux document pour la technique de l'art du bronze à la fin du VII² siècle. Furtwaengler : *Bronzefunde aus Olympia*.

ceux qui en sortaient. A Naxos, vers la même époque, Byzès, fils d'Euergos, sculpteur renommé, exécutait des statues pour sa patrie, et inventait les tuiles de marbre pour couvrir les joints de la toiture des temples.

Ces faits suffisent à démontrer que le premier développement de la sculpture se produit dans la Grèce orientale ; de là, la science de la technique, portée dans la Grèce continentale, fait naître des écoles importantes, qui conduisent la plastique à un état relativement avancé de la L^e à la XLe olympiade.

§ II. — GRÈCE CONTINENTALE

Déjà le Samien Théodoros avait été appelé à Sparte pour y élever la *Skias,* édifice métallique en forme de tente. L'Éginète Smilis s'était formé à l'école des Samiens, et avait fait pour Samos une statue d'Héra, que reproduisent les monnaies archaïques de l'île. Mais un fait surtout influe d'une manière décisive sur le développement de la sculpture dans le Péloponèse : c'est l'arrivée des maîtres crétois Dipoinos et Skyllis à Sicyone, où ils s'établissent, et impriment à l'art un vigoureux essor (olympiade L) ; leurs œuvres étaient tellement supérieures à celles des artistes indigènes, que les auteurs anciens ont pu rapporter à leur époque les origines de la sculpture.

Les Crétois travaillent l'airain, le bois, le marbre de Paros, et leurs statues étaient recherchées dans toute la

Grèce dorienne, à Ambracie, à Argos, à Cléones : on voyait à Sicyone les statues des principaux dieux, sorties de leurs ateliers. Sous leur impulsion, l'art se propage dans tout le Péloponèse : on leur attribue de nombreux élèves, Hégylos et Théoclès, les Laconiens Dontas et Doryclidas, Cléarkhos de Rhégion, Tectæos et Angélion, qui travaillent pour les Déliens, et exécutent en commun une statue d'Apollon tenant les Trois Grâces ou *Kharites,* reproduite par une monnaie attique[1].

Vers le même temps, l'art se développe à Sparte avec une grande énergie. Grâce au séjour de Théodoros, l'art du bronze y avait fait de rapides progrès au début du vi[e] siècle, et les traditions du Samien avaient été recueillies par des maîtres habiles, tels que Syadras et Khartas. C'est à Sparte que les élèves des maîtres crétois sont les plus nombreux : mais l'école laconienne doit beaucoup au Magnésien Bathyclès, qui vient s'établir à Sparte après l'année 544 (olympiade LIX, 1) amenant avec lui un groupe de sculpteurs magnésiens. C'est lui qui exécute pour le grossier simulacre de l'Apollon d'Amyklæ un trône magnifique, orné d'or et d'ivoire, où se déroulaient en riches reliefs les principaux mythes helléniques.

A la période où nous sommes, la sculpture attique commence à peine à naître. Longtemps en retard sur l'art péloponésien, elle ne se dégage de la légende que vers la L[e] et la LXe olympiade. C'est le moment où Pisistrate décore Athènes, élève l'Olympiéion, le vieux Parthénon, et les premiers Propylées. Or, le mouve-

---

1. Beulé : *Monnaies d'Athènes,* p. 364.

ment artistique auquel Athènes dut ses plus anciens édifices ne put se produire sans que la plastique en eût sa part. C'est à cette date, limite extrême de la période des débuts, qu'il faut reporter les origines de l'ancienne école attique, dont l'activité va se déployer surtout quelques années plus tard. Avant l'olympiade LX, on ne trouve guère en Attique que des artistes plus ou moins légendaires, comme Simmias, auteur d'une statue de Dionysos Morykhos, qu'on barbouillait de lie au moment des vendanges[1].

Un fait capital contribue à hâter le développement de la sculpture vers la LXe olympiade : c'est la fréquence des portraits d'athlètes. Jusque-là, les sculpteurs représentaient surtout les divinités, dont les formes étaient fixées par une sorte de convention hiératique; et les premières statues d'athlètes vainqueurs dans les solennités religieuses de la Grèce, sont encore empreintes de la raideur traditionnelle. Pausanias décrit en ces termes la statue du pancratiaste Arrachion, vainqueur à Phigalie, vers l'olympiade LIII. « Les pieds sont à peine séparés, les mains tombent sur les côtés jusqu'aux hanches. » Les premiers vainqueurs aux jeux olympiques qui eurent une statue à Olympie, sont Praxidamas d'Égine (olympiade LIX) et Rhexibios l'Opuntien (olympiade LXI); or ces statues en bois étaient moins des portraits, que des images symboliques sans aucune recherche de la physionomie individuelle. Images de dieux et d'athlètes, traitées dans un style conventionnel,

---

1. Endoios, dont nous parlerons plus loin, semble avoir appartenu également aux dernières années de cette première période.

telles sont, durant une longue période, les seules représentations de la figure humaine. A partir de la LXe olympiade, les portraits d'athlètes se multiplient, et l'art y gagne singulièrement. Les artistes apprennent l'anatomie, en copiant les formes robustes qu'ils ont sous les yeux ; ils s'essayent à rendre exactement la structure du corps, la saillie des muscles, la variété des attitudes ; ils visent à réaliser ce qui est l'essence même de l'art, à savoir l'imitation de la nature vivante.

§ III. — MONUMENTS CONSERVÉS

Les monuments conservés qui appartiennent à cette période sont peu nombreux, et on a quelque peine à les dater ; ils permettent néanmoins d'apprécier le progrès qui s'accomplit, en même temps que leurs défauts mêmes montrent, par la naïveté de l'effort souvent maladroit, les préoccupations des maîtres primitifs.

L'Artémis de Délos, qui paraît être du VIIe siècle, appartient encore au type des ξόανα[1]. Avec les métopes du temple de Sélinonte, on touche à la fin de ce siècle ou aux premières années du VIe[2]. Découverts en 1823, ces deux bas-reliefs, en tuf calcaire, représentent l'un Héraklès portant les deux Cercopes, l'autre Persée assisté par Athéna, et tuant la Gorgone. Ils caractérisent nettement le style de la sculpture au début de la période

---

1. Homolle : *Bull. de corr. hellénique*, 1879; pl. II-III.
2. Benndorf : *Die Metopen von Selinunt*. La date de ces sculptures peut se placer aux environs de la L^e olympiade.

que nous avons retracée : les formes sont lourdes et

FIG. 29. — PERSÉE TUANT LA GORGONE.
Métope de Sélinonte.

massives, la saillie des muscles est exagérée et les figures, dont les yeux sont gros et obliques, accusent les procédés d'un art primitif. Le sculpteur a accentué dans le visage de la Gorgone l'expression de laideur; c'est là une de ces figures d'épouvante chères aux premiers artistes. Si l'œuvre est déjà grecque, elle rappelle encore, par ses proportions courtes et ramassées, les bas-reliefs assyriens. Ces sculptures étaient peintes, suivant un usage qui s'est conservé longtemps, et qui semble avoir duré pendant toute la période archaïque.

C'est dans un style analogue que sont traités de curieux bas-reliefs du musée de Sparte, trouvés aux environs de la ville. Deux de ces reliefs occupent les faces principales d'un monument rectangulaire, et montrent, l'un, Oreste revoyant sa sœur Électre, l'autre, le meurtre de Clytemnestre par son fils. Les personnages sont courts et trapus, leurs gestes gauches, l'attitude d'Oreste dans les deux scènes est presque identique : on sent que le ciseau du sculpteur manque de la souplesse nécessaire pour varier les mouvements. Deux autres bas-reliefs du même musée, trouvés à Khrysapha, représentent des dieux : Asclépios et Hygie, assis sur des sièges figurés avec soin, la chevelure disposée par boucles symétriques, reçoivent les offrandes de personnages qui leur apportent un coq. Le style du relief est sec; l'aspect en est dur, et la rigidité des attitudes dénote encore la gaucherie naïve de cet art primitif.

Il serait intéressant de pouvoir rapporter à une date précise et à une école déterminée quelques-unes des œuvres conservées. Peut-être doit-on attribuer à l'école de Dipoinos et de Skyllis des fragments de statues découverts à Actium et donnés au Louvre. On

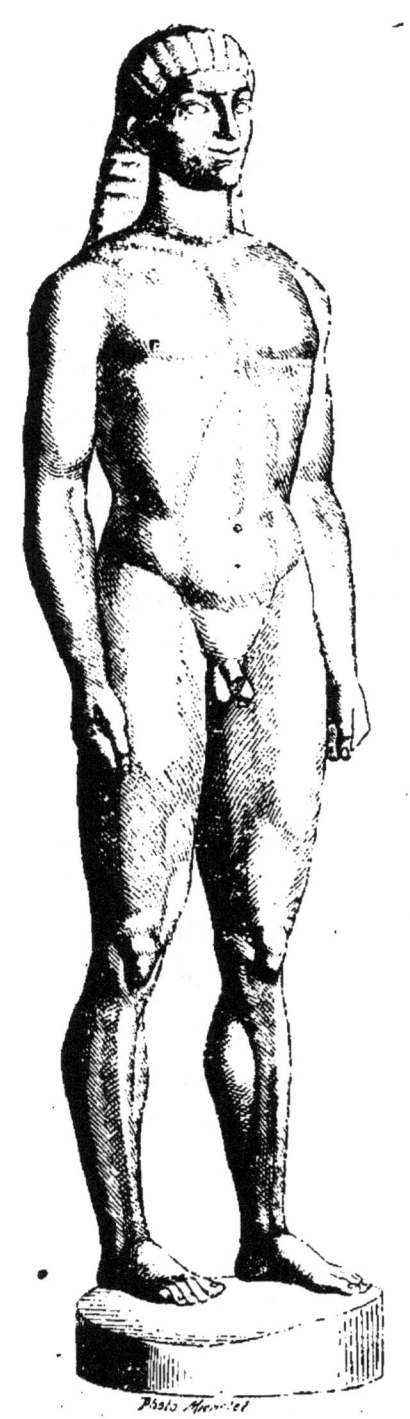

FIG. 30. — L'APOLLON DE TÉNÉA.
(Munich.)

aurait ainsi un exemple du progrès accompli sous l'influence de ces maîtres. Ce n'est là qu'une hypothèse; mais ces statues occupent leur place dans une série de curieux monuments, qui montrent quels progrès fit faire à la sculpture, vers le milieu du vi^e siècle, l'étude du corps humain dans les statues d'athlètes; nous voulons parler des statues archaïques représentant Apollon. La plus ancienne paraît être celle de l'Apollon de Théra, dont l'aspect concorde de tous points avec la description que fait Pausanias de la statue de l'athlète Arrachion. C'est bien la même attitude : les bras collés au corps, les jambes à peine séparées; le détail des muscles est faiblement indiqué, et la figure souriante a une expression hébétée. On ne se tromperait pas de beaucoup en fixant la date de cette statue vers 560. L'Apollon d'Orchomène diffère à peine de celui de Théra ; la pose est la même, mais il y a déjà un effort pour indiquer plus énergiquement la musculature de la poitrine. Viennent ensuite les statues du Louvre, qui marquent un nouveau progrès. Vers ce temps, la multiplicité des portraits d'athlètes conduit les sculpteurs grecs à étudier de plus près l'anatomie, et les résultats apparaissent dans la statue de l'Apollon de Ténéa, conservée au musée de Munich. Un souci plus grand du détail anatomique, des proportions plus élancées, un certain évidement entre les bras et le corps annoncent un art plus avancé mais l'attitude est raide, et le visage empreint de l'éternel sourire des statues archaïques, n'a aucun caractère individuel. Le progrès porte surtout sur les formes du corps; quant à la figure, elle exige pour être traitée savamment un art encore inconnu des maîtres primitifs.

Ces œuvres appartiennent aux écoles doriennes. Il faut, au contraire, rapporter à une école ionienne les dix statues qui décoraient l'avenue des Branchides, à Didymes, et qui sont aujourd'hui dans la salle lycienne du musée Britannique. Les inscriptions qu'on y lit permettent de les dater de la LXe olympiade environ; témoignage précieux, si l'on songe à l'incertitude où l'on reste trop souvent sur la date précise des monuments grecs. Ces figures, au premier aspect, rappellent le style assyrien. Elles représentent des personnages assis sur des sièges à dossiers élevés; les jambes sont rapprochées, et les mains posées sur les genoux. Telle est l'uniformité du style, que ces figures semblent avoir été exécutées d'après une règle ou *canon*, sans que rien accuse la personnalité du sculpteur.

Les statues des Branchides n'ont rien de grec au premier abord; c'est que les côtes grecques de l'Asie Mineure sont directement en rapport avec les peuples de la Phrygie et de la Lydie, qui servent d'intermédiaires entre l'Assyrie et les Hellènes d'Asie. Aussi les rares monuments de l'art trouvés dans la Grèce asiatique pour

FIG. 31.
STATUES DE LA VOIE SACRÉE DES BRANCHIDES.
(Musée britannique.)

cette période trahissent-ils une influence orientale très prononcée. Le musée du Louvre possède une partie de l'étrange frise du vieux temple dorique d'Assos en Troade; elle offre un singulier mélange de sujets grecs et de décorations empruntées à l'Orient. A côté de la lutte d'Héraklès contre Triton, on retrouve les zones d'animaux combattants, chères à l'Assyrie. C'est encore à cette première période qu'appartient le bas-relief du Louvre trouvé dans l'île de Samothrace, et représentant

Agamemnon, assis sur son siège royal, accompagné d'Épéios et du héraut Talthybios; les yeux sont figurés de face, et la chevelure est disposée en anneaux réguliers. Les personnages sont désignés par des inscrip-

FIG. 32. — BAS-RELIEF DE SAMOTHRACE.

-tions, dont les caractères dénotent une date voisine de la LXe olympiade.

Cette rapide revue des monuments conservés nous montre déjà l'antagonisme des deux génies dorien et ionien, qui ne fera que s'accentuer encore. D'une part, le génie dorien, moins directement soumis, semble-t-il, aux influences de l'Orient, épris de la vigueur et de la force; d'autre part, le génie ionien, qui se forme à l'école de l'Asie. Toutefois l'art, dès cette première période, a des caractères communs chez les deux races. Il est avant tout religieux, et ses productions sont provoquées par les besoins du culte; mais cette condition même sera une cause de perfectionnement. La religion ne l'enchaîne point; elle ne lui impose pas, comme on serait tenté de le croire, des formes inflexibles. Au contraire, le progrès de l'idée religieuse ne se sépare pas de celui de la beauté, car plus l'œuvre est belle, plus elle est agréable à la divinité. Si l'on observe, dans la période primitive, des formes peu variées, souvent répétées, c'est le fait de l'art seul, et des circonstances où il se développe. Pratiqué surtout dans des familles d'artistes, dans des écoles restreintes, il ne comporte guère, au début, que la science des procédés; le maître les transmet à l'élève, qui cherche à faire mieux, et enfin l'art, s'enhardissant, aborde l'étude de la nature, qui est la source de tout progrès. Après la période des primitifs, nous entrons dans celle de l'archaïsme, qui confine à celle de la perfection : l'art grec a trouvé sa voie, et il s'affermit par l'étude rigoureuse et scientifique des lois de la sculpture.

CHAPITRE III

TROISIÈME PÉRIODE

L'ARCHAÏSME DEPUIS L'OLYMPIADE LX (540)
JUSQU'A L'OLYMPIADE LXXX (460)

---

§ I. — ÉCOLES DORIENNES DU PÉLOPONÈSE

Moins d'un siècle sépare la période des primitifs de celle où la sculpture atteint sa perfection : c'est l'époque où vivent les maîtres qui, sans être encore complètement dégagés des traditions archaïques, n'en préparent pas moins la génération de Phidias et de Polyclète. L'influence de Dipoinos et de Skyllis provoque dans le Péloponèse le développement de différentes écoles, qui se répartissent ainsi : Sparte, Sicyone, Argos, Corinthe, en même temps que les écoles d'Égine et d'Athènes témoignent d'une énergique activité.

Le plus brillant représentant de l'école spartiate, vers la fin du vi[e] siècle, est Gitiadas (olympiade LXV-LXXI), qui construit pour Athéna un temple décoré de reliefs en airain; à la fois architecte et sculpteur, il avait réglé l'ordonnance de l'édifice et conçu l'ensemble des sculptures, dont les sujets étaient empruntés aux mythes doriens. Non loin de la Laconie, l'Élide devient le musée de toute la Grèce; et s'enrichit de sculptures qui s'accumulent dans l'Altis, le bois sacré d'Olympie. Toutefois, au vi^e siècle, on ne connaît qu'un artiste éléen, c'est Callon, auteur d'un groupe de trente-sept figures en bronze exécutées pour les Messéniens.

Bien que les écrivains grecs ne citent aucun élève direct de Dipoinos et Skyllis à Sicyone, on voit se perpétuer dans cette ville les traditions des Crétois, et Sicyone reste longtemps une véritable « officine pour tous les arts qui s'exercent sur les métaux[1]. » Vers la LXIVe olympiade, un autre Crétois, Aristoclès de Cydonie, vient s'y établir, et ses descendants exercent leur art pendant toute la période que nous étudions. Cléœtas, son fils, invente pour Olympie un système de barrières, et fait pour l'Acropole d'Athènes une statue de guerrier, avec des incrustations en argent; Aristoclès, fils de Cléœtas, fait école, et forme de nombreux disciples, entre autres Synnoon d'Égine et Pantias de Chio.

Mais le plus glorieux des maîtres sicyoniens est Kanakhos, frère du second Aristoclès. On citait de lui une Aphrodite assise, en or et en ivoire, une des muses du groupe fait en collaboration avec Agéladas et Aristoclès, et surtout deux statues, l'une d'Apollon Didyméen, près de Milet, l'autre d'Apollon Isménien, à Thèbes, exactement semblables l'une à l'autre; car ces vieux maîtres se

---

1. Pline, N. H. XXXVI, 9.

répétaient souvent. L'Apollon de Didymes, exécuté entre les années 494 et 479, était figuré debout, tenant de la main gauche un arc, et de la droite un cerf; c'est ainsi que le montrent plusieurs monnaies de Milet, où l'on reconnaît sans peine, en dépit des dimensions très réduites, une imitation de l'Apollon de Kanakhos. On retrouve avec plus de certitude les caractères principaux de la statue dans des statues de bronze conservées à Londres et à Paris; les deux plus importantes sont le bronze Payne-Knight au musée Britannique, et l'Apollon de Piombino au musée du Louvre. Le premier monument représente le dieu avec les attributs que lui avait donnés Kanakhos; sa chevelure est bouclée autour du front, et des mèches tombent sur les épaules. Mieux encore que le bronze de Londres, celui de Paris peut nous donner une juste idée de l'œuvre du maître sicyonien; on a même pu y voir une copie soignée de l'Apollon de Didymes, faite dans les dernières années du VIe siècle. Les formes sont robustes et étudiées; l'une des jambes, portée en avant, donne à la statue tout son aplomb; la chevelure

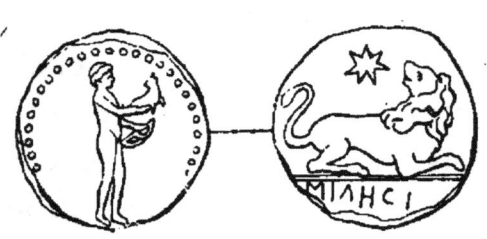

FIG. 33. — APOLLON DIDYMÉEN.
Sur une monnaie autonome de Milet.

FIG. 34.
MONNAIE IMPÉRIALE
DE MILET.

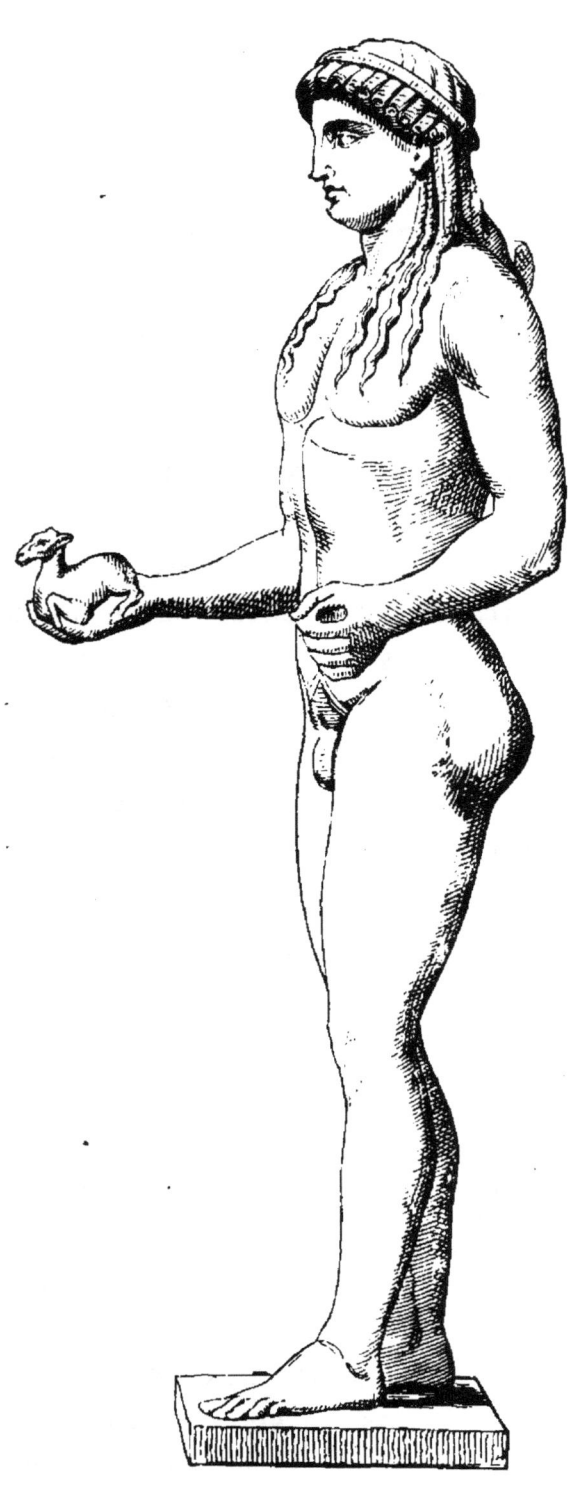

est disposée suivant la mode archaïque, et forme par derrière une lourde masse; les yeux étaient d'argent, et les lèvres et les boutons des seins sont incrustés en cuivre rouge. Les caractères de cette statue concordent avec les jugements portés par les anciens sur le style de Kanakhos, où l'on trouvait encore à reprendre de la dureté et de la raideur. Nous pouvons juger par là de l'état de la plastique à la fin du vi^e siècle et au début du ve, à l'époque où l'artiste sicyonien représentait avec éclat une des grandes écoles de sculpture de la Grèce continentale. Près de Sicyone,

FIG. 35. — BRONZE PAYNE-KNIGHT. (Musée Britannique.)

à Argos, fleurit une école qui compte vers la LXXe olympiade des maîtres célèbres, Eutélidas et Khrysothémis, habiles à travailler le métal; ils étaient déjà précédés par une génération de sculpteurs, comme le prouve l'épigramme suivante, gravée sur une de leurs œuvres à Olympie : « Eutélidas et Khrysothémis, Argiens, ont fait ces statues : ils ont appris leur art de leurs prédécesseurs. » Le plus grand nom de l'école argienne est celui d'Agéladas, dont la période d'activité s'étend de 515 à 455. On ne connaît son œuvre que par les textes, mais les témoignages écrits montrent qu'il abordait avec bonheur les sujets les plus complexes; telle était la statue de Cléosthènes d'Épidamne, qu'il avait représenté avec son cocher et ses chevaux. Il avait fait aussi un groupe de captives et de chevaux, dédié à Delphes par les Tarentins; on cite encore de lui des statues de divinités, comme celle d'*Héraklès Secourable*, élevée dans le dème de Mélité, et une statue de Zeus, pour les Messéniens. Il faut donc attribuer à Agéladas une place importante dans l'histoire de l'art grec, et à ces titres vient s'en joindre un autre qu'on ne saurait oublier : le sculpteur argien a été le maître de Myron, de Polyclète et de Phidias, et a directement préparé par ses leçons la période de perfection à laquelle il touche. Si rien n'est resté de l'œuvre d'Agéladas, on peut admettre qu'il se rapprochait fort, par le style, des maîtres sicyoniens. Comme eux, il travaillait le bronze, et l'on sait que cette matière sert à merveille les qualités qui sont celles des maîtres archaïques. La statue de bronze doit avoir une assiette parfaite, et présenter des conditions de stabilité qui réclament une étude minutieuse. Elle exige, en outre, une grande pureté de lignes, un travail très poussé des parties accessoires, telles que cheveux, barbe, etc. Il est donc probable que les maîtres d'Argos et de Sicyone avaient amené jusqu'à la dernière perfection la science du modelé, et que tout était prêt pour inaugurer le grand siècle de l'art.

On sait fort peu de chose de l'école de sculpture corinthienne, à laquelle se rattachent trois artistes, auteurs d'un groupe votif consacré à Delphes par les Phocidiens[1] : Diyllos, Amyklæos et Khionis ne sont connus que par cette mention de Pausanias. Aucun marbre, trouvé à Corinthe, ne peut avec certitude nous faire connaître les procédés et les traditions de cette école[2]. On ne saurait se fier aux indices très vagues, d'après lesquels Corinthe serait le lieu d'origine d'un fort beau bas-relief appartenant à la collection Carapanos. Héraklès nu, dépouillé de sa peau de lion, décoche une de ses flèches : tous les muscles de son corps robuste sont tendus par l'effort, et ses jambes se raidissent dans le mouvement qui le porte en avant. Ce marbre n'est signé d'aucun nom : mais les caractères du style le rattachent à cette période où les sculpteurs copient la nature, sans s'être encore dégagés complètement de l'imitation servile (fig. 36).

Nous ne quitterons pas les écoles doriennes sans signaler un curieux monument de la sculpture béo-

---

1. *Pausanias*, X, 13, 7.
2. Un autel rond trouvé à Corinthe, aujourd'hui en Angleterre, et représentant la réconciliation d'Héraklès avec les divinités de Delphes, n'est qu'une imitation du style archaïque. Sur ces pastiches, voir plus loin, p. 141.

FIG. 36. — HÉRAKLÈS TIRANT DE L'ARC.
(Collection Carapanos.)

tienne. C'est un groupe en pierre poreuse, trouvé à Tanagra. Le monument a été élevé par un personnage nommé Amphalkès sur la tombe de deux amis, Dermys et Kitylos, qui sont figurés réunis, chacun passant un bras autour du cou de son ami[1]. Les proportions sont sveltes, on y sent une recherche d'élégance très marquée avec des inexpériences frappantes. L'artiste béotien est moins avancé dans la science de l'anatomie que ses confrères du Péloponèse.

§ II. — ÉCOLE D'ÉGINE

L'école d'Égine se rattache aux écoles doriennes; on le verra par l'examen des marbres qu'elle a laissés, et dans l'histoire des artistes éginètes, on suit également la filiation dorienne. Déjà, entre 550 et 536, le fondeur Smilis visite l'Élide et travaille pour Olympie. Vers l'olympiade LXX, Callon l'Éginète, élève d'artistes doriens, exerce son art à Sparte et à Corinthe, et ses statues de divinités sont empreintes de la dureté qui caractérise les œuvres doriennes. Les anciens citaient encore d'autres noms, qui prouvent l'activité déployée dans les ateliers d'Égine : Glaukias, Anaxagoras, Callitelès, Simon, Synnoon et Ptolikhos, Sérambos, Théopropos, tous habiles à modeler des figures d'athlètes et des chevaux quand les vainqueurs d'Olympie voulaient, comme Gélon de Syracuse, se faire représenter avec leur

---

1. A. Dumont : *Gazette archéologique*, 1878.

quadrige. Le dernier représentant de l'école éginète (qui ne survit pas à la conquête de l'île par les Athéniens), paraît être Onatas, après les guerres médiques; parmi les nombreuses statues de divinités dues à ce sculpteur, on mentionnait l'Apollon de Pergame, qui figure sur des monnaies de bronze du temps de Marc-Aurèle.

C'est d'Égine que provient le groupe de monuments le plus important pour cette période. Les sculptures qui ornaient les frontons du temple d'Athéna à Égine, découvertes en 1811 par des voyageurs danois, allemands et anglais, nous offrent le plus beau spécimen de l'art grec à l'époque archaïque[1]. Les sujets sont empruntés aux récits homériques, et se rattachent à l'histoire des héros éginètes. Sur le fronton oriental, dont il reste cinq figures et des fragments, la scène retrace un épisode du combat d'Héraklès et de Télamon, fils d'Éaque, roi d'Égine, contre Laomédon. Aux pieds

---

1. Ces marbres, acquis en 1812 par le prince Louis de Bavière et restaurés par Thorwaldsen, sont à la Glyptothèque de Munich. Ils ont été souvent publiés, notamment par *l'Expédition française de Morée*. Pour la bibliographie, voir Brunn : *Beschreibung der Glyptothek*, p. 66. M. Lange a consacré un travail récent à une question importante, celle de la composition des deux frontons (K. Lange : *die Composition der Aegineten*, 1878). En étudiant avec soin les fragments conservés, comme l'avait déjà fait H. Prachov (*Annali dell' Inst.*, 1873), M. Lange a démontré que la composition est rigoureusement symétrique dans les deux frontons. Chaque scène comporte dès lors quatorze figures au lieu de onze, comme on l'admettait jusqu'ici. Au centre, Athéna, avec le guerrier tombé. De chaque côté : 1° un personnage qui se baisse vers le corps; 2° deux guerriers armés de la lance et debout; 3° deux guerriers agenouillés et combattant, l'un avec la lance, l'autre avec l'arc; 4° enfin, dans l'angle, un blessé qui essaye de retirer de sa poitrine la flèche qui l'a percé.

d'Athéna, qui occupait le centre du fronton, est étendu le corps d'Oïklès, l'un des compagnons d'Héraklès : Grecs et Troyens se disputent le guerrier tombé. Le

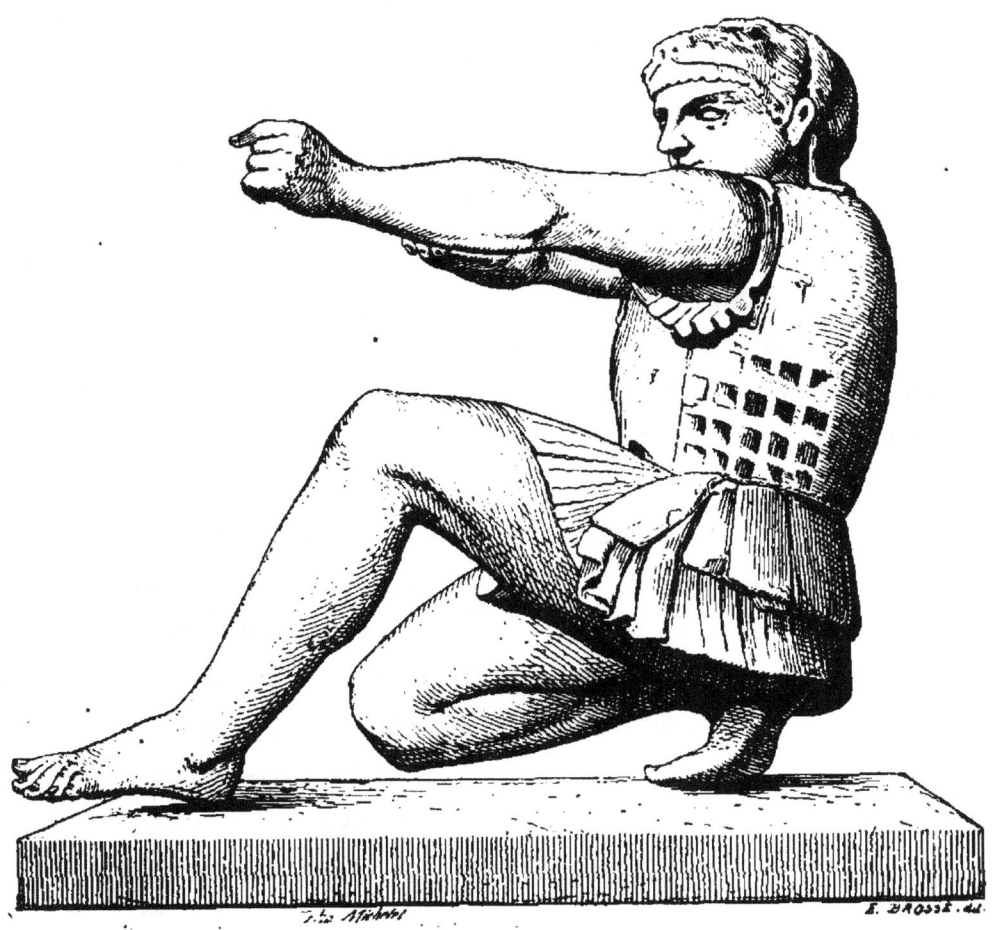

FIG. 37. — HÉRAKLÈS COMBATTANT.
(Figure du fronton oriental d'Égine.)

petit nombre des figures conservées ne permet pas de rétablir avec une entière certitude cette première scène; mais l'on reconnaît sans peine, dans l'un des personnages, Héraklès agenouillé et tirant de l'arc, coiffé d'un casque fait d'une tête de lion, le corps protégé par une cuirasse de cuir. Le second fronton, qu'on a pu restituer en grande partie, présente la traduction figurée d'une scène de l'*Iliade* (chap. XVII, vers 715 et suiv.) Patrocle vient de succomber; deux héros chers aux Éginètes, Ajax, fils de Télamon, et Teucer, défendent son corps contre les Troyens. Les figures sont soumises aux lois d'une symétrie rigoureuse, en même temps qu'une composition savante sait utiliser l'espace triangulaire que dessine le tympan du fronton. Athéna, debout et armée de la lance, préside au combat; d'un côté sont les Troyens, de l'autre les Grecs, au premier rang desquels Ajax défend son compagnon tombé aux pieds de la déesse. Sous les rampants du fronton, les figures sont agenouillées; dans les angles, des blessés étendus complètent le tableau, dont les lignes sont arrêtées d'après un parallélisme absolu. Certaines parties des statues étaient peintes, et quelques-uns des accessoires étaient exécutés en bronze. Cet art, déjà si savant, accuse encore des influences archaïques; elles apparaissent surtout dans la facture des têtes et des extrémités, dans l'uniformité des types; les cheveux, bouclés avec soin, encadrent des visages sans expression; les lèvres, étroites et bridées, ont le sourire banal des figures d'ancien style, et les mains et les pieds sont traités gauchement. Mais les détails des corps et les attitudes dénotent une observation scrupuleuse de la nature vivante; on devine la musculature sous ces formes robustes, dont les plans sont modelés sobrement, mais avec une précision presque géométrique. Les artistes éginètes possèdent déjà deux qualités essentielles : la science des lois de la statique, et celle de l'anatomie. Si les anciens reconnaissaient à certaines nuances le style éginétique, on peut admettre qu'il se rattachait directement à la tradition dorienne. Le génie dorien ne se retrouve-t-il pas tout entier dans ce goût pour l'imitation précise de la vérité, dans cette exécution vigoureuse qui serre la forme de près, et donne aux marbres d'Égine une sévère beauté ?

§ III. — École attique

A Athènes, le temps de la domination de Pisistrate coïncide avec un premier développement artistique, qui semble avoir été fécond; les grands travaux d'art exécutés par les soins des Pisistratides font faire à la sculpture de rapides progrès. Au début de cette période, vers la LVIIe olympiade, nous trouvons le nom d'Endoios, que la tradition donne pour élève au légendaire Dédale[1]. Endoios était l'auteur d'une statue d'Athéna assise, dédiée par Callias dans l'Acropole d'Athènes, et il avait fait une copie de cette statue pour la ville d'Erythres. On a pu reconnaître sinon l'original, au moins une imitation de l'Athéna d'Endoios dans un marbre athénien, conservé à l'Acropole[2]. Comme les statues des Branchides, la déesse est assise dans une attitude raide

---

1. Une inscription portant la signature d'Endoios paraît remonter à la LXe olympiade. *Corpus inscr. Attic.*, I, 477.
2. On connaît une réplique de cette statue, d'une date sans doute plus récente.

FIG. 38. — STATUE ASSISE D'ATHÉNA. (Athènes.)

et hiératique. Sur l'égide qui recouvre sa poitrine, tombent les mèches de sa chevelure, divisée symétriquement. L'artiste a surtout visé à reproduire avec minutie les plis fins de la tunique, ondulant le long du corps; on sent encore l'imitation des anciennes statues de bois et des draperies plissées qui les recouvraient. Endoios représente avec Gorgias, Aristion, Callonidès, Épistémon, cette première école attique, contemporaine des Pisistratides, qui commence à être mieux connue grâce aux marbres conservés, parmi lesquels nous citerons les plus importants.

C'est d'abord une tête d'athlète[1], qui montre tout le progrès accompli depuis l'Apollon d'Orchomène et celui de Ténéa (fig. 39). Ici le travail est déjà très fin : l'athlète, aux cheveux et à la barbe soigneusement frisés, est couronné de chêne : en dépit d'une exécution maladroite, la recherche de l'élégance est manifeste. Le caractère individuel, encore très faiblement indiqué dans cette œuvre, se marque plus nettement sur deux autres têtes provenant aussi d'Athènes. La première est celle d'un athlète à figure énergique, aux oreilles déformées par les coups des pugilistes[2]. L'artiste a visiblement cherché à rendre la personnalité de son modèle, et a réussi à lui donner une physionomie propre. Les qualités d'élégance sont plus sensibles dans le travail de l'autre tête en bas-relief représentant un discobole[3], et qui semble avoir appartenu à une stèle portant le nom de Xéno-

---

1. A. Dumont : *Monuments grecs de l'Associat. des études grecques*, 1878. Collection Rampin.
2. O. Rayet : *Monuments grecs,* etc., 1877.
3. O. Rayet : *Ibid.*

phantos (fig. 40). Les traits sont fins, allongés, copiés sur nature : c'est le type athénien, avec tous ses caractères. La chevelure est nattée, et réunie en masse par

FIG. 39. — TÊTE D'ATHLÈTE.
(Collection Rampin.)

un lien, genre de coiffure à demi oriental que les Grecs abandonneront après les guerres médiques; les yeux ont encore l'obliquité que leur donnent les sculpteurs archaïques; l'ensemble offre un aspect étrange qui n'est pas sans charme. Il faut sans doute rapporter à la même période une statue conservée à Athènes, qui représente un personnage barbu (peut-être Hermès) portant un jeune taureau sur les épaules.

Parmi les premières œuvres de l'école attique prennent place les stèles funéraires où, d'après les plus an-

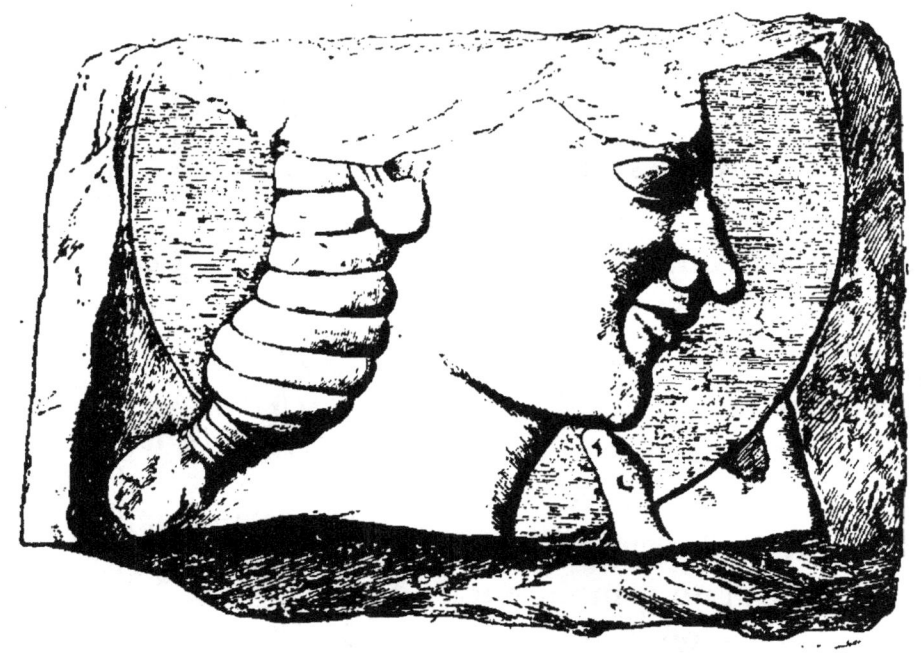

FIG. 40. — DISCOBOLE.
(Musée d'Athènes.)

ciens usages, figure le portrait du mort. Telle est la stèle trouvée à Vélanidéza, en Attique, et connue sous le nom fort impropre de *Soldat de Marathon*. L'inscription gravée sous le bas-relief permet d'y reconnaître le monument funèbre d'un personnage nommé Aristion[1];

---

1. Ἔργον Ἀριστοκλέος ‖ Ἀριστίονος.

l'auteur est le sculpteur Aristoclès, peut-être le fils de cet Aristoclès le Cydoniate, qui figure parmi les maîtres de l'école de Sicyone. Le bas-relief, où les traces de peinture sont encore visibles, représente un Grec armé de toutes pièces; les cheveux et la barbe, frisés en anneaux, étaient brunâtres; la cuirasse bleu-noir, et le fond de la stèle rouge. Grâce au témoignage de l'inscription, dont les caractères accusent la date de la LXXe olympiade environ, on peut rattacher ce monument à l'ensemble des œuvres qui nous montrent le premier essor de la sculpture attique.

Après l'expulsion des Pisistratides, le mouvement ne s'arrête pas; les noms d'artistes connus en font foi. Anténor est chargé, par ordre du peuple, d'exécuter les statues des meurtriers d'Hipparque,

FIG. 41. — STÈLE D'ARISTION.
TROUVÉE A VÉLANIDÉZA.
(Musée d'Athènes.)

Harmodios et Aristogiton, tandis qu'Amphicrate sculptait une lionne, en souvenir de la courtisane Léæna, l'héroïque complice des deux tyrannicides. Enlevé par Xerxès pendant les guerres médiques, ce groupe fut remplacé par un autre en bronze, dû aux sculpteurs

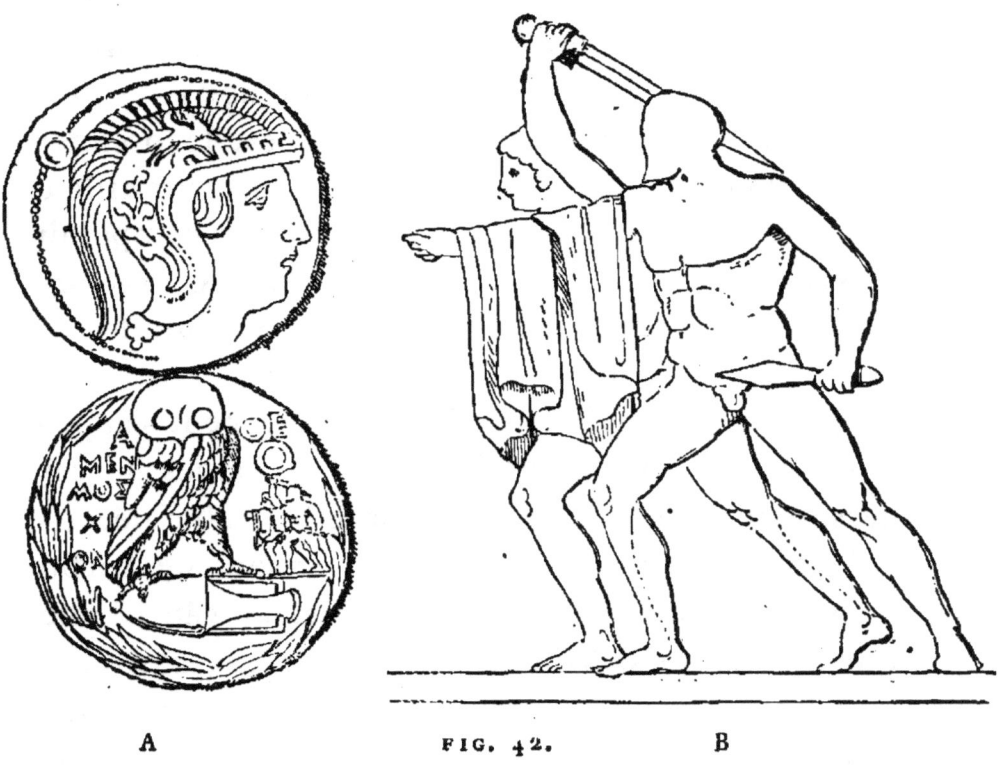

FIG. 42.
A. Groupe des Tyrannicides sur une monnaie d'Athènes.
B. Même groupe grandi.

Critios et Nésiotès; plus tard Alexandre rapporta d'Asie l'œuvre d'Anténor et la rendit aux Athéniens. Le groupe de Critios et Nésiotès est reproduit sur une monnaie athénienne; si restreintes que soient les dimensions de la gravure, ce document joint à un bas-relief analogue qui décore un fauteuil de marbre à Athènes, a permis de reconnaître dans le groupe des

Tyrannicides du musée de Naples une copie de l'œuvre de Critios et Nésiotès. Les deux meurtriers sont représentés brandissant leurs poignards, emportés par un rapide mouvement de marche; dégagées des restaurations modernes, ces statues trahissent une exécution déjà fort avancée. Avec ces deux sculpteurs en effet, comme avec Hégias, leur contemporain, on touche de bien près à l'époque de la perfection. Hégias, dont nous ne connaissons les œuvres que par des textes, est le premier maître de Phidias, avant que le grand sculpteur aille à Argos chercher les leçons d'Agéladas. Lucien comparait les œuvres de ces maîtres à celles des anciens orateurs attiques : il les trouvait nerveuses, sèches, d'un dessin tendu, sentant l'effort et le travail[1].

Le jugement du rhéteur de Samosate peut s'appliquer aux sculptures conservées, contemporaines de ces derniers maîtres archaïques. Tel est le bas-relief découvert à l'Acropole et représentant un personnage barbu (Hermès ou Thésée) coiffé du pétase, et vêtu d'une tunique à petits plis. Voici encore le curieux bas-relief de l'Acropole, où une femme se prépare à monter sur un char (fig. 43). Est-ce Athéna où la Victoire sans ailes? Aucun attribut ne distingue cette déesse, vêtue d'une longue tunique et d'un manteau, dont les plis sont traités avec l'art le plus délicat. Les proportions sont fines et élancées; on voit déjà poindre, dans le style de ce bas-relief, les qualités les plus particulières du génie attique[2].

---

1. *Rhetor. præcept.*, 9.
2. On n'énumère pas ici tous les monuments de la première école attique : voir l'ouvrage de M. Schoene : *Griechische reliefs*, dont les planches représentent quelques-unes de ces œuvres.

FIG. 43. — FEMME MONTANT SUR UN CHAR.
(Bas-relief de l'Acropole d'Athènes.)

L'atticisme est, en effet, une des formes les plus persistantes de l'esprit grec. Dès la fin du vi^e siècle, les artistes athéniens accusent les mêmes tendances que nous retrouverons deux siècles plus tard chez Praxitèle : à savoir, le goût du fini, et un sens très vif de la grâce. Des formes allongées et élégantes, par là même un peu maigres, qui font penser aux sculptures florentines; une grande légèreté dans le travail des draperies, qui semblent translucides; un relief de faible saillie, enfin un travail soigné jusqu'à la minutie; tels sont les caractères généraux de la sculpture attique au début du ve siècle.

§ IV. — LA GRÈCE ASIATIQUE ET LES ILES

Si l'on songe que le génie attique procède du génie ionien, on ne s'étonnera pas de retrouver, en partie du moins, ces caractères dans les monuments de la sculpture ionienne. Le musée Britannique possède des bas-reliefs trouvés à Xanthos, en Lycie, par M. Fellows (1858); ils proviennent d'un édifice connu sous le nom de *Monument des Harpyes*. Les sujets figurés traduisent des scènes symboliques, où prennent place des Harpyes ailées à tête humaine, enlevant dans leurs serres de petites figures personnifiant des âmes. Au premier aspect, on est frappé de l'analogie que présentent avec les sculptures attiques les marbres de Xanthos. On rattache sans peine à la même tradition une statue d'Héra trouvée à Samos, et qu'on a pu dater

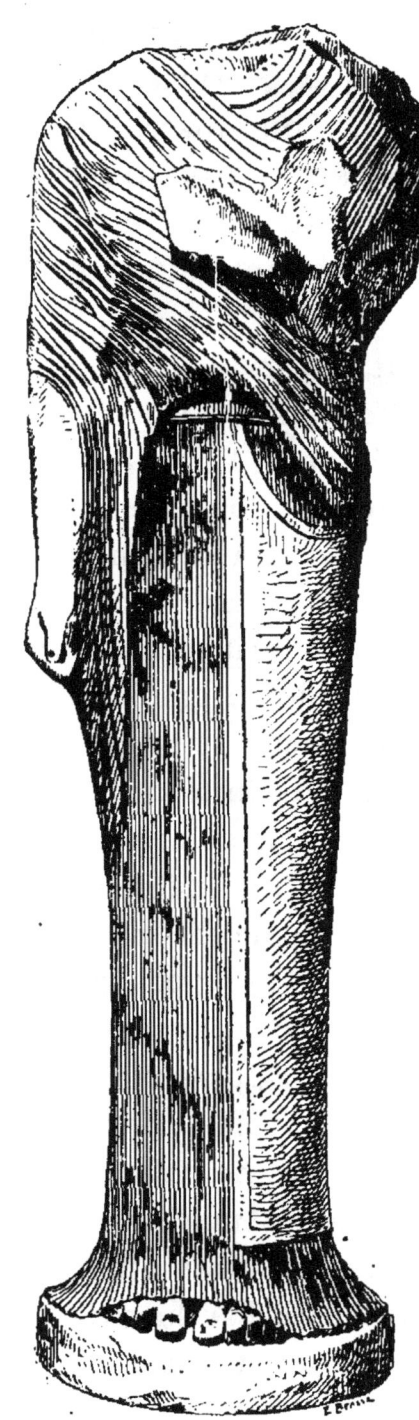

FIG. 44. — HÉRA.
(Statue trouvée à Samos.)

des premières années du ve siècle[1]. Bien que les formes générales soient encore raides, l'exécution du travail dénote une main déjà sûre, et l'artiste a visé à rendre surtout la légèreté des tissus qui forment le costume. Il est facile de trouver en germe dans ces œuvres, qui ont comme un air de famille, les qualités d'élégance propres au génie ionien.

Le mouvement artistique dont on vient de résumer brièvement l'histoire s'étend à toutes les parties du monde grec. C'est ce que prouvent les sculptures trouvées en dehors des pays que nous venons d'indiquer. L'île de Thasos a produit les bas-reliefs rapportés par M. Miller, qui ornent aujourd'hui une des salles du Louvre. Sculptés sur des dalles de marbre qui pouvaient entourer

1. P. Girard : *Bulletin de Corresp. hellénique*, 1880.

le pourtour d'un autel, ils représentent Apollon conduisant le chœur des Nymphes, et Hermès suivi de l'une des Grâces (ou Kharites). Une inscription en précise le sens : « Aux Nymphes et à Apollon Nymphégète, sacrifie les victimes que tu veux, mâles ou femelles. La brebis et le porc sont interdits : on ne chante pas de péan ».

Les progrès de l'art se font sentir jusqu'en Macédoine. C'est à Pharsale qu'a été découvert, par M. Heuzey, le charmant bas-relief représentant l'*Exaltation de la fleur*[1]. Deux jeunes filles semblent converser; l'une d'elles présente une fleur et un fruit à sa compagne, tandis que celle-ci, élevant dans sa main droite une fleur épanouie, paraît l'exalter et la glorifier. Sans vouloir préciser outre mesure le sens de ce gracieux dialogue, on peut croire que ce monument se rapporte au culte de Coré, la fille de Déméter, divinité qui représente dans la légende grecque la floraison éphémère et sans cesse renouvelée de la nature. Si l'on ne peut conclure à l'existence certaine d'une école de sculpture pharsalienne, il faut reconnaître que l'art grec avait acquis dès cette époque une grande force d'expansion : le bas-relief de Pharsale, qui semble appartenir à une école dorienne, montre que les enseignements des Sicyoniens avaient déjà franchi les frontières helléniques.

Les musées d'Europe possèdent des marbres qu'on serait tenté d'attribuer à la période que nous étudions; mais il faut distinguer avec soin entre l'archaïsme réel et celui qui est une pure imitation. A certaines époques,

---

1. Heuzey : *Journal des Savants*, 1868.

lorsque l'art est déjà épuisé, on revient par mode à un faux archaïsme, sorte de contrefaçon archéologique du style ancien[1]. Ainsi l'autel des douze dieux (musée du Louvre) paraît être une copie de l'autel élevé par Pisistrate, et n'est pas antérieur au temps d'Hadrien. De même l'Athéna archaïque de Dresde, l'Artémis de Naples, la base ornée de reliefs représentant la dispute du Trépied qu'on voit au musée de Naples, sont des œuvres d'un archaïsme voulu, auquel il ne manque que la naïveté. Ces sortes d'imitations ont pourtant un vif intérêt : elles soulignent, en les accusant, les caractères essentiels du style qu'elles cherchent à reproduire.

On voit, par les monuments de cette période, que les maîtres archaïques savent déjà beaucoup; les Doriens surtout ont une rigueur de dessin, une science du corps humain qui ne seront pas dépassées. Il leur manque seulement d'être supérieurs à leur science, de ne pas rester asservis à l'étude du modèle humain; ils n'ont pas encore la souplesse, la liberté qui font le génie. Aussi, en dépit de leurs qualités, leurs œuvres sont raides et dures; l'énergie, la précision sont poussées à l'excès; mais vienne un artiste de génie, il mettra en œuvre cette science acquise, il l'animera de sa personnalité, il la mettra au service de conceptions plus larges, et l'art atteindra sa perfection. C'est en effet une loi générale de l'art, que les grandes époques soient préparées par le travail patient des maîtres qui la précèdent; il n'y a pas d'éclosion subite du génie.

---

1. Voir Le Bas et Foucart : *Inscr. du Péloponèse*, p. 53. Statue archaïque faite l'an 113 avant notre ère.

Tels qu'ils nous apparaissent, les sculpteurs archaïques sont des réalistes; c'est faute de les connaître que Winckelmann disait d'eux : « Donnant sans ménagement dans l'idéal, ils travaillent d'après un système généralement adopté plutôt que d'après la nature ». Rien au contraire n'est plus voisin de la nature que les marbres de cette période; les maîtres archaïques copiaient sur le vif, et s'il fallait chercher quelque part le véritable type grec, on le trouverait sans doute dans les marbres d'ancien style, dont les exagérations mêmes sont un gage de vérité. C'est pour cette raison que l'archaïsme mérite une étude approfondie; il n'y a pas de plaisir plus vif que d'analyser les caractères d'un génie qui se cherche, et de les deviner sous l'effort encore sensible qui prête à ses œuvres un si grand charme de sincérité.

CHAPITRE IV

QUATRIÈME PÉRIODE

LA SCULPTURE DEPUIS L'OLYMPIADE LXXX (460)
JUSQU'A L'OLYMPIADE XCVI (396)

§ I. — KALAMIS ET MYRON

C'est en Attique et dans le Péloponèse que la sculpture atteint son plus haut degré de perfection pendant la courte et brillante période qui sépare les guerres médiques des premières années du ıv⁰ siècle. A Athènes, le nom de Phidias domine tous les autres, et on s'est accoutumé à le considérer comme le chef incontesté de l'école attique. Toutefois, il ne faut pas oublier qu'à côté de lui vivaient des artistes qui ont conservé leur style personnel et leur génie. L'art grec des beaux temps reste libre et varié, il ne se plie pas à des formules d'école; et plus on connaît cet admirable v⁰ siècle, qui a produit les œuvres capitales de la sculpture, plus on se convainc que l'art grec a puisé sa force dans une entière liberté.

Pour avoir une juste idée de l'école attique dans la seconde moitié du vᵉ siècle, on doit faire une place aux maîtres qui se ressentent encore des vieilles traditions; les plus importants sont Kalamis et Myron. La période de la plus grande activité de Kalamis s'étend de l'olympiade LXXV à l'olympiade LXXXVII; il a donc été contemporain de Phidias. Comme les vieux maîtres, dont il procède, il aborde toutes les parties de la plastique : groupes de bronze, statues colossales, figures de dieux, de personnages, d'animaux, son œuvre comprend tous les genres : il excellait surtout dans les figures d'animaux, témoin les deux chevaux de course (κέλητες ἵπποι), montés par des enfants, qu'on admirait à Olympie. Pline parle de sa statue colossale d'Apollon, à Apollonie du Pont, comme d'un chef-d'œuvre d'audace. Les anciens louaient fort une statue connue sous le nom de *Sosandra*, où l'on a reconnu soit une Aphrodite Pandémos, soit l'Aphrodite dédiée par un Athénien à la sortie de l'Acropole : Lucien vante « son sourire auguste et discret[1] », l'agencement harmonieux et élégant de son costume; on n'y reprenait qu'un peu de dureté, et on comparait le style de Kalamis à celui de Lysias « pour le soin et la grâce[2] ». Ce sont là les qualités et les défauts de l'ancienne école attique. Kalamis avait fait pour les Tanagréens un Hermès Criophore (portant un bélier sur ses épaules), qui est reproduit sur une monnaie de bronze de Tanagra; grâce à cette indication, on a pu reconnaître des copies de l'Hermès de Kalamis dans une

---

1. *De imaginibus*, 6.
2. Denys d'Halicarnasse : *De Isocrate*, c. 3, p. 522.

statuette de terre cuite tanagréenne, et dans un marbre de la collection Pembroke.

La date où l'on doit placer Myron a été fort controversée : Brunn[1] n'accepte pas celle que donne Pline (olympiade xc); il est probable que Myron, né à Éleuthères, vécut vers l'olympiade LXXX, et fut contemporain de Kalamis. Comme Phidias, il est l'élève de l'Argien Agéladas, et reste fidèle à ses origines en travaillant surtout le bronze. Il avait fait de nombreuses statues de dieux et d'athlètes, dont plusieurs furent enlevées par les Romains. Son groupe de Marsyas et d'Athéna, où le satyre reculait dans une attitude étonnée, a peut-être inspiré quelques monuments analogues conservés dans nos musées, entre autres le satyre du musée de Latran, à Rome, et un bronze du musée Britannique. On reconnaît avec plus de certitude une copie du *Discobole* de Myron dans la statue célèbre conservée à Rome (au palais *Massimi alle Colonne*), qui représente un joueur de disque. Les anciens estimaient que le discobole était l'œuvre d'un novateur hardi; et en réalité, l'attitude vivante du joueur de disque témoigne que l'artiste inaugure un système de liberté et d'audace. Myron excellait à rendre la vie matérielle; ses figures d'animaux étaient empreintes d'une rare vérité, et les poètes de l'Anthologie ont loué à l'envi une vache de bronze exécutée par lui : on connaît l'épigramme d'Anacréon : « Berger, fais paître ton troupeau plus loin, de peur que, croyant voir respirer la vache de Myron, tu ne la veuilles emmener avec tes bœufs[2] ».

---

1. *Geschichte der Griechischen Künstler*, t. I, p. 242.
2. *Anthologie Palatine*, 715.

FIG. 45. — COPIE DU DISCOBOLE.
(Rome.)

Avec Kalamis et Myron, un autre artiste étranger à l'école attique, Pythagoras de Rhégion, représente bien la génération des sculpteurs qu'on peut appeler *les derniers précurseurs*. Par la date, ils appartiennent déjà à l'époque de perfection ; mais leur style se ressent encore

FIG. 46. — MÉTOPE DU TEMPLE DE THÉSÉE.
(Athènes.)

de l'archaïsme qui vient de finir. Ce moment correspond, dans l'ordre politique, à la fin du gouvernement de Cimon, lorsque Athènes répare déjà les ruines de la guerre persique, et qu'elle inaugure la période la plus glorieuse de son histoire.

Les sculptures du temple de Thésée, à Athènes,

FIG. 47. — DÉMÉTER, TRIPTOLÈME ET CORÉ.
(Bas-relief d'Éleusis, musée d'Athènes.)

nous permettent d'apprécier ce passage du style archaïque au grand style de la belle époque. Commencé la quatrième année de l'olympiade LXXVII, et fini après l'olympiade LXXX, le temple connu sous le nom de *Théséion,* offre le système de décoration usité pour les temples doriques. S'il ne reste rien des frontons, dix-huit métopes ont été conservées; elles retracent une partie des travaux d'Héraklès et des exploits de Thésée. La frise qui court autour du mur de la cella montre la lutte des Lapithes et des Athéniens contre les Centaures, aux noces de Pirithoos. Le style est d'une grande énergie, les attitudes sont vivantes, et seule, la facture encore sèche et un peu dure, trahit l'antériorité de ces marbres sur ceux du Parthénon.

Ces nuances apparaissent aussi sur le beau bas-relief trouvé à Éleusis, où Déméter, assistée de sa fille, remet au jeune Triptolème le grain de blé qui doit féconder les champs Rhariens. L'œuvre est d'une grande beauté, et la délicatesse du modelé, la souplesse et la grâce des mouvements appartiennent au style le plus pur; mais à certains détails on reconnaît ces influences si persistantes de l'archaïsme, dont la sculpture attique ne s'affranchira que grâce au génie de Phidias.

§ II. — PHIDIAS ET SON ÉCOLE

Sous le gouvernement de Périclès, tout contribue à imprimer aux arts un merveilleux élan : l'orgueil national, exalté par les victoires des guerres médiques, la nécessité de relever les édifices ruinés par les Perses, et aussi les progrès d'une démocratie éclairée, qui donnent à l'esprit public des Athéniens une singulière liberté. « Athènes, abondamment pourvue de tous les moyens de défense que la guerre exige, doit employer ses richesses à des ouvrages qui, une fois achevés, lui assureront une gloire immortelle[1] ». Ces mots résument le système économique de Périclès; aussi, sous le gouvernement du grand orateur, Athènes se couvrit d'édifices, avec une rapidité qui étonna longtemps les Grecs; et pourtant ces monuments avaient encore, au temps de Plutarque, « toute la fraîcheur et tout l'éclat de la jeunesse, tant y brille cette fleur de nouveauté qui les garantit des impressions du temps[2] ». Après le Théséion et le temple de la Victoire Aptère, s'élèvent le Parthénon, terminé la troisième année de l'olympiade LXXXV, les Propylées (entre l'olympiade LXXXV et l'olympiade LXXXVI), l'Érechthéion, commencé l'année qui précéda la guerre du Péloponèse, et fini vers 393. Ces constructions provoquent l'essor de tous les arts, et de la plastique en particulier. La sculpture, en effet, ne se sépare pas de l'architecture; elle ne cherche pas une voie isolée; à cette époque de foi et de croyance, sa fonction la plus élevée est de contribuer à orner la demeure des dieux; et comme la religion n'est, à vrai dire, qu'une des formes de la vie publique, l'art emprunte au sentiment religieux et national une grandeur et une pureté d'inspiration qui ne seront pas dépassées.

1. Plutarque : *Vie de Périclès*, XII.
2. Plutarque : *Ibid.*, XIII.

On sait que Périclès confia à Phidias la direction des travaux artistiques. Né sans doute vers l'olympiade LXX, Phidias traverse d'abord une période d'étude, sous la direction d'Agéladas. La seconde période de sa vie se passe sous l'administration de Cimon; il exécute alors des statues dont les sujets sont relatifs aux guerres médiques, entre autres un groupe de bronze consacré à Delphes, et fait avec la dîme du butin de Marathon. C'est aussi de cette époque que date la statue colossale en bronze d'Athéna, placée sur l'Acropole, et connue sous le nom d'Athéna Promakhos ou Πυλαίμαχος : elle s'appuyait d'une main sur sa lance, et de l'autre tenait son bouclier que Mys décora plus tard de bas-reliefs. On apercevait de loin la pointe de la lance et l'aigrette du casque dominant l'Acropole, et des monnaies d'Athènes, qui la représentent à côté du Parthénon, permettent d'apprécier ses énormes dimensions. On cite encore de Phidias des œuvres dont la date est douteuse, statues d'or et d'ivoire pour la plupart, telles que l'Athéna Lemnia sur l'Acropole, une Amazone, une Athéna de bronze plus tard transportée à Rome.

FIG. 48.
L'ACROPOLE,
sur une monnaie d'Athènes.

Mais la période des grandes œuvres de Phidias est celle qui coïncide avec l'administration de Périclès, alors qu'il est entouré de tout un groupe d'artistes travaillant sous ses ordres, Alcamènes, Agoracritos, Crésilas, Colotès, Pæonios, et son frère, le peintre Panœnos; c'est le moment où il exécute l'Athéna Parthénos et le Zeus d'Olympie. La fin de sa vie est assez mal connue, à cause des récits contradictoires qui nous sont parvenus : on connaît les procès que lui intentèrent les Athéniens, son exil en Élide, pendant lequel il travaille pour Olympie, et sa mort, la première année de l'olympiade LXXXVII. Peu de noms ont été plus populaires dans l'antiquité ; la légende s'en est emparée, et au moyen âge, quand il ne reste plus de l'antiquité classique qu'un souvenir confus, le nom de Phidias survit à l'oubli. Une chronique romaine du XIIe siècle le représente comme un philosophe illustre, et le fait venir à Rome « au temps de Tibère »; les Romains du moyen âge retrouvaient la trace de ce voyage fabuleux dans les chevaux de marbre qu'on voit encore aujourd'hui sur la place du Monte-Cavallo, et l'un des piédestaux porte une inscription du temps de la Renaissance (OPVS PHIDIÆ), qui consacrait la légende populaire.

On ne peut se faire une idée des deux chefs-d'œuvre de Phidias qu'à l'aide des textes, et de quelques monuments conservés.

L'Athéna Parthénos, placée dans le Parthénon la troisième année de l'olympiade LXXXV, sous l'archontat de Théodoros, a été décrite minutieusement par Pausanias : « La statue d'Athéna est faite d'ivoire et d'or. Au milieu de son casque est la figure d'un sphinx, et de chaque côté des griffons... La statue est debout, vêtue d'une tunique talaire, et sur la poitrine elle porte la tête de Méduse en ivoire. La Victoire a environ quatre coudées de hauteur. D'une de ses mains, la déesse tient la lance ; à ses pieds est son bouclier, et près de la lance un serpent, que l'on dit représenter Érichthonius. Sur le piédestal de la statue est figurée la naissance de Pandore[1]. » Le bouclier était décoré de sculptures représentant à l'extérieur le combat des Amazones, à l'intérieur, la guerre des dieux et des Géants.

Nous n'insisterons pas sur les différents essais de restauration qui ont été tentés pour l'Athéna Parthénos, soit sur le papier, comme celui de Quatremère de Quincy, soit par la statuaire, comme la Minerve faite par le sculpteur Simart pour le duc de Luynes. Les éléments de ces restitutions ont été empruntés à des monuments antiques, où l'on a reconnu des imitations de l'œuvre de Phidias : les détails de la tête et du casque semblent assez exactement reproduits sur la gemme d'Aspasios que possède le musée de Vienne et sur les tétradrachmes d'Athènes postérieurs à Périclès. Quant à l'attitude de la statue, on la retrouve dans une statuette conservée à Athènes (la Pallas dite Lenormant), qui a paru à M. Ch. Lenormant une réduction peu soignée du chef-d'œuvre de Phidias[2] ; ici la déesse porte l'*ampechonion*, courte tunique passée par-dessus la tunique talaire, et une égide épaisse, plaquée sur les seins : c'est celle que reproduit la figure ci-jointe. Tout récemment, en 1881, on a découvert à Athènes, sur la place du Varvakéion, une nouvelle statue d'Athéna qui paraît une imitation beaucoup plus soignée de l'œuvre de Phidias[3]. Ce n'est plus une

---

1. Pausanias, I, xxiv, 5-7. Cf. Pline. N. H., XXXVI, 5.
2. A. Conze : *Die Athenasstatue des Phidias im Parthenon*.
3. *Bull. de Corr. hellénique*. Janvier 1881.— *Mittheilungen des deutsch. Archæol. Inst.* 1881, pl. I, II.

ébauche, mais un marbre finement travaillé. Le casque

FIG. 49. — LA PALLAS DITE LENORMANT.
(Athènes.)

est décoré du sphinx et des griffons décrits par Pausanias ; l'égide, bordée de serpents, couvre la poitrine, et le costume est identiquement le même que dans la statuette Lenormant. Mais le nouveau marbre d'Athènes fait connaître des détails tout particuliers ; ainsi la main droite de la déesse tient une Victoire, placée obliquement, et tournée vers le spectateur ; et, pour soutenir ce poids, la main pose sur une colonnette placée dans l'angle du piédestal. Il est hors de doute que cette statue nous offre les éléments les plus précis qui soient connus d'une restitution de l'Athéna Parthénos.

Il y aurait encore à citer une longue série de monuments, qui peuvent procéder d'une façon plus ou moins directe de l'œuvre originale. Mais si l'on peut entrevoir, à travers les imitations, l'attitude et le costume de la déesse, on imaginera difficilement l'aspect qu'elle devait offrir, avec les parties nues traitées en ivoire, les yeux en pierres précieuses, et les vêtements exécutés en ors de différentes teintes, comme savaient en obtenir les teinturiers en or (βαφεῖς χρυσοῦ) qui travaillaient sous Phidias.

Le Zeus, consacré dans le temple d'Olympie avec l'inscription suivante : « Phidias fils de Kharmidès, Athénien, m'a fait », provoqua dans toute la Grèce une admiration unanime : on considérait comme un malheur de mourir sans l'avoir vu. La description de Pausanias nous le montre sur un trône d'or, d'ivoire, de marbre et d'ébène, décoré de figures en ronde bosse et de bas-reliefs[1] : c'étaient, sur le dossier, les Saisons et les Kharites, et sur la base, les grandes divinités qui forment le cortège du souverain des dieux. Zeus

---

1. Pausanias, V, 11.

était assis dans une attitude calme et imposante, tenant d'une main la Victoire ailée, de l'autre le sceptre ; il était vêtu d'un manteau qui dégageait l'épaule et le haut de la poitrine, et couvrait le bas du corps de ses plis d'or émaillés de fleurs ; ses pieds posaient sur un tabouret orné de lions d'or et de figures représentant le combat de Thésée contre les Amazones. C'est l'attitude qu'a le dieu sur une monnaie d'Élide, où l'on retrouve une réduction authentique de l'œuvre de Phidias. Quant au type du visage, on connaît l'anecdote d'après laquelle Phidias se serait inspiré, pour le créer, de deux vers d'Homère [1]. Il est certain que, le premier, Phidias imprima au visage du dieu ce caractère de beauté sereine et grave que reproduisent plusieurs bustes antiques, imitations plus ou moins fidèles du Zeus Olympien : il suffit de citer le buste d'Otricoli, au musée du Louvre, et le Zeus Verospi, qui se rapprochent le plus de l'œuvre de Phidias. Mais la copie la plus exacte nous est fournie par une belle monnaie de l'Élide : la chevelure, serrée par une couronne d'olivier, retombe simplement sur la nuque ; l'expression du visage est celle d'une majesté calme et pleine de douceur [2].

L'Athéna Parthénos et le Zeus d'Olympie, au point de vue de la technique, se rapportent à la statuaire dite *chryséléphantine*, parce qu'elle emprunte ses matériaux à l'or et à l'ivoire. Ce genre de statuaire procède directement de la sculpture peinte ou *polychrome*, qui était

---

1. Strabon, IX, p. 353 ; Macrobe, *Saturn.* V, 13.
2. Voir la restitution qu'a tentée Quatremère de Quincy : *Le Jupiter Olympien.* Cf. L. de Ronchaud : *La vie de Phidias.*

encore en vigueur au temps de Périclès, mais il en est la forme la plus riche. Les ₊sculpteurs grecs savaient tirer de merveilleux effets de l'or et de l'ivoire; les tons chauds de l'ivoire employé pour les parties nues donnaient à la statue une apparence de vie, et rendaient à souhait la coloration des chairs; quant aux ors, qu'ils fussent rougis, brunis ou verts, ils offraient d'étonnantes ressources de couleurs. Le goût moderne a eu quelque peine à admettre l'idée d'une sculpture polychrome; la Renaissance nous a habitués à ne voir que des statues revêtues de la teinte froide et unie du marbre et de la pierre, et nous ne concevons guère cette alliance de la forme sculpturale et de la couleur, si chère aux Grecs. Il faut cependant admettre cette forme de l'art, qui a produit des chefs-d'œuvre : on ne saurait appliquer à la plastique grecque les théories modernes qui séparent rigoureusement la sculpture et la peinture, et nos préjugés doivent plier devant les faits dûment acquis.

§ III. — LES MARBRES DU PARTHÉNON

Si l'on est réduit aux conjectures sur les chefs-d'œuvre de Phidias, les marbres du Parthénon nous fournissent des documents inestimables pour apprécier une partie de l'œuvre conçue par lui, sinon exécutée de sa main. Ces marbres sont parvenus jusqu'à nous après des péripéties très diverses [1]. D'abord converti en église byzantine par deux obscurs architectes, sous le vocable de la mère de Dieu (θεοτόκος), le Parthénon devient une mosquée après la prise d'Athènes par Mahomet II (1456); et son histoire est oubliée à ce point que le Grec Zygomala en attribue les sculptures à Praxitèle. Ces marbres étaient néanmoins presque intacts, si l'on en juge d'après les croquis de San Gallo (1465). En 1674, lors de l'ambassade de M. de Nointel à Constantinople, le dessinateur Carrey, amené par lui, dessina les statues des frontons, les métopes et les frises, et ses dessins offrent les plus précieux secours pour restituer la décoration sculpturale du temple. Le Parthénon était donc à peu près respecté dans son ensemble, quand l'armée vénitienne de Morosini et de Koenigsmarck vint mettre le siège devant l'Acropole (1687) ; une bombe lancée par un lieutenant lunebourgeois fit sauter la toiture, et ouvrit une large brèche au milieu du temple. Entrés dans l'Acropole, les Vénitiens brisèrent encore une partie des statues. Enfin, dans les premières années de ce siècle, lord Elgin acheva de mutiler le Parthénon en enlevant plus de deux cents pieds de la frise, et presque tout ce qui restait des frontons ; ces dépouilles vinrent enrichir le musée Britannique.

Le seul renseignement laissé par l'antiquité sur les deux frontons nous est fourni par une phrase de Pausanias : « Le sujet du fronton antérieur du Parthénon est la naissance d'Athéna ; celui du fronton opposé, c'est

---

1. Voir l'ouvrage de M. Michaëlis : *Der Parthenon*. Cf. de Laborde : le *Parthénon*; et Beulé : *l'Acropole d'Athènes*.

la querelle de Poseidon et d'Athéna se disputant l'Attique[1] ». Aussi ne peut-on grouper les fragments conservés qu'en s'aidant des dessins de Carrey. Du fronton oriental, représentant la naissance d'Athéna, il reste neuf fragments au musée Britannique, et un autre encore en place au Parthénon; disposés dans l'ordre suivant, de gauche à droite, ils permettent de recomposer la scène, telle que l'avait conçue le maître athénien. D'abord vient le Titan Hypérion guidant ses chevaux sortant des eaux; puis une figure assise, connue sous le nom de Thésée (ou Héraklès), d'un style admirable pour l'énergie du dessin et le fini de l'exécution; plus loin, Déméter et Coré groupées ensemble, et derrière elles Iris courant annoncer au monde la naissance de la déesse. La scène centrale manque, et on ne saurait la restituer que par conjecture[2]. A droite, un torse d'homme, un fragment de Victoire aux ailes épandues, et le merveilleux groupe dit des Parques, où il faut sans doute reconnaître Pandrose, et deux des saisons (ὧραι), Thallo et Carpo. Enfin le char de la Nuit, s'enfonçant dans les eaux, clôt la composition, dont les parties sont agencées suivant les lois de la plus savante symétrie. Les statues à demi couchées, les groupes se répondent avec une harmonie parfaite, comme dans le chœur antique l'antistrophe répond à la strophe; et les figures du Jour et de la Nuit, encadrant la scène, semblent montrer qu'elle a pour théâtre le ciel éclatant de lumière.

1. Pausanias : *Att.*, XXIV.
2. Voir Benndorf : *La Nascita di Minerva; Annali dell' Inst.*, 1865.

Le fronton occidental est le plus mutilé. Dans les principaux fragments on reconnaît la figure d'un fleuve couché, sans doute le Céphise ; un groupe d'Aglaure

FIG. 50. — DÉMÉTER ET CORÉ.
(Groupe du fronton oriental du Parthénon.)

et de Cécrops, une partie du corps d'Athéna, et un torse puissant, qui ne saurait être que celui de Poseidon « à la large poitrine ». Le dessin de Carrey montre que l'artiste avait choisi le moment où Athéna dompte les

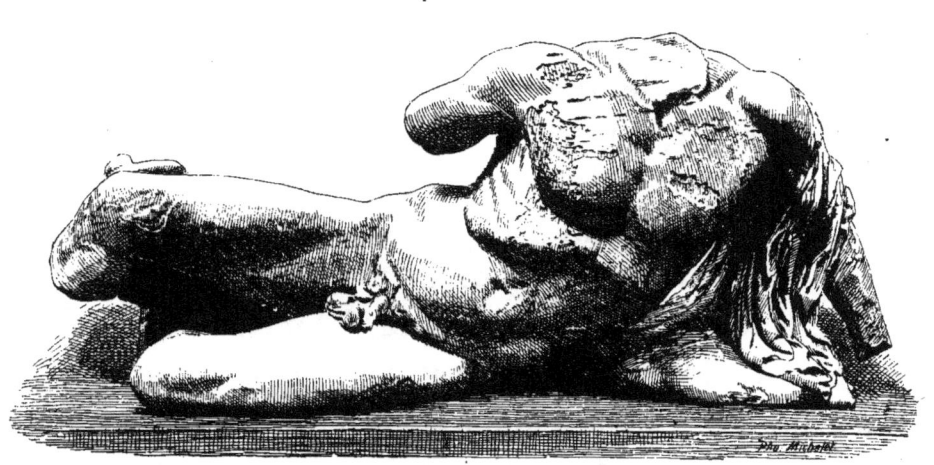

FIG. 51. — L'ILISSUS.
(Figure du fronton occidental du Parthénon.)

chevaux de Poseidon vaincu, et M. de Witte a pu retrouver la même scène sur un vase provenant de Kertsch[1]. Les deux divinités occupent le milieu du fronton, et derrière elles se groupent les dieux ou les héros qui leur sont chers; près d'Athéna, les divinités de l'Attique, Pandrose, Hersé, Aglaure et son père Cécrops, Niké conduisant les chevaux; près de Poseidon, les divinités de la mer, Thétis, Amphitrite, Aphrodite, et plus loin l'Ilissus qui occupe, comme le Céphise, un angle du fronton. A la peinture était laissé le soin de donner aux figures toute leur saillie; elles ressortaient sur le tympan peint en bleu, bordé d'une cimaise rouge, et les accessoires étaient en bronze doré.

Les métopes n'ont pas été plus épargnées que les statues des frontons. Des 92 métopes en haut-relief qui ornaient le pourtour du temple, il n'en restait, après l'explosion de 1687, que 13 au nord et 17 au sud[2]; celles qui décoraient les deux façades est et ouest sont encore en place, mais elles ont été martelées par les Turcs. Si l'on tente de restituer l'ensemble des sujets traités, on est réduit sur plusieurs points à des hypothèses. Du côté est, les scènes reproduites sur chacune des métopes sont empruntées à la lutte des grands dieux contre les Géants, où Athéna avait figuré à côté de Zeus; on sait d'autre part que les

---

1. De Witte : *Mon. grecs de l'Association des Études grecques*, 1875. — Cf. Stephani : *Compte rendu de la Commission arch. de Saint-Pétersbourg pour 1872* (1875).

2. Une seule est restée en place : quinze sont au musée Britannique, une au Louvre, et une au musée de l'Acropole à Athènes.

jeunes filles d'Athènes, consacrées au culte de la déesse, brodaient sur son péplos les exploits qu'elle avait accomplis pendant ce combat; et un tel sujet se rattachait étroitement à la légende religieuse de la déesse. A l'ouest, les métopes présentent alternativement un engagement entre un piéton et un cavalier, et une lutte entre deux personnages à pied; M. Michaëlis y reconnaît le combat des Athéniens et des Amazones [1], figuré aussi sur le bouclier de la déesse. Au nord, l'état de mutilation des métopes commande de grandes réserves dans l'interprétation; mais une opinion fort plausible y place des sujets tirés de la guerre de Troie. Celles du sud sont les mieux conservés, et on y reconnaît sans peine le combat des Lapithes et des Centaures encadrant des scènes empruntées aux mythes de l'Attique, tels que ceux de Déméter et de Triptolème, de Pandore et d'Épiméthée, d'Aglaure et Hersé, les filles de Cécrops, se jetant du haut de l'Acropole pour se punir d'avoir violé le secret d'Athéna. Quant à la lutte des Centaures et des Lapithes, on peut heureusement apprécier avec quel bonheur l'artiste avait vaincu la difficulté de varier un sujet un peu monotone. Dans chacune des métopes, qui offrent invariablement un Centaure combattant contre un Grec, la lutte est rendue avec un sentiment différent : ici un Centaure bondit sur le corps de son ennemi, avec l'orgueil de la victoire; ailleurs un autre s'arrête, comme ému de pitié, devant un jeune Grec à demi terrassé; l'artiste n'a pas reculé devant des détails très réalistes, qui sentent

---

1. *Der Parthenon*, p. 248.

l'imitation directe de la nature. La facture des métopes est inégale : aussi peut-on admettre qu'elles ont été exécutées par les artistes que Phidias avait groupés autour de lui. Les marbres étaient peints en partie : le

FIG. 52. — COMBAT D'UN GREC ET D'UN CENTAURE.
(Métope du Parthénon.)

fond d'une des métopes retrouvée au Parthénon était rouge et les draperies vertes. Paccard a également observé des traces de rouge ; mais ces indices sont insuffisants pour permettre une restauration peinte de l'ensemble.

La plus grande partie des morceaux de la frise se trouve au musée Britannique ; le musée de l'Acropole en possède quelques-uns, et la frise occidentale est restée en place. On sait déjà que l'ensemble de la frise représentait, dans une série ininterrompue de sujets, les cérémonies de la fête des Panathénées ; la frise orientale, au-dessus de l'entrée du temple, montre les rites sacrés accomplis en l'honneur d'Athéna Polias par les vierges Errhéphores et la grande prêtresse : ce sujet central est encadré par les groupes des dieux qui avaient leur sanctuaire près de l'Acropole : Asclépios et Hygie, Poseidon, Aglaure et Pandrose, et d'autre part, Zeus, Héra, Arès, etc., qui dans une attitude majestueuse semblent regarder le cortège se déroulant au loin. Le plan de la composition est d'une simplicité grandiose : il semble que le cortège s'avance sur deux rangs qui se dédoublent pour venir s'appliquer sur chacun des longs côtés du temple et se réunir à la façade postérieure. C'est d'après cette ordonnance à la fois symétrique et harmonieuse que s'avancent les vieillards des tribus attiques, appuyés sur de longs bâtons, les jeunes filles vêtues de robes aux plis droits, portant des patères et des vases, et les filles des métèques, tenant les sièges et les ombrelles destinés aux jeunes Athéniennes de naissance libre. Viennent ensuite les victimes, bœufs et moutons, envoyés par les colonies athéniennes, et conduites par des jeunes gens ; puis les fils des métèques, portant des bassins et des amphores ; les joueurs de flûte et de cithare, et les thallophores, vieillards tenant à la main des branches d'olivier ; enfin les chars de guerre montés par les *apobates* et leurs cochers en longue tunique, et la troupe des cavaliers

FIG. 53. — FRAGMENT DE LA CAVALCADE DES PANATHÉNÉES.

lancés à des allures différentes. La frise de l'ouest montre les apprêts des jeunes Athéniens qui vont rejoindre le cortège, les uns déjà montés, les autres debout près de leurs chevaux.

On est en droit de penser que la main de Phidias est restée étrangère à l'exécution de la frise, car certaines parties accusent encore le style un peu sec de l'ancienne école attique : les maîtres qui travaillaient sous Phidias n'avaient pu tous s'en affranchir complètement. Mais la composition est d'un dessin si large et si libre, elle est si bien en harmonie avec les autres sculptures décoratives du temple, que si Phidias n'a pas sculpté la frise, on doit croire qu'il en a tout au moins dessiné les cartons. Dans son ensemble, la frise caractérise à merveille le style de l'école de Phidias, tel qu'il a régné longtemps après lui. Ce style noble et aisé, cette fleur d'élégance, sont l'expression parfaite du génie grec, à une époque privilégiée entre toutes. Après un long travail, l'art grec a dégagé ses qualités les plus précieuses : la simplicité, le goût exquis et sobre qui recherche avant tout l'harmonie de l'ensemble. On a souvent parlé de l'idéal dans l'art grec; mais, même au temps de la perfection, l'art grec ne cesse jamais de s'inspirer de la nature. Qu'on examine les différentes parties de la frise : la part faite à la convention y est très faible : attitudes, costumes, rien n'y est factice; l'artiste a rendu avec une vérité saisissante des détails pris sur le vif, et l'idéal n'est autre chose que la beauté réelle; mais la réalité est ennoblie par un charme particulier qu'on n'analyse pas, et qu'un long commerce avec les marbres antiques peut seul faire sentir dans toutes ses délicatesses.

En dépit des différences d'exécution, les marbres du Parthénon ont un caractère commun, dû à l'influence de Phidias; mais quelle est au juste la partie de l'ouvrage où l'on peut reconnaître la main du maître? La question est fort douteuse ; on s'accorde pourtant à lui attribuer les figures du fronton oriental, tandis que le fronton occidental serait l'œuvre d'un de ses élèves. Nous pourrions dès lors avoir une idée exacte du style de Phidias, qui résume les progrès de toutes les écoles grecques au v⁰ siècle. Phidias n'est pas seulement un attique; élève des Doriens, il représente le génie grec dans ce qu'il a de plus général. Si les Saisons, le groupe de Déméter et de Coré témoignent des plus pures qualités de l'atticisme, l'Héraklès et l'Ilissus montrent à quel point Phidias s'est assimilé l'énergie et la vigueur du style dorien. C'est un moment unique dans l'histoire de l'art grec, celui où une école athénienne personnifie, grâce à l'un de ses maîtres, le génie grec dans ses qualités les plus variées.

§ IV. — LA TRADITION ATTIQUE AU V⁰ SIÈCLE

Néanmoins la tradition attique ne se perd pas. On la retrouve, avec son goût pour le fini, pour l'élégance, chez Alcamènes, né à Lemnos, Athénien par le style, sinon par la naissance. Les dates connues qui limitent la période de production d'Alcamènes sont d'une part le fronton d'Olympie (entre 438 et 431), et de l'autre, les statues exécutées par lui pour le temple d'Héraklès, à

Thèbes (soit vers 403 ou 402) : il est donc contemporain de Phidias, et les auteurs anciens le donnent comme son émule. Parmi toutes ses statues qui décoraient les sanctuaires les plus renommés d'Athènes, on admirait surtout l'Aphrodite des jardins (ἐν κήποις), dont Lucien détaille certaines parties, comme des modèles d'élégance et d'art délicat[1]. Au temps de Denys d'Halicarnasse, il fallait une certaine étude pour distinguer les œuvres d'Alcamènes de celles de Phidias[2].

Les monuments suivants appartiennent à la tradition attique, élargie par l'influence de Phidias. Quand les travaux de l'Erechthéion, suspendus pendant les préparatifs de la guerre du Péloponèse, furent repris la quatrième année de l'olympiade XCII (400-408), une partie des sculptures étaient exécutées. Une inscription, relatant l'inventaire des travaux déjà accomplis, nous donne le détail de ces sculptures qui appartenaient à la frise, avec les noms des artistes et le prix des morceaux livrés[3]. On a conservé quelques-uns des fragments de la frise, dont le sujet se rapportait sans doute au mythe d'Érechthée et des Cécropides ; le travail en est très fin, et l'effet était rehaussé par la couleur sombre du marbre d'Éleusis auquel étaient fixées les figures en marbre blanc de Paros. La partie du temple nommée le Pandroséion est ornée d'une sorte de portique surélevé sur une base, et formé d'un entablement que sup-

---

1. Lucien : *De imag.*
2. Denys d'Halicarnasse : *De admir. vi dicendi in Demosthene*, 50, p. 1108, édit. Reiske.
3. *Corpus Inscriptionum Græcarum*, n° 168.

portent des statues de jeunes filles (Κόραι ou cariatides). Elles portent le costume athénien, la tunique, *l'hémidiploïdion*, et par-dessus un petit péplos ; la chevelure, divisée en tresses, supporte le chapiteau sphérique qui soutient l'entablement.

Les sculptures du temple de la Victoire Aptère ne sont pas toutes de la même date. La frise [1], dont les sujets sont empruntés aux victoires des Athéniens sur les barbares ou sur les Grecs, se rapproche pour le style des sculptures du Théséion ; elle est sans doute contemporaine de la construction du temple, antérieure à celle des Propylées et du Parthénon. Mais autour du temple régnait une balustrade ornée de bas-reliefs d'un style exquis [2]. Ces sculptures, dont les fragments principaux ont été découverts par Hansen et Schaubert, sont postérieures au reste du temple, et elles datent sans doute de l'administration de Lycurgue ; mais rien ne caractérise mieux le style de l'école attique à la fin de cette période, qui touche déjà à l'époque de Praxitèle. Les Victoires, messagères d'Athéna, symbolisent les triomphes du peuple athénien : l'une conduit un taureau destiné au sacrifice ; une autre dénoue ses sandales, comme si elle accourait de quelque champ de bataille annoncer le succès des armes athéniennes ; leurs corps, du modelé le plus fin, se dessinent sous des draperies légères, aux plis délicats. Si le style est déjà moins

---

1. Les parties est et sud sont encore en place : le musée Britannique possède les autres.
2. Sur l'ensemble de ces bas-reliefs, voir : R. Kékulé : *Die reliefs an der Balustrade der Athéna Niké.* 1881.

FIG. 54. — VICTOIRE DÉNOUANT SA SANDALE.
(Fragment de la balustrade du temple de la Victoire Aptère.)

large qu'au Parthénon, il montre clairement une sorte de retour à la pure tradition attique.

§ V. — LA SCULPTURE DANS LE PÉLOPONÈSE
LES MARBRES D'OLYMPIE

Nous revenons à l'époque de Phidias pour suivre dans le Péloponèse le développement de la sculpture au milieu du ve siècle. Des fouilles récentes en ont complètement renouvelé l'histoire; et les curieux marbres trouvés à Olympie nous ont révélé une école presque inconnue jusqu'alors.

C'est dans la vallée de l'Alphée, au confluent de ce fleuve avec le Cladéos, que s'élevait, au pied du mont Cronios, le temple dorique de Zeus Olympien, commencé en 572 par Libon l'Éléen, et terminé seulement 130 ans après. Près de là, le temple d'Héra, le Métroôn, les Trésors bâtis par les villes grecques, tout l'ensemble des édifices qui faisaient d'Olympie une cité sainte et sacerdotale, et surtout, confinant au temple de Zeus, le bois sacré de l'Altis, avec les innombrables statues qu'y avait consacrées la piété des Grecs. On savait que les empereurs païens avaient puisé largement à ce trésor d'œuvres d'art, et que Constantin et Théodose avaient achevé de dépouiller Olympie au profit de Constantinople. Au moins pouvait-on espérer retrouver la décoration sculpturale des édifices, recouverts peu à peu par les alluvions de l'Alphée. En 1831, l'expédition française de Morée commença des fouilles trop tôt interrompues, et qui déblayèrent une partie du temple[1]. L'œuvre fut reprise par le gouvernement allemand, et les campagnes de fouilles qui se sont succédé depuis 1875 n'ont pas cessé d'être fécondes [2]. On possède aujourd'hui dans le musée établi à Olympie, au pied du Cronios, une notable partie des marbres qui décoraient le temple; ils y sont conservés avec une riche série de fragments de toute nature et d'inscriptions.

Les descriptions sèches, mais précises, de Pausanias font connaître les sujets figurés sur les diverses parties de l'édifice. Les métopes, au nombre de douze, représentaient les travaux d'Héraklès, et étaient placées sous la colonnade, au-dessus des portes du pronaos et de l'opisthodome. Déjà l'expédition de Morée avait découvert deux magnifiques fragments de métopes, qui sont au Louvre [3]. La plus belle, celle d'Héraklès domptant le taureau de Crète, est d'une facture puissante et sobre; les cheveux, la barbe, sont traités par masses; le modelé des chairs est ferme, et les lignes du groupe sont hardiment jetées. La seconde, où Athéna assise regarde la lutte du héros contre les oiseaux Stymphaliens, offre, quoique à un degré moindre, les mêmes caractères. Les fouilles allemandes ont amené la découverte d'un grand nombre de fragments de métopes, qui ont d'abord com-

---

1. Dubois et Abel Blouet dirigeaient les fouilles.
2. Les fouilles ont été accomplies, sous la haute direction de M. Curtius, par MM. Botticher, Adler, Hirschfeld et G. Treu. Voir: *Ausgrabungen aus Olympia*, Berlin, avec les reproductions photographiques. Cf. Overbeck : *Griech. Plastik*, 3e édit.
3. Les fouilles de Dubois et Blouet ont aussi mis au jour des fragments, dont le plus important est le lion de Némée.

plété les métopes du Louvre, et nous ont rendu en partie les autres scènes des travaux d'Héraklès : les luttes

FIG. 55. — HÉRAKLÈS DOMPTANT LE TAUREAU DE CRÈTE.
(Métope d'Olympie.)

du héros contre le lion de Némée, l'Hydre de Lerne, Géryon, le sanglier d'Erymanthe, etc.[1] Celle que nous

1. On jugera mieux encore de l'importance de ces découvertes,

reproduisons ici montre Héraklès assisté d'une des Hespérides et soutenant le monde sur ses épaules, tandis qu'Atlas lui présente les pommes d'or des Hespérides. Avec des qualités fort réelles, le style des métopes n'est pas encore dégagé de l'archaïsme ; les attitudes des personnages, l'exécution des draperies, accusent une date antérieure à celle des métopes du Parthénon. Il est fort probable qu'elles sont l'œuvre d'artistes péloponésiens, employés par Libon pour la décoration du temple ; car faisant corps avec l'édifice, elles ont dû être exécutées en même temps, avant l'arrivée des maîtres athéniens qui ont travaillé à Olympie. C'est à peine une hypothèse que d'en placer la date un peu avant les sculptures du Théséion.

Les métopes sont l'œuvre de maîtres inconnus ; mais la tradition d'Olympie avait conservé des noms pour les frontons. Pausanias avait pris soin de noter que le fronton oriental était l'œuvre de Pæonios, né en Thrace, à Mendé sur l'Hèbre, colonie des Ioniens d'Asie. Resté à Olympie après la mort de Phidias, il fut chargé, au concours, d'exécuter les acrotères du temple, c'est-à-dire la Niké dorée qui le surmontait, et les deux grands vases des extrémités (de 430 à 422). Il vivait encore à Olympie quand les Messéniens, après l'affaire de Sphactérie, lui commandèrent une statue de Niké qu'on a retrouvée dans les fouilles, avec l'inscription de la base[1].

---

quand le travail de reconstitution des métopes, dirigé par M. Treu, sera complètement terminé. Voir la brochure qui sert de guide aux visiteurs du musée des moulages d'Olympie, à Berlin : *Die abgüsse der in Olympia ausgegrabenen Bildwerke*. 1880.

1. « Les Messéniens et les Naupactiens ont consacré cette sta-

Le corps, d'une allure hardie, se porte en avant, des-

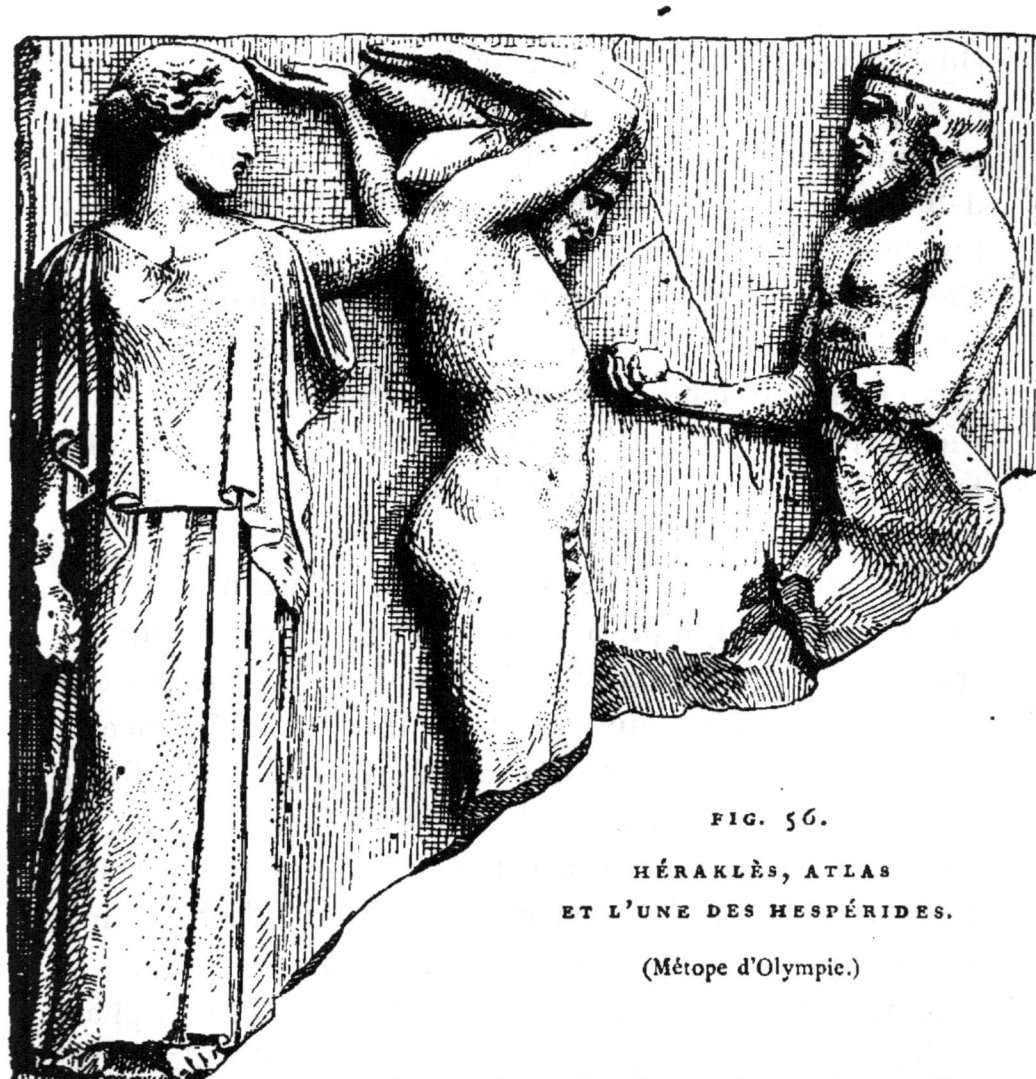

FIG. 56.

HÉRAKLÈS, ATLAS
ET L'UNE DES HESPÉRIDES.

(Métope d'Olympie.)

siné sous les plis d'une draperie gonflée par le vent. C'est l'œuvre d'un maître plein de fougue,

tue à Zeus d'Olympie, comme dîme du butin pris à l'ennemi. Pæonios de Mendé l'a faite, et pour les acrotères placés sur le temple, il a remporté le prix. »

épris de la réalité vivante, et qui a échappé à toute influence d'école. Ses qualités s'opposent franchement à celles de l'école attique. Pæonios nous apparaît comme le représentant le plus libre et le plus personnel de l'art péloponésien ; il nous révèle une fois de plus l'étonnante liberté du génie grec à l'époque de la perfection, en même temps qu'il nous fait mieux connaître les qualités des maîtres du Péloponèse, dont Phidias fut l'élève. Il nous explique un côté du génie de Phidias, celui qui dépasse les limites un peu étroites de la tradition attique.

Le fronton oriental représentait Pélops se préparant à lutter contre Œnomaos dans la course de chars que le roi de Pise impose à tous les prétendants de sa fille, et où Pélops sera vainqueur. Les deux adversaires et leur suite forment deux groupes séparés par Zeus, juge du combat, qui se tient debout au milieu du fronton. A droite, Pélops et Hippodamie, son écuyer Sphairos avec quatre chevaux, deux serviteurs assis, et le fleuve Alphée couché dans l'angle ; à gauche, Œnomaos, sa femme Stéropé, son cocher Myrtilos et les chevaux de l'attelage, un serviteur, une jeune fille, et la figure du fleuve Cladéos. On retrouve ici les conditions de parallélisme absolu qui s'imposaient pour la composition du fronton, et les attitudes assises ou couchées, qui permettent aux personnages de s'agencer suivant les exigences de l'espace triangulaire dessiné par le tympan. Les figures principales, telles que les fouilles les ont rendues, sont fort mutilées. On s'accorde pourtant à reconnaître dans de superbes fragments le torse puissant de Zeus, la figure de Pélops debout, d'une fière tournure, Hippodamie, vêtue du large péplos dorien, aux plis épais et droits. Les personnages secondaires sont mieux conservés : un des serviteurs de Pélops, accroupi, et le cocher de Pélops, agenouillé, sont presque intacts, dans des poses à la fois naturelles et sculpturales ; on peut aussi identifier les figures d'angles : l'Alphée et le Cladéos. Le premier, accoudé, semble regarder les apprêts de la lutte ; le modelé du corps est doux, les formes peu accusées. Au contraire, dans l'exécution du Cladéos les formes sont énergiquement rendues, et dans la saillie des muscles tendus, dans la fermeté des contours, on sent l'énergie d'un ciseau puissant. Nous reproduisons ici la figure d'un vieillard assis, sans doute un des serviteurs de Pélops. La tête est droite, elle regarde en avant. Il y a peu de monuments de l'art grec où le sentiment de la vie réelle éclate avec plus d'intensité ; l'artiste n'a pas reculé devant certains détails pris sur le vif : le crâne dénudé, le front ridé, l'expression humble et soumise. La facture de tous ces morceaux est rapide et énergique, avec des négligences frappantes. Ainsi le revers de certaines statues est complètement fruste ; il semble qu'on ait travaillé en toute hâte, le temps pressant. Mais le style de ces marbres permet-il d'attribuer réellement le fronton oriental à Pæonios ? Il est difficile de ne pas remarquer des différences profondes entre ces sculptures et la Niké, œuvre authentique du maître. L'art du fronton oriental est encore rude, et inférieur à celui de la Niké. Pour mettre d'accord le témoignage de Pausanias et celui des marbres, on est conduit à choisir entre plusieurs solutions, dont la plus vraisemblable nous paraît la suivante : le fronton aurait été exécuté, d'après les dessins de Pæonios, par des artistes éléens dont le talent était fort inégal.

Le même problème se pose à propos du fronton occidental, que la tradition d'Olympie, conservée par

FIG. 57. — VIEILLARD ASSIS.
(Figure du fronton oriental d'Olympie.)

les exégètes, attribuait formellement à Alcamènes. Le sujet représentait la lutte des Centaures et des Lapithes aux noces de Pirithoos, motif souvent traité; mais on sait à quel point les artistes de la grande époque se souciaient peu d'innover en fait de sujets. Pausanias décrit ce fronton moins complètement que le premier. Au centre est Pirithoos, à gauche est Eurytion qui vient d'enlever Déidamie, « et Kenæos portant secours à Pirithoos; d'un autre côté, Thésée tue les Centaures à coups de hache; parmi ceux-ci, l'un a enlevé une jeune fille, l'autre un jeune enfant florissant de beauté. » La scène comportait vingt et une figures; les fouilles ont mis au jour les fragments de tous ces personnages, habilement restitués par M. Treu. Le groupe central de la composition est formé de sept personnages; au milieu du fronton, et debout, Apollon, le bras étendu, domine l'ensemble; le torse est d'une rare élégance et la tête, aux cheveux bouclés à la mode archaïque, est charmante de jeunesse. A gauche, prend place le Centaure Eurytion, saisissant Déïdamie, qui se défend contre son ravisseur. Pirithoos, qui vient ensuite, défend sa fiancée. A droite d'Apollon, par rapport aux spectateurs, un Centaure a saisi une jeune fille avec un mouvement brutal, tandis que celle-ci, dont le visage charmant a conservé dans le danger une expression fort calme, se débat entre les bras du Centaure. Thésée, dont il ne reste que des fragments, brandit sa hache pour sauver la jeune Grecque. De chaque côté du groupe central, des groupes secondaires se répondent suivant les lois de la symétrie. C'est, à la gauche du spectateur, un jeune Lapithe (fig. 58) luttant contre un Centaure; une femme agenouillée, qu'un Centaure a saisie par la chevelure; un Grec, qui semble se relever pour courir au combat; une vieille femme terrifiée, qui regarde la scène avec effroi; enfin une figure de nymphe étendue à l'angle du fronton. Dans la partie droite, prennent place le groupe d'un Centaure enlevant un jeune garçon, une femme saisie par un Centaure, un Grec armé d'une épée, et enfin, sous les parties les plus basses du rampant, une suivante et une nymphe, qui répondent aux figures de l'autre aile.

Rien de plus savant que la composition du fronton; tout l'espace est rempli avec un art achevé, et les personnages ont une vie et un mouvement qui donnent à la scène un aspect dramatique. Quant au style des figures, il n'est pas moins étrange que celui du fronton oriental, avec lequel il présente de grandes analogies : même travail rapide et négligé, mêmes incorrections, qui sont inexplicables, si c'est la main d'Alcamènes qui a sculpté ces figures. Comment admettre que l'émule de Phidias ait pu modeler ces draperies si maigres, sous lesquelles on ne devine pas de corps, ou ces Centaures dont l'anatomie ne se comprend pas? Il semble qu'au contraire, le maître se soit borné à dessiner la scène, et en ait laissé l'exécution à ces mêmes artistes éléens qui ont sculpté le fronton oriental. Cette hypothèse explique tout au moins deux faits incontestables : la ressemblance de style entre les deux frontons, et l'inégalité du travail qui contraste avec l'art savant de la composition.

Les marbres de Phigalie. — C'est encore l'influence attique que trahissent les marbres trouvés près de Phigalie; ils formaient la frise du temple d'Apollon Épicourios, construit en 430 (olympiade LXXXVII-3) par l'architecte du Parthénon, Ictinos. Signalé en 1765 par le Français Bocher, le temple fut fouillé en 1812 par les savants qui avaient découvert les marbres d'Égine, et les sculptures, achetées par le prince régent d'Angle-

FIG. 58. — LAPITHE.
(Figure du fronton occidental d'Olympie.)

terre, ont enrichi le musée Britannique. La frise représentait un double sujet : le combat des Lapithes et des Centaures, et la lutte des Athéniens contre les Amazones. Est-elle l'œuvre d'un artiste d'Athènes, amené par Ictinos, ou a-t-elle été exécutée sur place par un sculpteur du pays? Si l'on admet, ce qui est vraisemblable, que la composition seule est due à un Athénien, l'exécution, souvent médiocre, justifie cette hypothèse. Quant au style de la composition, il vise à renouveler par une certaine recherche un sujet déjà épuisé. Quelque habile que soit la disposition des personnages, il y a des traces de faux goût dans certains détails : les poses violentes et contournées des Amazones, l'attitude singulière des Centaures, qui ruent et mordent à la fois, sont plus prétentieuses que dramatiques. Il semble qu'on ait sous les yeux l'œuvre d'un artiste provincial, qui veut faire mieux et autrement que les maîtres athéniens.

§ VI. — ÉCOLE D'ARGOS. — POLYCLÈTE

Sur un autre point du Péloponèse, l'Argien Polyclète continue les traditions de l'école d'Argos, dont celle de Sicyone ne se sépare pas; les sculpteurs sicyoniens, en effet, étudient à Argos et retournent dans leur patrie. Polyclète, né vers l'olympiade LXXIV (482-478), est de quelques années à peine plus jeune que Phidias, et, comme lui, élève de l'Argien Agéladas. La liste de ses œuvres, qu'on peut reconstituer d'après les textes, montre que le sculpteur d'Argos empruntait ses sujets aux cycles religieux et héroïques; il continuait aussi la tradition des écoles péloponésiennes en exécutant pour Olympie des portraits d'athlètes. L'Héraion d'Argos possédait une de ses œuvres capitales, la célèbre statue d'Héra, où il avait comme fixé le type classique de la déesse. La statue, faite d'or et d'ivoire, était assise sur un trône, et couronnée d'une stéphané où figuraient les Kharites et les Saisons; d'une main elle tenait une grenade, de l'autre, un sceptre surmonté d'un coucou. Les principaux éléments du type créé par Polyclète se retrouvent sur la belle monnaie d'Argos, où l'on voit la tête d'Héra diadémée, et surtout dans le magnifique buste colossal de la villa Ludovisi.

FIG. 59. — HÉRA.
(Sur une monnaie d'Argos.)

On voyait à Éphèse une statue d'Amazone, œuvre de Polyclète. Les Éphésiens, la comparant à des statues analogues faites par d'autres maîtres, lui avaient décerné la première place; l'Amazone de Phidias venait ensuite, puis celles de Crésilas [1], de Kydon et de Phradmon. Nous ne savons rien des Canéphores de Polyclète ni des Enfants jouant aux osselets, qui furent transportés à Rome; mais la belle statue de la villa Farnèse, qui représente un jeune homme se ceignant la tête d'une bandelette, est sans doute la copie du *Diadumenos* de Polyclète, que reproduit également le bronze ci-joint (fig. 60) [2]. Le type est d'une rare finesse, et la chevelure est traitée

1. L'Amazone de la collection Lansdowne, à Berkeley-Square, est peut-être une copie de l'œuvre de Crésilas.
2. On possède de nombreuses répliques de cette statue, entre autres la statue de Vaison, au musée Britannique.

par boucles irrégulières. On sait, en effet, que le maître d'Argos rompit sur ce point avec les traditions qui se ressentaient de l'archaïsme, et que les maîtres contemporains appliquaient encore.

La critique ancienne déclarait que « personne n'égale Polyclète pour la finesse des détails[1] ». La perfection de l'exécution : tel est, en effet, le grand souci de l'école argivo-sicyonienne, et Polyclète l'atteint dans un ordre de sujets assez restreints; pour lui, en effet, la jeunesse est une condition inséparable de la beauté, et il semble qu'il se soit toujours attaqué à des motifs où il pouvait la réaliser. « Polyclète, dit Quintilien, recula devant la représentation de l'âge mûr et n'osa pas aller plus loin que la jeunesse imberbe[2] ». La science parfaite du corps humain, avec une parfaite exactitude de détail, paraît avoir été le trait marquant du génie de Polyclète; aussi écrit-il un traité sur les proportions des parties du corps, et il donne à la fois la théorie et l'exemple dans sa célèbre statue du Doryphoros. Il est assez difficile de déterminer exactement les proportions de ce *canon*, qui servit de règle jusqu'à Lysippe et qu'on ne connaît que par des répliques de Naples, de Florence et du Vatican. La description de Lucien est assez vague : « Pour le corps, il faut nous conformer à la règle de Polyclète; il ne sera ni trop haut et long au delà de toute proportion, ni d'une taille trop basse et semblable à un nain, mais d'une mesure moyenne et convenable[3]. » C'était un intermédiaire entre les formes tra-

---

1. Quintilien, I. O. XII, 22.
2. Quint., *loc. cit.*
3. *De saltatione*, 75.

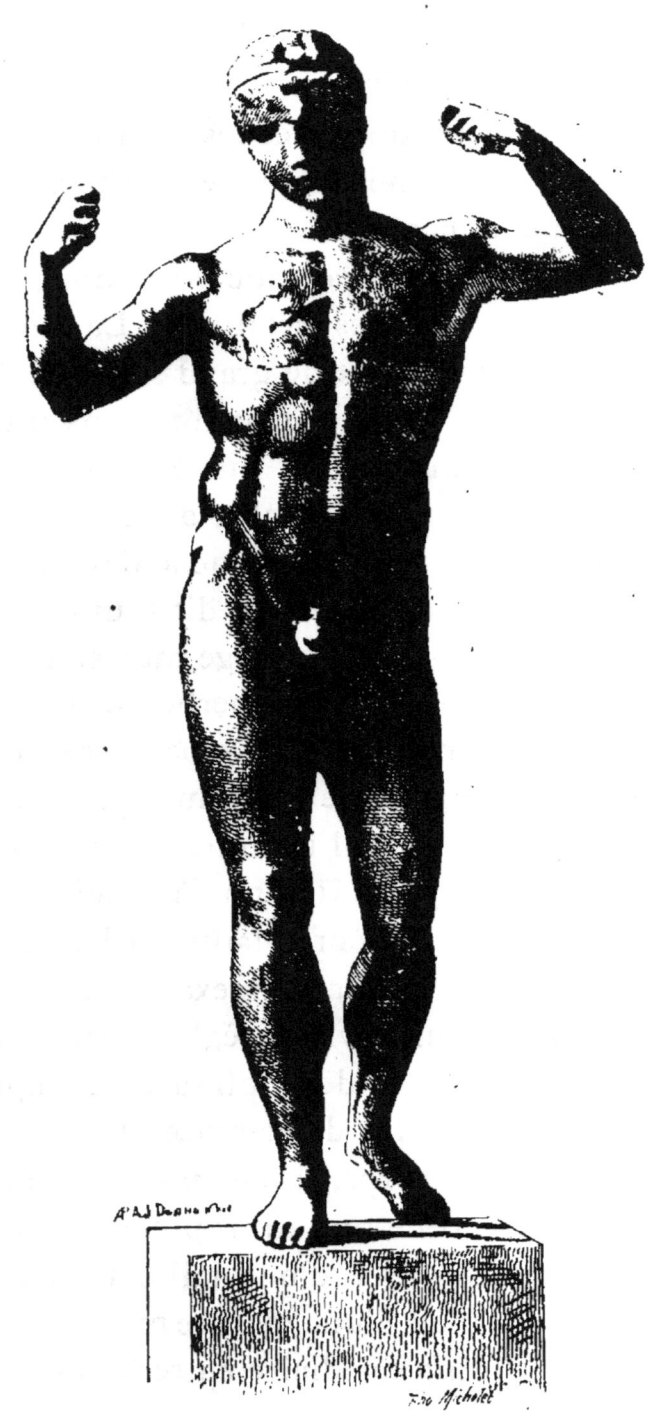

FIG. 60. — COPIE DU DIADUMÉNOS DE POLYCLÈTE.
(Bronze de la Bibliothèque nationale.)

pues et massives de l'archaïsme dorien, et le type élancé que fit prévaloir Lysippe.

L'influence de Polyclète sur les écoles de Sicyone et d'Argos fut très grande. Ses élèves suivirent ses règles en les exagérant. C'est ainsi que le Discobole de Naukydès, d'Argos, dont le Vatican possède une copie, a l'attitude calme des statues de Polyclète. Quant aux autres disciples, Alyppos, Polyclète le jeune, ils ne sont connus que par les textes.

On voit que l'art grec, à la belle époque, offre une infinie variété. Il est impossible de le résumer en une formule qui serait banale ou trop étroite ; la seule méthode est de l'étudier par écoles, et de constater les différences, qui sont profondes d'une école à l'autre.

CHAPITRE V

CINQUIÈME PÉRIODE

JUSQU'AU TEMPS D'ALEXANDRE
DE L'OLYMPIADE XCVI (396) A L'OLYMPIADE CXX (292)

Le IV⁰ siècle ressemble fort peu au v⁰. A un siècle de foi et de croyance succède une période de scepticisme; la dignité sévère, le sérieux de l'ancien art grec vont faire place à un goût plus sensuel. Au v⁰ siècle, l'art est avant tout religieux. Si, dans la création des types divins, il s'inspire de la forme réelle, c'est pour la mettre au service d'une conception supérieure de la beauté; les dieux ont la figure des hommes, mais la plus belle possible. Le IV⁰ siècle humanise les types des divinités; il fait descendre l'Olympe sur terre et lui fait partager les passions humaines; l'art devient plus intime et se dégage de la tradition religieuse pour chercher dans la vie réelle le caractère individuel et personnel. Déjà, à la fin de la période précédente, Callimaque mérite le surnom de κατατηξίτεχνος pour ses raffinements; et Démétrios l'Athénien pousse la recherche du réalisme à un tel point que Lucien le nommait « faiseur d'hommes, (ἀνθρωποποιός) et non statuaire » (ἀνδριαντοποιός). Le rhéteur de Samosate décrit ainsi une de ses œuvres : « N'as-tu pas vu auprès du ruisseau une statue au ventre proéminent, à la tête chauve, à demi nue, dont la barbe rare paraît agitée par le vent, dont les veines ressortent, semblable à un individu ? C'est Pellichos, le général corinthien. »

C'est surtout dans l'école attique et dans celle de Paros que se marque le mieux ce goût pour l'expression de sentiments plus vifs et plus personnels ; et les plus brillants représentants de l'école nouvelle sont deux maîtres à peu près contemporains, Scopas et Praxitèle.

§ I. — SCOPAS

Les deux dates extrêmes que l'on connaît pour délimiter la période d'activité de Scopas, né à Paros, sont, d'une part, l'incendie du temple d'Athéna Aléa à Tégée (olympiade XCVI-2), que Scopas rebâtit, et la mort de Mausole (olympiade CVII-2) au tombeau duquel travailla le sculpteur parien. Il avait exécuté pour le temple d'Athéna les deux frontons, dont l'un représentait la chasse du sanglier de Calydon, l'autre, le combat d'Achille et de Télèphe sur les bords du Kaïkos[1]. Comme les sculp-

---

[1]. On a retrouvé des fragments de la décoration du temple dans des fouilles récentes, à Piali, l'ancienne Tégée. (*Archaeol. Zeitung*, 1880.) Ces marbres, encore inédits, proviennent des frontons et sont sans doute de la main de Scopas.

teurs de la génération précédente, Scopas compte dans son œuvre de nombreuses statues de dieux, une Aphrodite Pandémos en Élide, un Asclépios et une Hygie à Gortys, d'autres en Attique, à Mégare, à Thèbes, à Pergame, etc. Mais certaines de ses statues offrent un intérêt particulier, parce qu'elles témoignent des conceptions nouvelles qui se font jour dans l'art grec. Telle est la statue de l'Apollon Musagète, dont le Vatican possède une réplique. Ce n'est plus le dieu robuste dorien, si souvent traité par les maîtres archaïques ; vêtu d'une longue robe, le dieu a des allures presque féminines, et les sculpteurs qui suivront Scopas accentueront encore ce caractère d'élégance et de délicatesse. La Ménade déchirant un chevreau, de Scopas, était vantée pour la fougue du mouvement et la vérité de l'attitude. Son groupe d'Éros, de Pothos et Himéros, dans le temple d'Aphrodite à Mégare, représentant sous une forme plastique les désirs de l'âme, montre bien à quelle source les artistes de la nouvelle école vont puiser leurs inspirations ; ces créations gracieuses naissent de l'analyse des passions de l'âme, et la sculpture va chercher de plus en plus à émouvoir et à toucher.

Le goût nouveau se trahit dans toutes les formes de l'art ; c'est le moment où, dans l'architecture, l'ionique, plus libre et plus varié, supplante l'ordre dorique et admet les combinaisons les plus diverses. Ainsi, Scopas collabore au temple d'Éphèse, et orne de sculptures le fût d'une des colonnes ioniques ; M. Wood a retrouvé à Éphèse des fragments de colonnes décorées suivant ce système.

Peut-on apprécier autrement que par des répliques

le style de Scopas? Les fouilles de M. Newton, à Boudroun, ont exhumé les précieux marbres du Mausolée d'Halicarnasse, dus au ciseau de Scopas et de ses émules, et qui nous font connaître tout au moins le style de l'école attique contemporaine. On sait que la reine de Carie, Artémise, veuve de Mausole, avait confié à plusieurs artistes l'exécution du tombeau de son mari : c'étaient Scopas, l'Athénien Léokharès, qui se séparait déjà de l'école attique par son goût pour les portraits[1], Bryaxis d'Athènes, Timothéos et Pythios ; ce dernier, aidé de Satyros, avait aussi été l'architecte du Mausolée. Demeuré presque intact jusqu'en 1402, le Mausolée avait fourni à plusieurs reprises aux chevaliers de Saint-Jean les matériaux d'une forteresse. En 1846, des bas-reliefs encastrés dans les murs du château franc de Boudroun furent transportés à Londres, et en 1855, M. C.-T. Newton découvrit ce qui restait du monument mutilé ; des fragments de la frise et des statues d'Artémise et de Mausole, quelques parties du quadrige sculpté par Pythios, des lions, des membres d'architecture. Ces débris ont fourni à MM. Pullan et Fergusson les éléments de la restauration du Mausolée, qu'ils ont tentée chacun de leur côté.

Le musée Britannique possède les fragments des lions, qui formaient sans doute entre les colonnes des sujets décoratifs. Ils sont traités avec une grande habileté, mais dans le style un peu convenu qui distingue, dans les monuments grecs, le type de ces animaux. Quant à

---

[1]. Il avait représenté tous les membres d'une famille : Pandaitès, Pasiclès, etc. *Inscr. de l'Acropole.* Une copie de son Ganymède enlevé par l'aigle est au Vatican.

la frise, elle se décomposait en trois parties qui couraient sur les côtés de l'édifice, sur l'entablement du portique et sur les soubassements. De ces trois frises, la plus importante par les fragments qui en restent[1], est celle qui représente le combat des Grecs et des Amazones ; les autres, où figure la lutte des Grecs et des

FIG. 61.

FRAGMENT DE LA FRISE DU MAUSOLÉE D'HALICARNASSE.
(Musée Britannique.)

Centaures et des courses de chars, n'offrent qu'un petit nombre de fragments. Le style est fort inégal ; il accuse surtout une certaine affectation de mouvements violents, d'attitudes recherchées, qui font ressembler ces frises à celles de Phigalie, plutôt qu'aux marbres du Parthénon. En même temps, les proportions des figures sont allongées, et les draperies mouvementées leur donnent une grande vivacité d'allures. Scopas a certainement mis la main à ces marbres ; mais il faut sans doute chercher

1. La plus grande partie est au musée Britannique ; il y en a un fragment à Gênes, à la villa di Negro.

son style dans des morceaux plus importants, comme un fragment de groupe du soubassement et deux statues colossales, celles de Mausole et d'Artémise. Le roi carien est figuré comme dans une apothéose, et sa tête, à la chevelure épaisse, trahit une curieuse recherche de naturalisme barbare.

Les figures du Mausolée donnent une singulière précision à l'idée qu'on peut se faire du style de Scopas. Aussi convient-il de rattacher à son école une œuvre qui offre une certaine parenté avec les marbres d'Halicarnasse; c'est la Victoire trouvée dans l'île de Samothrace, que possède le Louvre. Elle surmontait un *ex-voto* en forme de proue de trière, consacré par Démétrius en souvenir de la victoire navale gagnée sur Ptolémée, dans les parages de l'île (306). Tenant une trompette d'une main et de l'autre la croix de bois qui servait à soutenir les trophées, elle s'avançait fièrement, les ailes ouvertes, comme prête à prendre son vol. Si l'œuvre n'est pas de Scopas, elle est d'un de ses élèves, et l'on y retrouve le souci de l'expression, le goût pour le mouvement, pour les draperies agitées par le vent, qui caractérisent la manière du sculpteur parien.

§ II. — PRAXITÈLE

D'après Vitruve, Praxitèle aurait travaillé avec Scopas aux sculptures du Mausolée; il débutait donc vers 357, et la date que donne Pline (olympiade civ, 364) indiquerait le moment où Praxitèle était à l'apogée de son talent. Sans discuter des témoignages contradictoires, on peut admettre que la principale période d'activité de Praxitèle s'étend de 360 à 340. Une inscription de Thespies, que Boeckh croit relative au grand statuaire, le fait naître à Athènes, et ses fils Képhisodote et Timarkhos étaient Athéniens. On sait d'ailleurs que Praxitèle vécut à Athènes, et ses relations avec la courtisane Phryné, qui lui servit de modèle, sont bien connues.

Parmi les sculpteurs de l'école attique au ive siècle, Praxitèle est celui qui représente le mieux l'esprit nouveau. La gravité sévère des vieilles écoles doriennes est abandonnée, et l'art se plaît aux sujets gracieux qui éveillent des sentiments plus intimes. Il serait injuste de prononcer le mot de décadence : c'est une évolution dans l'art grec, et à aucun moment le génie hellénique n'a plus brillamment développé ses exquises qualités de délicatesse. C'est le moment où les *coroplastes* de Tanagra modèlent leurs figurines d'une exécution si spirituelle; où les céramistes d'Athènes décorent d'élégantes peintures les chefs-d'œuvre de la céramique; où, dans la sculpture, Praxitèle et son école conçoivent tous ces types charmants de déesses, de jeunes satyres, qui conduisent la sculpture à rechercher surtout la grâce et la délicatesse des formes.

On ne cite pas moins de quarante-six groupes ou statues exécutés par Praxitèle; l'énumération de ces œuvres ne saurait trouver place ici; nous nous bornerons à celles dont les copies nous sont parvenues. D'un commun accord, l'antiquité reconnaissait que Praxitèle avait créé le type d'Aphrodite, dans sa célèbre statue de

Cnide. « Qui a donné une âme au marbre? qui a vu sur cette terre la déesse Cypris? qui a mis dans la pierre un si ardent désir de volupté? C'est le travail des mains de Praxitèle. L'Olympe est privé de la déesse de Paphos, puisqu'elle est descendue à Cnide[1]. » Le document le plus authentique où l'on reconnaisse l'œuvre de Praxitèle est une médaille de Cnide, frappée en l'honneur de Plautilla et de Caracalla : elle offre les traits essentiels de la description, faite par Lucien, du chef-d'œuvre de l'artiste. C'est d'ailleurs un sujet qu'il avait plusieurs fois traité, pour les villes de Cos, de Thespies, d'Alexandrie, et qu'après lui, les sculpteurs reprennent à l'envi : la Vénus du Capitole, la Vénus de Médicis, et tant d'autres répliques que possèdent nos musées, dérivent du type conçu avec tant de bonheur par Praxitèle. Au cycle d'Aphrodite se rattache celui d'Éros; c'est là que le sculpteur athénien devait trouver le sujet de l'Éros de Parion et de celui que Phryné avait consacré à Thespies; il avait figuré ce jeune dieu sous les traits d'un adolescent « dans sa fleur », tel que le montre le beau torse de Centocelle, au Vatican. L'Apollon Sauroctone, ou *tueur de lézards*, est aussi une con-

FIG. 62. — APHRODITE.
(Sur une médaille de Cnide.)

1. *Antholog. Planud.* IV, 159.

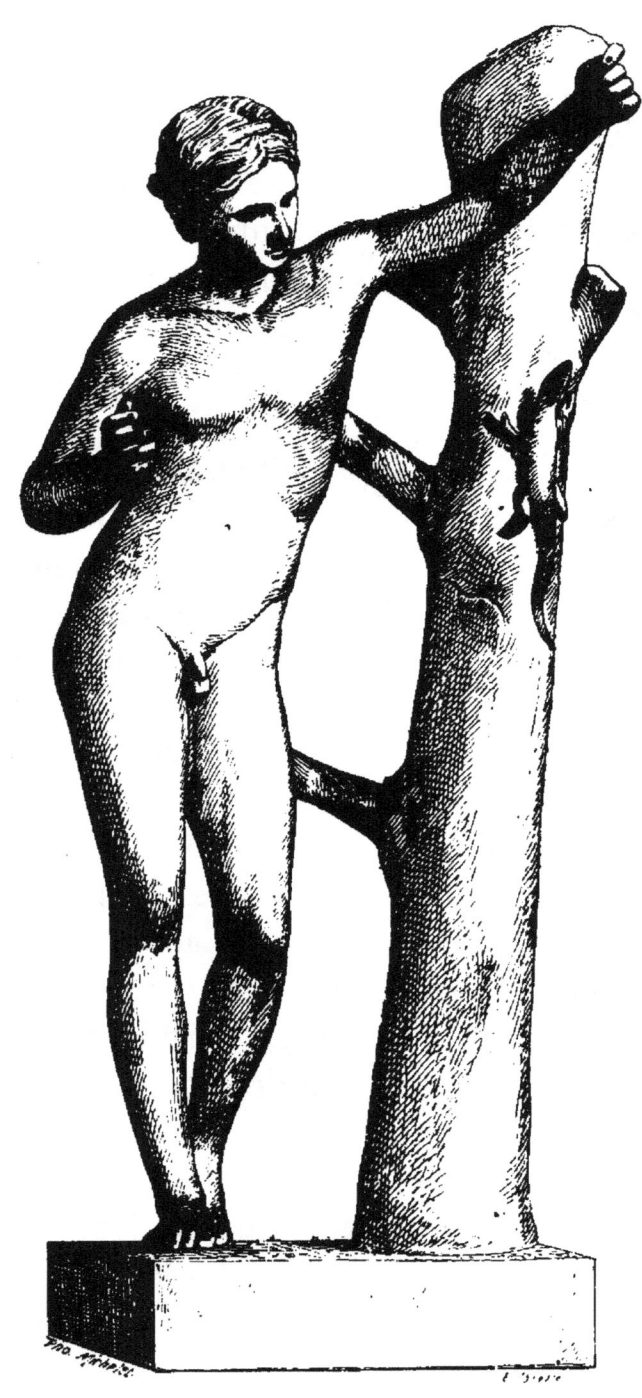

FIG. 63. — APOLLON SAUROCTONE.
(Musée du Louvre.)

ception nouvelle. Si Scopas, dans son Apollon Musagète, avait représenté le dieu inspiré, le beau jeune homme de Praxitèle, aux formes élancées et fines[1], a toute la grâce de l'éphèbe athénien. Praxitèle s'était inspiré aussi des légendes du cycle de Dionysos et avait traité avec prédilection ces figures de faunes rieurs et de satyres enivrés qui forment le cortège du dieu; peut-être doit-on reconnaître une copie de son Faune *périboétos* dans la charmante figure du Musée Capitolin, où un jeune satyre, vêtu de la nébride, s'accoude nonchalamment sur un tronc d'arbre[2].

Nous n'avons jusqu'ici mentionné que des répliques. Les fouilles d'Olympie ont mis au jour une œuvre originale de Praxitèle; c'est le groupe d'Hermès portant Dionysos enfant, qui était consacré dans l'Héraion d'Olympie, marbre d'un travail exquis, où apparaît toute la grâce du maître athénien. Le dieu est figuré sous les traits d'un jeune homme aux formes élégantes, et, dans son visage à demi-souriant, incliné vers le petit Dionysos, il semble qu'on trouve une finesse d'expression inconnue jusque-là dans la statuaire hellénique[3].

On peut juger par cette revue rapide de l'esprit qui inspire la sculpture attique. Les représentations d'athlètes sont abandonnées; c'est à peine si, dans tout l'œuvre de Praxitèle, on trouve quelques sujets empruntés à la vie réelle, comme le guerrier près de son cheval qu'on voyait au Céramique extérieur. En revanche, les cycles des divinités féminines ou des dieux

1. Copies au Louvre et au Vatican.
2. Répliques nombreuses dans les musées de Rome.
3. Voir G. Treu : *Hermes mit Dionysos Knaben.*

jeunes et gracieux sollicitent son inspiration ; qu'il représente Éros ou Aphrodite, ou Déméter et Coré, comme dans le groupe de la *Katagousa*, il recherche avant tout le charme de la forme plastique et l'expression des sentiments délicats ; on pouvait dire qu'il excellait surtout à rendre « les passions de l'âme[1]. »

Scopas et Praxitèle procèdent d'une même école ; aussi au temps de Pline on ne savait auquel des deux attribuer les statues des Niobides placées dans le temple d'Apollon Sosianus à Rome, où elles avaient été transportées d'Asie Mineure et dont les statues du musée de Florence ne sont que des copies. Stark a prouvé que ce groupe n'avait pu décorer un fronton, contrairement à l'opinion de Welcker[2], mais que les statues avaient dû être disposées entre les colonnes d'un portique, de sorte qu'elles se présentaient isolément. Quel qu'en soit l'auteur, ce groupe appartient bien au genre de sculpture dramatique alors en vigueur. Dans l'attitude désolée de la mère, qui voit ses enfants percés par les flèches d'Apollon, dans l'expression effrayée ou suppliante des jeunes gens et des jeunes filles, tout est calculé pour obtenir un effet d'émotion. C'est comme le tableau final d'une tragédie.

Les sculptures de cette époque connues par les textes

---

1. Diodor. Sicul., *Relig.*, lib. XXXVI.
2. Stark : *Niobe und die Niobiden*. Welcker : *Alte Denkmaeler*, I, p. 223. Outre les statues des *Uffizi*, à Florence, des répliques de figures isolées se trouvent en Angleterre, en Russie (à Tsarskoé-Selo), aux musées Capitolin et Chiaramonti, à Aquileja, à Cologne. Welcker pense que le groupe a été copié vingt fois. D'après Overbeck, il se composerait de treize figures avec le pédagogue qui tient un des enfants.

et les inscriptions sont très nombreuses ; plus on avance dans l'histoire de la sculpture, plus se multiplient les signatures d'artistes relevées sur les marbres, et qui ont été réunies en un recueil par M. Hirschfeld [1]. Ceux qui paraissent se rattacher plus directement à l'école de Praxitèle sont Képhisodote le jeune, et Timarkhos, les fils du grand sculpteur, qui travaillèrent souvent en commun, et firent des portraits de l'orateur Lycurgue et de Ménandre.

Les monuments conservés et rigoureusement datés pour cette période ne sont pas très nombreux. C'est surtout dans les bas-reliefs accompagnés d'inscriptions qu'il faut chercher des points de repère ; sans être des monuments du grand art, ces bas-reliefs offrent les qualités qui dominent à cette époque, et ont l'avantage d'être des œuvres originales. Le plus important des monuments datés, parmi les œuvres secondaires de la sculpture athénienne au IVᵉ siècle, est la frise du monument choragique de Lysicrate, élevé dans les premières années de l'olympiade CXI (335-334). Elle représente la défaite des pirates tyrrhéniens par Dionysos, et leur métamorphose en dauphins. Le style, quoique très élégant, est déjà mouvementé et s'écarte de la simplicité calme qui distingue les bas-reliefs plus anciens d'un demi-siècle. Tels sont, par exemple, des bas-reliefs de l'année 410 et de l'année 375[2], qui figuraient au-dessus de traités d'alliance, et qui reflètent toutes les qualités de l'art athénien au début du IVᵉ siècle.

---

1. *Tituli statuariorum sculptorumque*, etc.
2. Musée du Louvre et musée d'Athènes. Voir, pour ce dernier, *Bull. de Corr. hell.*, t. II, pl. XII. Il en sera question plus loin, p. 231.

Hors de l'Attique, on trouve un groupe important de sculptures qui offrent de grandes ressemblances avec les marbres du Mausolée, et qu'on peut rapporter à la même école; ce sont les marbres du tombeau d'Harpagos, général de Cyros, découverts à Xanthos en Asie Mineure par M. Fellows. Les principales figures, placées dans la salle lycienne du musée Britannique, sont au nombre de quatre et représentent des femmes drapées, de grandeur naturelle; des emblèmes marins sculptés sur les bases les font reconnaître pour des Néréides. La décoration du monument comportait en outre des figures plus petites, et une frise où des hoplites ioniens et des Lyciens en costume national sont groupés dans des poses de combat. Les analogies de facture avec les marbres du Mausolée permettent de croire que ces sculptures relèvent d'une école de la Grèce propre.

A quelle période et à quelle époque faut-il rattacher la célèbre Vénus de Milo? Si l'on s'accorde à reconnaître dans le marbre du Louvre un des chefs-d'œuvre de la sculpture grecque, peu de monuments ont soulevé de plus vives controverses. Plusieurs érudits y ont vu une copie d'Alcamènes; d'autres, avec plus de vraisemblance, l'attribuent à l'école de Scopas[1]. La date du

---

1. L'opinion qui fait de la Vénus de Milo une œuvre de l'époque romaine n'est guère soutenable. Elle ne s'appuie que sur un fait : on a trouvé, en même temps que la statue, une inscription du Ier siècle av. J.-C., portant la signature d'un sculpteur d'Antioche du Méandre : [Ἀγή]σανδρος Μηνίδου [Ἀντ]ιοχεὺς ἀπὸ Μαιάνδρου ἐποίησεν. Or, il n'est pas prouvé que cette inscription ait appartenu à la statue.

V. Fröhner, *Notice de la sculpture antique du Louvre*, p. 168 et suiv.

ıv^e siècle convient bien, en effet, à ce style sévère et charmant, empreint d'une grâce originale et toute personnelle; on ne saurait ranger la Vénus de Milo parmi les répliques, plus ou moins convenues, qui se multiplient à l'imitation de Praxitèle. La restitution de cette statue mutilée a été bien souvent tentée ; peut-être tenait-elle une pomme d'une main, tandis que de l'autre elle relevait la draperie qui couvre le bas du corps. M. Ravaisson pense qu'elle faisait partie d'un groupe représentant Mars et Vénus, et une longue série de monuments analogues donne une grande force à son opinion [1].

§ III. — ÉCOLE ARGIVO-SICYONIENNE

Malgré la direction nouvelle que prend la sculpture grecque, l'école argivo-sicyonienne, avec Euphranor et Lisyppe, reste fidèle à son esprit et continue à traduire la nature dans ses formes les plus robustes. Lysippe vivait à Sicyone, et le moment le plus brillant de sa période d'activité se place entre 330 et 320. Pline évalue à quinze cents le nombre de ses statues ; il est certain que sa fécondité était extrême, et cette force de production s'explique, si l'on songe que la plupart de ces statues étaient en bronze : on sait que la fonte est plus rapide que le travail du marbre. En outre, Lysistratos, frère de

---

[1]. Par exemple, le groupe de Mars et Vénus conservé à la villa Borghèse.

Lysippe, en inventant le moulage en plâtre, dota l'art d'un procédé commode pour modeler d'après une empreinte le visage humain. C'était un pas de plus dans la voie de l'exactitude matérielle, que l'école de Sicyone avait toujours recherchée.

L'œuvre de Lysippe comprend des statues de dieux, de héros, et surtout des statues-portraits d'athlètes et de personnages célèbres ; on ne cite de lui qu'une figure allégorique, celle de l'Occasion, ou *Kairos,* qui a inspiré à Posidippe une jolie épigramme, traduite par Ausone. Par la nature de son génie, autant que par tradition d'école, Lysippe est observateur et positif ; il vise à l'expression du type individuel, surtout dans les sujets où il exprime la beauté corporelle et la force. Son Zeus de Tarente était une œuvre colossale que le Romain Fabius Verrucosus ne put transporter à Rome, à cause de sa masse. Le cycle d'Héraklès lui fournit de nombreux sujets : il avait représenté les travaux du héros pour la ville d'Alyzia, en Acarnanie, et son œuvre compte quatre statues d'Héraklès, qui nous sont connues par des descriptions et par des copies.

L'*Hercule Farnèse* du musée de Naples, signé de Glycon l'Athénien, paraît être la copie d'un original de Lysippe. Une inscription désigne aussi comme un « ouvrage de Lysippe », c'est-à-dire comme une réplique, une statue d'Héraklès trouvée au Palatin et transportée à Florence ; le héros est appuyé sur sa massue dans une attitude pensive. A Tarente, une statue de Lysippe le montrait au repos, assis sur sa peau de lion, ainsi qu'on le voit sur une gemme antique ; cette statue fut plus tard transportée à Constantinople, où elle décora l'Hippodrome. Une épigramme de l'Anthologie décrit la statue où le héros est désarmé par Éros, sujet dont s'emparèrent les graveurs en pierres fines et que reproduisent des gemmes de Florence.

Les portraits, et en particulier ceux d'Alexandre, forment une partie importante de l'œuvre de Lysippe, qui représenta le roi de Macédoine « dans nombre de statues et depuis l'enfance »[1]. Les auteurs anciens en citent trois principaux, où le roi était figuré : 1° avec sa lance à la main ; 2° au Granique, avec ses amis, et ses gardes à pied et à cheval ; 3° chassant le lion. Parmi les portraits qui nous restent d'Alexandre, il n'en est pas un où l'on puisse reconnaître avec certitude une copie de Lysippe ; peut-être la statue du Louvre venant de Gabies, où Alexandre est debout et le casque en tête, est-elle une réplique d'un des portraits que nous avons cités.

Le musée du Vatican possède la copie de l'Athlète au strigile (*apoxyomenos*), qui fut transporté à Rome, et placé par M. Agrippa devant ses thermes. C'est là qu'on peut le mieux apprécier le style de Lysippe et les changements qu'il introduisit dans le *canon* de Polyclète. L'artiste de Sicyone modifia les proportions qui avaient prévalu depuis le *Doryphoros* du maître argien ; il rendit les corps plus élancés, les têtes plus petites, et apporta un soin extrême dans la façon de traiter les cheveux. La tradition d'école était toujours puissante à Sicyone ; de même que Lysippe déclarait être l'élève de Polyclète, ses disciples suivent la même voie que

---

[1]. Pline, N. H. XXXIV, 63.

lui. Daïppos, Boëdas, Euthycratès, ses fils; Phanis, Eutykhidès, ses élèves, appliquent le nouveau canon introduit par leur maître, et sous l'influence du sculpteur de Sicyone, le goût pour les compositions colossales dominera dans l'art de la période suivante.

En même temps, les caractères du pur génie hellénique vont s'altérer. Si subtile qu'elle soit, la science d'école ne remplacera pas cette fleur de jeunesse qui brille dans les œuvres du ve et du ive siècle; la décadence est prochaine, et par la recherche du grandiose, l'art grec va s'écarter de plus en plus de la simplicité et de l'inspiration sincère qui avaient fait sa grandeur.

CHAPITRE VI

SIXIÈME PÉRIODE

L'HELLÉNISME
DE L'OLYMPIADE CXX (292) A LA CONQUÊTE ROMAINE
OLYMPIADE CLVIII (146 AVANT J.-C.)

Un des principaux caractères de cette période, c'est la diffusion des écoles. L'art se déplace, et l'Asie Mineure devient le centre de l'activité artistique. Les sculpteurs se mettent au service des dynasties macédoniennes qui se sont partagé l'empire d'Alexandre, et embellissent les capitales des souverains asiatiques. Les textes anciens nous ont conservé la description des fêtes célébrées dans ces cours royales ; la fête d'Adonis, donnée sous Ptolémée II à Alexandrie, en l'honneur d'Arsinoé ; celle d'Antiochus IV Epiphanes[1]. Les artistes étaient mis à contribution pour ces fastueuses solennités ; il fallait travailler vite, et au goût du prince ; aussi l'art grec, sans cesser d'être fécond, est-il soumis

---

1. Théocrite, *Id.*, XV ; Athénée, V, p. 196 A ; et V, p. 194 C.

à des conditions nouvelles, parmi lesquelles il faut compter le goût particulier des puissants personnages qui les protègent [1].

Trois écoles deviennent les foyers les plus importants de l'art, dans cette Grèce d'Asie qui n'avait pas attendu la conquête d'Alexandre pour s'imprégner profondément de la civilisation grecque : ce sont les écoles de Pergame en Mysie, de Rhodes, et de Tralles.

§ I. — ÉCOLE DE PERGAME

L'école de Pergame n'a pas de vieilles traditions ; elle n'est, à vrai dire, que la réunion des artistes qui travaillent pour les rois pergaméniens de la famille des Attalides : Isigonos, Phyromakhos, Stratonicos, Antigonos, et Nikératos, auteur d'un monument votif consacré à Délos en l'honneur du prince Philétairos. Les artistes de Pergame traitent surtout avec prédilection des sujets empruntés aux victoires des princes de Pergame, Attale II, Eumènes, Philétairos, sur les Galates, peuplade gauloise établie en Asie Mineure, qui inquiétait la Mysie par de fréquentes incursions. Tel était le motif principal d'un monument offert par Attale aux Athéniens, et qui était situé au S.-E. de l'Acropole, au-dessus du théâtre de Dionysos. Les sculptures qui le décoraient représentaient la Gigantomachie, le combat

---

1. Décret d'Aptéra offrant à Attale, roi de Pergame, une « statue à pied ou à cheval, à son choix. » *Bull. de Corr. hell.*, 1879, p. 425.

des Athéniens contre les Amazones, la bataille de Marathon, et la défaite des Galates en Mysie. D'après Brunn, ces quatre groupes, composés d'environ cinquante figures, étagés régulièrement sur une base formée de plusieurs plans, n'étaient que les copies de sculptures existant à Pergame. Ils furent apportés à Rome, et les fragments en sont dispersés dans nos musées, à Venise, à Naples, au Vatican, et à Paris[1]. Les uns représentent des Gaulois tombés, percés de coups; d'autres, des Amazones, des Asiatiques en costume national se défendant et combattant. Les caractères de la facture témoignent que ces groupes étaient une reproduction, à une échelle moins grande, d'œuvres originales; ils étaient dus néanmoins à des artistes pergaméniens.

Deux marbres, de proportions plus grandes, appartiennent certainement au même ordre de sujets, et Brunn n'hésite pas à les considérer comme des originaux. L'un, conservé au Capitole, a été longtemps désigné sous le nom de *Gladiateur mourant;* mais le collier qui entoure le cou du personnage blessé et affaissé sur lui-même, ses longs cheveux, sa moustache, le type même du visage indiquent clairement que c'est un Gaulois. Le groupe de la villa Ludovisi, faussement appelé *Arria et Pœtus,* montre également un Gaulois se perçant la gorge, après avoir donné la mort à sa femme.

Jusqu'à ces dernières années, ces marbres représentaient seuls l'école de Pergame. Les fouilles faites depuis 1878 par M. Humann à Bergama, sur l'emplacement de l'ancienne acropole de Pergame, nous ont rendu une

[1]. M. Benndorf a reconnu qu'une statue du musée d'Aix doit être rattachée au groupe des Attalides.

riche série d'œuvres originales, qui renouvellent cette partie de l'histoire de l'art grec : ce sont les sculptures qui décoraient l'autel gigantesque consacré à Zeus et à Athéna par le roi Eumènes II (197-159 av. J.-C.)[1].

L'autel était porté sur un immense soubassement quadrangulaire; un escalier, conduisant à la plate-forme, entamait profondément une des faces du soubassement, sur le haut duquel courait une colonnade ionique doublée d'un mur. L'autel était ainsi entouré de trois côtés par une enceinte à ciel ouvert, formant comme une vaste salle. Outre les statues posées sur la colonnade, deux frises composaient la décoration sculpturale; l'une se développait le long du mur de la colonnade, près de l'autel; l'autre, toute extérieure, décorait le soubassement.

La première, qui est la plus petite, représentait le mythe de Téléphos, héros national pour les Pergaméniens. En l'état actuel des marbres, il est difficile de reconstituer l'ensemble de la composition[2], et même d'éclaircir le sens de toutes les scènes figurées. On reconnaît cependant avec assez de certitude quelques épisodes de l'histoire de Téléphos : ainsi la scène où des ouvriers préparent l'esquif destiné à Augé, la mère du héros; celle où Téléphos enfant est allaité par une bête fauve en présence de son père, Héraklès; enfin Téléphos avec le petit Oreste, devant l'autel domestique d'Agamemnon.

1. Voir : *Die Ergebnisse der Ausgrabungen zu Pergamon*, par A. Conze, C. Humann, R. Bohn, etc. Berlin, 1880.
2. M. Conze dirige la restauration des marbres de Pergame, qui sont conservés au musée de Berlin.

Le sujet de la grande frise, qui mesure 2ᵐ,30 de hauteur, est la Gigantomachie ; cette vaste composition se déroulait autour du soubassement de l'autel, et suivait même les faces de la large tranchée ouverte pour la construction de l'escalier : les plaques de marbre

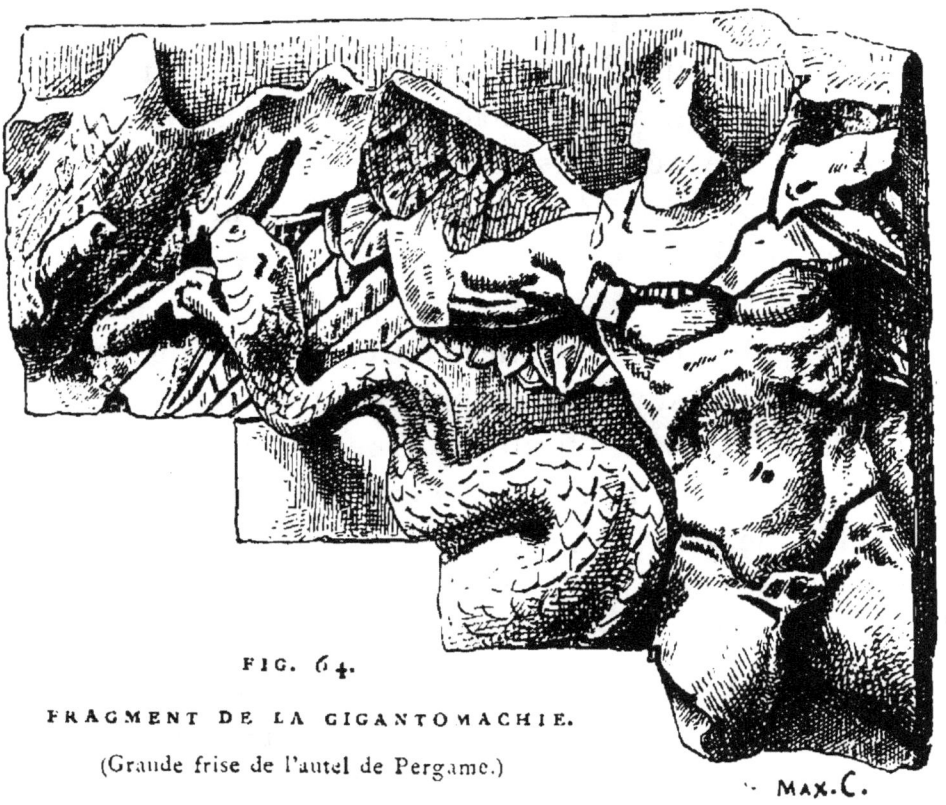

FIG. 64.
FRAGMENT DE LA GIGANTOMACHIE.
(Grande frise de l'autel de Pergame.)

diminuaient de hauteur à mesure que s'élevaient les degrés ; ainsi la figure 64 montre clairement sur une de ces plaques les morsures des marches. La scène est d'un effet grandiose : les dieux de l'Olympe luttent contre les Géants, dont les uns sont anguipèdes, tandis que les plus jeunes ont la forme humaine ; combat acharné où les draperies volent, où les corps s'enlacent et où les serpents qui terminent les cuisses des Géants se tordent et s'enroulent, mordant avec une fureur impuissante les boucliers des dieux.

Deux morceaux surtout sont d'un art admirable : ils montrent Zeus et Athéna aux prises avec les Géants. Zeus, le torse nu, s'avançant fièrement, vient de frapper du foudre un de ses adversaires ; son aigle combat à côté de lui, et un Géant, raidissant son bras recouvert d'une peau d'animal, menace le maître des dieux. D'un autre côté, Athéna a saisi par les cheveux un Géant ailé et l'entraîne dans son mouvement de marche rapide, tandis qu'une Victoire vole dans le champ du bas-relief.

Ces sculptures sont-elles l'œuvre d'Isigonos, comme on pourrait le supposer d'après un fragment d'inscription trouvé dans les fouilles ? Quel qu'en soit l'auteur, elles révèlent un style tout nouveau dans l'histoire de la plastique grecque : art violent, fougueux, servi par une merveilleuse habileté d'exécution. Rien n'est plus éloigné de l'art recueilli du ve siècle ou de la grâce sensuelle du ive ; il y a là un sentiment presque moderne, un effort pour trouver du nouveau sans suivre aucune école. L'art de Pergame est savant, mais personnel ; et la richesse d'inspiration du génie grec se retrouve toute entière dans cette composition si variée et si puissante.

§ II. — Écoles de Rhodes et de Tralles

Les sculpteurs de l'école rhodienne connus par les textes et les inscriptions sont fort nombreux. Les marbres épigraphiques montrent à quel point les Rhodiens tenaient les artistes en faveur, les accueillant avec honneur et leur conférant le premier droit de cité [1]. L'un d'eux, Charès de Lindos, avait exécuté le fameux colosse du Soleil, œuvre gigantesque qui trahit le goût pour le grandiose propre aux écoles asiastiques. Le chef-d'œuvre de l'école rhodienne était le groupe de Laocoon et de ses fils [2], sculpté par Athénodoros et Agésandros. Cette œuvre, très admirée sous l'influence de Winckelmann et de son école, continue les traditions de Lysippe; le modelé des torses est très fini, et la science du nu est parfaite ; l'expression de la douleur physique et morale est poussée à l'extrême. Laocoon se tord dans les angoisses les plus vives, et ses fils épouvantés regardent leur père. Il était difficile à la sculpture d'aller plus loin dans la traduction de la souffrance; aussi le groupe du Laocoon a-t-il été le point de départ de la célèbre étude de Lessing, où le critique allemand essaye de délimiter le domaine des différents arts.

A l'école de Rhodes se rattache celle de Tralles,

---

1. Foucart, *Inscriptions de l'Ile de Rhodes.*
2. Restauration moderne de Giovanni Montorioli.

connue surtout par deux artistes, Apollonios et Tauriscos, auteurs du groupe désigné sous le nom de *Taureau Farnèse*[1]; ce groupe représente le supplice infligé à Dircé par les fils d'Antiope, Amphion et Zéthos, pour la punir des mauvais traitements infligés à leur mère. Les seuls morceaux antiques de cet énorme groupe sont les torses des deux frères et le bas du corps de Dircé, où l'on reconnaît une grande science d'école; le reste n'est qu'une restauration de Giovan-Battista della Porta, exécutée vers 1546. L'effet général du groupe antique, tel qu'on peut le deviner d'après un camée de Naples, des monnaies de Nacrasa et de Thyatire et des ivoires de Pompéi, était plus simple, et il doit rentrer dans la série des œuvres fort estimables encore où l'habileté de l'exécution rachète la pauvreté du sentiment.

FIG. 65.
LE SUPPLICE DE DIRCÉ.
(Sur une monnaie impériale de Thyatire.)

La période de luttes qui précède la prise de Corinthe et la réduction de la Grèce en province romaine est pleine d'obscurités. Pline constate que, depuis l'olympiade CXXI, l'art est en décadence. Toutefois, vers l'olympiade CLVI, il se produit une sorte de renaissance au

---

1. Transporté de Rhodes à Rome par Pollion et retrouvé au XVIe siècle par Paul III Farnèse.

sein de l'école attique; mais c'est surtout à Rome qu'il faut suivre ces artistes de l'école athénienne renouvelée, auxquels on doit un grand nombre des statues qui ornent nos musées. Apollonios, fils de Nestor, l'auteur du beau torse du Vatican; Cléomènes d'Athènes, qui a signé la Vénus de Médicis; Glycon, Salpion, Sosibios représentent encore avec talent la tradition artistique d'une race qui n'a pas cessé d'être admirablement douée; mais ces noms appartiennent à l'histoire de l'art sous la domination romaine. Le peuple grec n'existe plus pour cette vie publique et politique qui exerce une influence si puissante sur le développement de son génie, et il n'y a plus lieu de demander aux monuments de son art ce qui nous intéresse avant tout : l'histoire de ses idées et de ses sentiments.

CHAPITRE VII

LES STÈLES ET LES EX-VOTO

Dans cette revue rapide des monuments de la sculpture grecque, on a surtout considéré le style des écoles et leur suite chronologique. Mais ce n'est pas le seul aspect sous lequel on puisse envisager les marbres grecs. L'art, chez les Hellènes, trouvait sa place partout : dans la vie religieuse et intime, dans les actes politiques aussi bien que dans le culte public. Les marbres sont encore aujourd'hui les monuments les plus précieux pour connaître les idées religieuses dont se nourrissaient les croyances populaires, le culte rendu aux morts, en un mot, toute cette vie morale dont vivait l'âme de la foule. Étudiés au point de vue de leur destination particulière et classés d'après les analogies de sujets, ces marbres forment des séries nombreuses, dont les plus importantes sont les suivantes :

1° Stèles funéraires ;
2° Ex-voto aux divinités ;

3° En-têtes de décrets, et marbres relatifs à la vie politique.

§ I. — STÈLES FUNÉRAIRES

Stackelberg, *Græber der Hellenen*. — Pervanoglou, *Die Grabsteine der alten Griechen*. — A. Conze : *Ueber griech. Grabreliefs;* 1872, et *Bericht ueb. d. vorbereit. Schritte zur Gesammtausgabe der Griech. Grabreliefs;* 1874-75.

Les Grecs n'ont eu de chambres sépulcrales que par exception. Les voies des tombeaux remplaçaient les nécropoles souterraines; c'est ainsi qu'à Athènes, les routes du Céramique extérieur étaient bordées de monuments funéraires que des fouilles récentes ont fait connaître.

Les sépultures étaient de natures très différentes. C'était tantôt une cavité creusée dans le rocher et fermée par une dalle, d'autres fois un sarcophage de pierre, ou une simple fosse entourée de tuiles. Le lieu de la sépulture était indiqué par un monument, dont la forme variait suivant la condition de fortune de la famille. Les plus modestes consistent en un simple cippe rond. Un second type, déjà plus orné, est celui de la stèle oblongue, décorée de rosaces et surmontée d'un riche anthémion, où s'épanouissent des feuilles d'acanthe et des palmettes; une inscription gravée sur le marbre mentionne le nom du mort, celui de son père, sa tribu (fig. 66). Quelquefois la stèle affecte la forme d'un vase décoré de reliefs. Les plus soignées et les plus

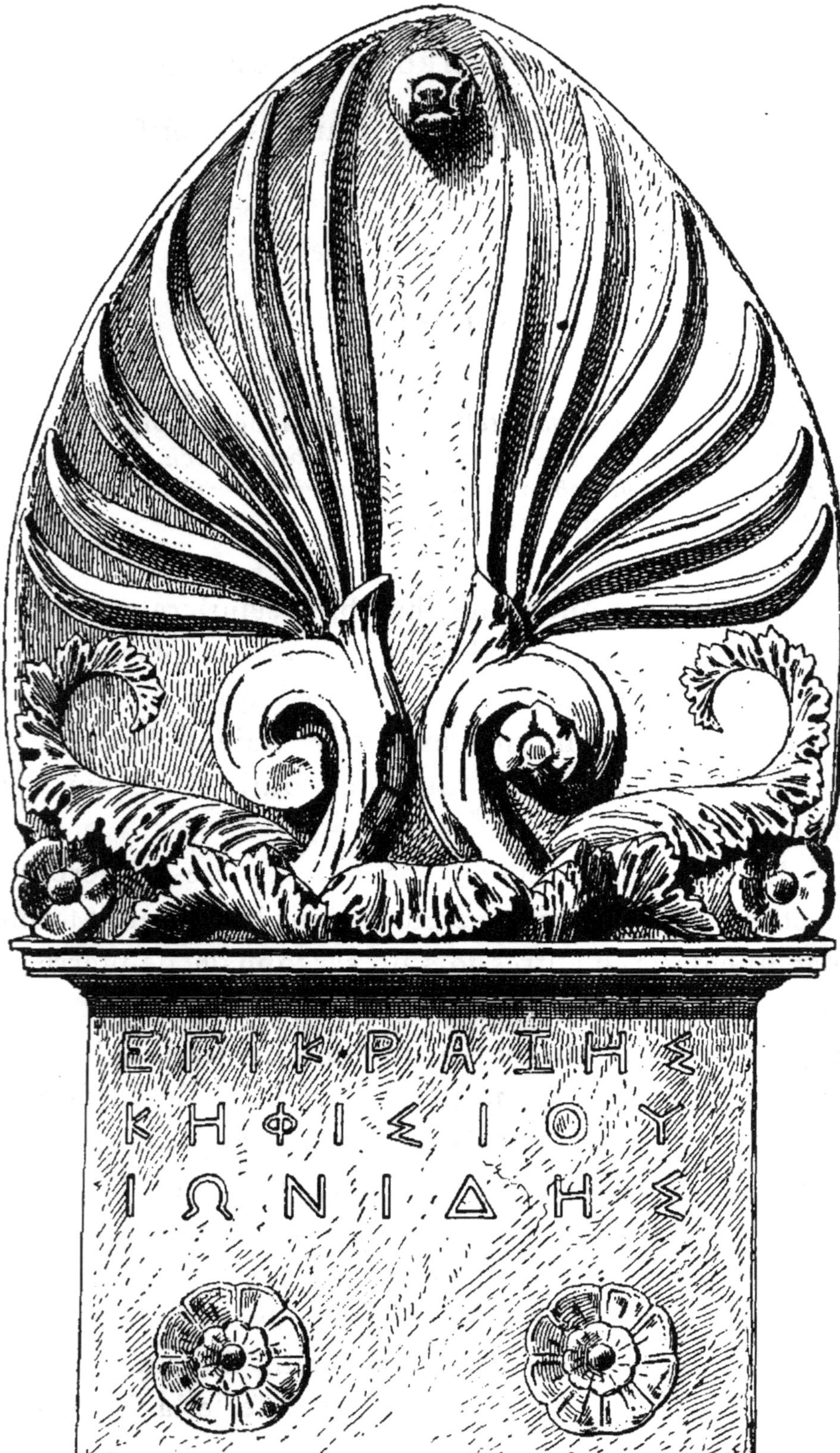
ΕΠΙΚΡΑΤΗΣ
ΚΗΦΙΣΙΟΥ
ΙΩΝΙΔΗΣ

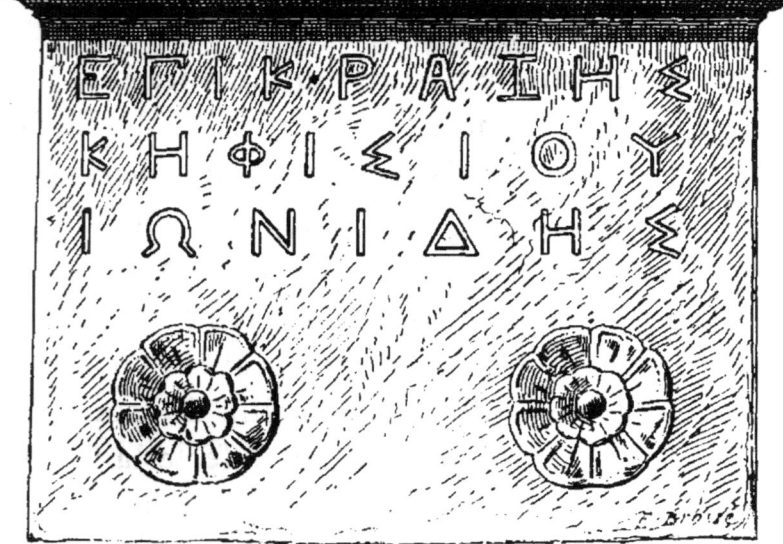

FIG. 67. — STÈLE D'ORCHOMÈNE.

riches des stèles attiques figurent un petit édicule, et le bas-relief est encadré par les montants des pilastres et les moulures inférieures du fronton.

On ne signalera pas tous les types que pouvaient affecter dans les pays grecs les monuments funéraires : ils variaient à l'infini, suivant les usages locaux. Les tombeaux de l'Asie Mineure, taillés dans le roc, véritables façades de temples, n'ont rien de commun avec les élégantes stèles de l'Attique, ou avec celles de la Béotie et de la Thrace. On se bornera aux stèles attiques, pour indiquer les principaux motifs plastiques qui les décoraient.

Le mort et sa famille. D'après les plus anciens usages, la stèle sculptée et peinte offre l'image du mort ; c'est ainsi que la stèle de Vélanidéza, signée Aristion, montre un guerrier grec en costume de combat; sur une autre, trouvée à Orchomène et signée par Alxénor, le mort, vêtu d'une chlamyde, joue avec son chien. Les accessoires rappellent souvent les occupations qui étaient chères au défunt; sur la stèle archaïque de Lyséas, qui est peinte et non sculptée, la peinture du socle représente un cavalier montant un cheval de course. Pendant longtemps, ces figures, exécutées à l'avance, n'offrent aucun caractère individuel et ne sont pas des portraits; c'est l'inscription qui donne au monument une attribution particulière, et la préoccupation de reproduire sur un monument les traits du mort ne se montre pas avant l'époque gréco-romaine. La représentation simple du mort se complique souvent de figures accessoires; ici des animaux domestiques, ailleurs un oiseau; pour rappeler les jeux de la palestre, auxquels se livrait le défunt, un enfant debout près de lui tient le flacon d'huile et le strigile. Plus complète encore est la représentation du personnage entouré des membres de sa famille, comme sur la charmante stèle de Protonoé, où la jeune morte est figurée au milieu des siens.

Scènes de la vie ordinaire. Pour atténuer les tristesses de l'idée de la mort, les Grecs aimaient à représenter le mort au milieu des objets qui avaient occupé ou charmé sa vie. Ainsi, plusieurs stèles montrent une Athénienne à sa toilette, entourée de ses femmes qui tiennent devant elle le coffret à bijoux; c'est le sujet de la stèle d'Hégéso, un des plus admirables marbres du Céramique (fig. 68). Le même sujet est traité sur les vases à fond blanc d'Athènes, avec des particularités qui font

FIG. 68. — STÈLE D'HÉGÉSO.
(Athènes, au Céramique.)

comprendre l'esprit de ces représentations. Là, en effet, la morte est figurée assise devant la stèle ; il semble qu'on en ait comme détaché son image, pour la ramener au milieu des vivants et la montrer encore livrée à ses occupations familières. C'est du même esprit que procède l'image du personnage à cheval, courant ou chassant. Quelquefois, ce motif fait allusion à un fait très précis, comme dans le monument de Déxiléos ; la représentation du cavalier combattant rappelle sa mort glorieuse sous les murs de Corinthe[1].

L'Adieu. Dans cette scène, le mort reçoit les adieux de ses parents, qui lui tendent la main avec une expression de tristesse ; la formule χαῖρε « adieu » est souvent jointe à l'inscription, et traduit les regrets des survivants. Le sens de cette scène a été fort discuté, et M. Ravaisson a cru y voir, au contraire, le défunt réuni à sa famille dans l'autre vie[2].

Personnage sur un rocher près d'une barque. L'exemple le plus connu est la stèle de Glykon, au musée d'Athènes ; il est probable que cette représentation rappelle un naufrage ou un accident de mer.

Déposition au tombeau. La scène est rare, mais les exemplaires qu'on en possède ont une grande valeur ; ils démontrent que les Grecs n'évitaient pas la représentation de la mort, et que les sujets énumérés plus haut ne se rapportent pas forcément à des scènes de la vie future.

---

1. Inscription : « Déxiléos, fils de Lysanias, du dème de Thorikos... l'un des cinq cavaliers tués à Corinthe. »
2. *Le Monument de Myrrhine.* Extrait de la *Gazette arch.*, 1879.

Le banquet funèbre, très fréquent en Attique. Ce sujet est d'un singulier intérêt pour l'étude des usages

FIG. 69. — BANQUET FUNÈBRE.
(Vulgairement : la mort de Socrate.)

funéraires. Il comporte plusieurs variantes, mais les scènes les plus complètes montrent le mort à demi couché sur un lit triclinaire, ayant devant lui une table à trois pieds, et recevant les mets qui lui sont offerts par ses parents pour entretenir la vie à demi matérielle qu'il conserve dans le tombeau. Cette scène figurée trouve son commentaire dans l'usage des νεκύσια, véritables banquets funèbres que la famille du mort célébrait sur sa tombe, et qui, d'après la croyance populaire, devaient lui profiter à lui-même.

Les scènes qu'on vient d'indiquer s'expliquent par des formes de pensée très particulières, et dont le commentaire est fourni par les monuments, plus que par les textes écrits. Il en est d'autres qui procèdent de croyances mythologiques plus connues, et dont l'interprétation offre moins de difficultés. Ainsi sur un marbre du Céramique on voit figurer Charon et sa barque; ailleurs, sur un beau vase décoré de reliefs, Hermès, conducteur des âmes, emmène une jeune fille, Myrrhine[1]. Une autre série montre le mort héroïsé, debout près de son cheval, et dans le champ de la stèle, un serpent, symbole de la divinisation, s'enroule auprès d'un arbre. Ailleurs encore, la stèle porte l'image d'êtres mythologiques, tels que les Sirènes, muses de la mort, et les Harpyes qui enlèvent les âmes. Enfin, à l'époque gréco-romaine, quand dominent les croyances venues de l'Orient, c'est au cycle de Dionysos qu'on emprunte les représentations funèbres; les emblèmes bachiques semblent promettre au mort renouvelé dans son être la

---

1. M. Ravaisson, dans le mémoire cité plus haut, voit dans cette scène une réunion; la scène se passerait dans l'Élysée. M. O. Benndorf (*Mittheil. des Arch. Inst.*, 3ᵉ année) y reconnaît des vivants remplis d'une crainte religieuse devant la jeune Myrrhine enlevée par Hermès Psychopompe.

vie bienheureuse, « au milieu du troupeau de Bacchus, des Satyres et des Naïades [1] ».

En faisant la part des allusions mythologiques et des changements que les types figurés ont subis avec le temps, l'idée dominante des stèles grecques semble être surtout de représenter le mort avec ce qu'il aimait durant sa vie. Outre l'intérêt qu'offrent ces monuments pour l'étude des croyances, ils se recommandent souvent par l'exquise élégance de l'exécution. Les marbres du IVe siècle montrent à quel point l'influence des grandes écoles d'art se faisait sentir, même dans des œuvres secondaires; et sur les plus belles stèles athéniennes, la distinction de la forme plastique, l'expression discrète et sobre du sentiment sont bien propres à faire sentir ce qu'était l'atticisme, dans ses qualités les plus fines.

§ II. — EX-VOTO AUX DIVINITÉS [2]

Les sujets sculptés sur les ex-voto comportent une infinie variété. La religion hellénique faisait une large place aux rites, aux démonstrations matérielles, et il y avait, dans la vie religieuse du Grec, mainte occasion où sa dévotion à une divinité se traduisait par un ex-voto, plaque de marbre ornée de reliefs, qui était consacrée dans l'enceinte du temple. On ne saurait ici énumérer dans le détail toutes les représentations figurées sur ces

---

1. Inscription de Doxato. Heuzey : *Mission de Macédoine*.
2. Stephani : *Der ausruhender Herakles*. Welcker *Alte Denkmaeler*, t. Ier. Schoene : *Griechische Reliefs*.

marbres; on se bornera aux plus importantes, à celles qui ont le plus attiré l'attention des archéologues.

Les ex-voto à Asclépios et à Hygie, les dieux de la santé, forment une série nombreuse, qui s'est augmentée grâce à des fouilles récentes, exécutées au S.-E. de l'Acropole, sur l'emplacement du sanctuaire d'Asclépios. Ces bas-reliefs, qui étaient disposés dans le téménos du temple, autour de l'enceinte sacrée, représentent des scènes diverses; elles se ramènent aux catégories suivantes : 1° l'adoration simple; 2° les offrandes et les sacrifices; 3° le banquet. Dans la scène la plus simple, la famille vient supplier Asclépios et Hygie, qui sont figurés avec des proportions plus grandes. Ailleurs, la famille vient immoler sur un autel une victime, truie ou bélier, en présence des deux divinités. La scène du banquet est plus compliquée : Asclépios et Hygie sont assis sur un lit, devant une table chargée d'offrandes, et les suppliants se dirigent vers eux [1]. On a parfois confondu cette scène avec celle du banquet funèbre; mais le fait que des marbres semblables ont été trouvés sur l'emplacement du temple d'Asclépios ne permet plus d'admettre cette opinion.

Une autre série de marbres comprend les ex-voto à Sérapis et à Isis. On n'a pas toujours distingué avec soin cette classe de la précédente; mais le *polos* ou coiffure que porte Sérapis montre qu'il s'agit d'une divinité autre qu'Asclépios. Ces marbres appartiennent à une époque assez basse, quand les croyances égyptiennes se sont

---

1. La présence du cheval dont la tête apparaît à une lucarne n'a pas encore été suffisamment expliquée.

FIG. 70. — EX-VOTO A ASCLÉPIOS ET A HYGIE.

mêlées aux idées purement grecques, et que le dieu égyptien Osiris a été assimilé, sous le nom de Sérapis, au Pluton de la religion hellénique.

Les ex-voto à Héraklès, à Pan et aux Nymphes, aux Déesses-Mères, etc. sont moins nombreux, et l'analyse de leurs caractères particuliers dépasserait le cadre de cette esquisse.

§ III. — MARBRES RELATIFS A LA VIE POLITIQUE[1]

Les actes politiques des Grecs étaient gravés sur des stèles, et souvent, au-dessus de l'inscription, un bas-relief représentait sous une forme allégorique l'acte mentionné dans le décret. Ces monuments méritent d'être étudiés avec soin, car ils montrent comment les Grecs personnifiaient des êtres abstraits, tels que la République d'Athènes, le Sénat, le Peuple et jusqu'à des qualités politiques ou administratives. Suivant la nature des décrets qu'ils accompagnent, les en-têtes de stèles peuvent se classer dans l'ordre suivant :

1° *Traités d'alliance*. — Les cités qui prennent part au traité sont souvent représentées sous les traits de leur divinité tutélaire. Sur un décret relatif à une alliance entre Athènes et Néapolis, la République athénienne est personnifiée par Athéna, et Néapolis par Artémis Parthénos, qui y était adorée; les deux déesses se don-

---

[1]. Schoene : *Griechische Reliefs*. A. Dumont : *Bulletin de Corresp. hellénique*, II, 1878, p. 559-569.

nent la main. D'autres fois, c'est le peuple d'Athènes lui-même, ce *Démos* traduit sur la scène par Aristophane, qui est figuré sous les traits d'un homme vêtu

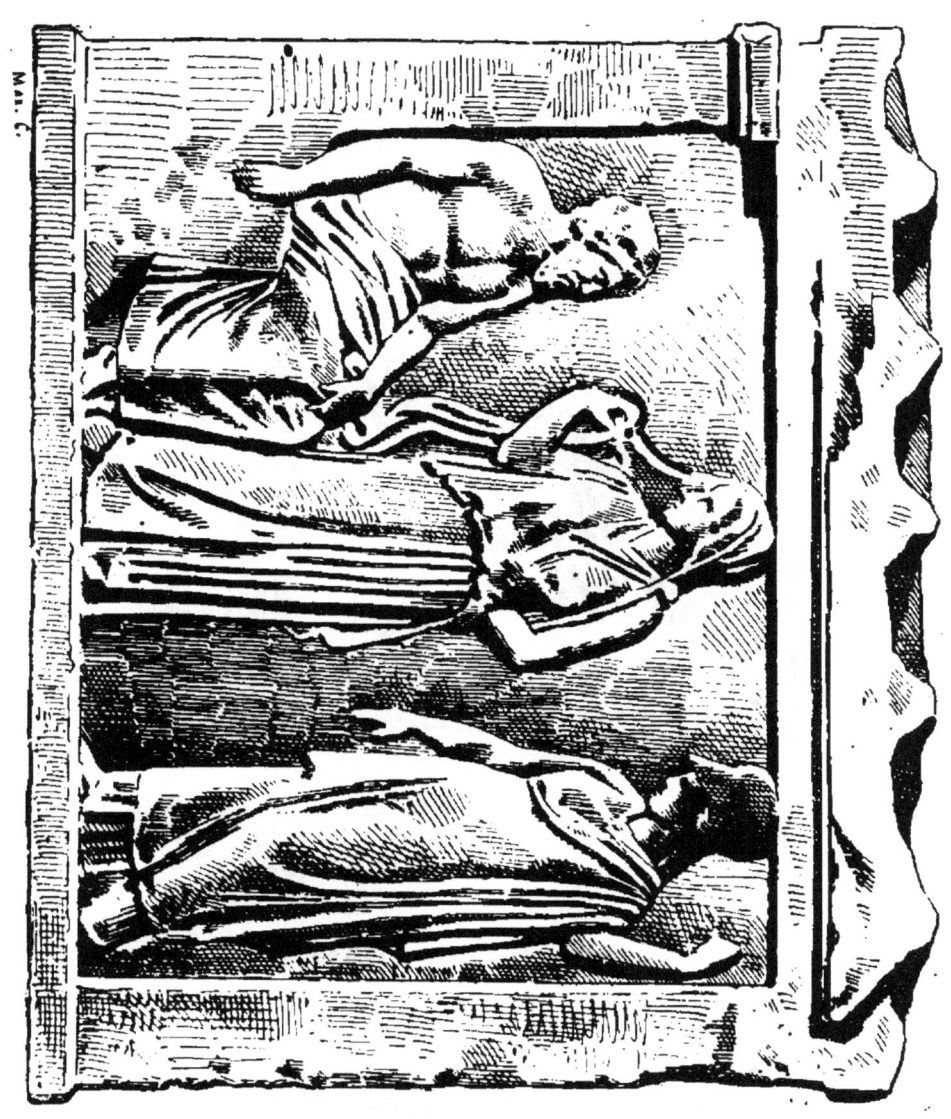

FIG. 71. — EN-TÊTE D'UN TRAITÉ D'ALLIANCE ENTRE ATHÈNES ET CORCYRE.

d'un manteau; ainsi au-dessus d'un traité d'alliance avec Corcyre, on voit le Démos tendre la main à la ville amie, personnifiée par une jeune femme, tandis qu'Athéna préside à cette scène (fig. 71).

2° *Éloges et récompenses à des États ou à des particuliers.* — Quand la République voulait récompenser un citoyen d'une ville étrangère, elle lui conférait, avec les honneurs du couronnement, le titre de proxène. C'est le

FIG. 72. — EN-TÊTE D'UN DÉCRET DE PROXÉNIE.

sujet d'un certain nombre de bas-reliefs où Athéna, coiffée du casque et armée de l'égide, couronne le personnage honoré. Ces motifs allégoriques étaient aussi traités par la grande sculpture; les textes citent un groupe monumental, représentant le Démos d'Athènes couronné par Byzance et Périnthe.

3° *Comptes des finances.* — Ces marbres montrent surtout Athéna et les corps de l'État personnifiés. Il n'est pas rare d'y trouver le Sénat (Βουλή) représenté sous les traits d'une femme, à qui la déesse donne la main, en signe de satisfaction.

4° *Comptes des liturgies, magistratures, etc.* — Un des bas-reliefs les plus curieux offre la représentation non plus de la République ou d'un corps politique, mais de qualités morales. C'est la déesse de la *bonne administration, Eutaxia,* qui couronne un personnage, pour le féliciter de s'être bien acquitté d'une liturgie.

Nous ne citons que les exemples les plus importants. Étudiés dans le détail, ces marbres révèlent avec quel art simple, à la belle époque, sont conçues ces personnifications d'êtres abstraits : point de recherche allégorique ni d'accessoires multipliés ; l'artiste se borne à revêtir d'une forme plastique de pures abstractions, et il vise moins à expliquer l'allégorie qu'à produire une œuvre d'art.

Les musées d'Athènes possèdent encore bien des monuments figurés qui étaient en rapport étroit avec la vie politique des Athéniens. De ce nombre sont les marbres éphébiques, dont les bas-reliefs montrent les jeux et les exercices des jeunes Athéniens élevés par les soins de la République ; sur d'autres encore, les éphèbes couronnent les magistrats et les fonctionnaires de l'éphébie, tels que le cosmète. Une série particulière de ces marbres est formée par les bustes des magistrats éphébiques, qui surmontent les stèles tétragonales, à la façon des Hermès, où sont gravés les décrets. Ce sont de véritables portraits, et ils nous font connaître avec

FIG. 73. — BUSTE DE COSMÈTE DE L'ÉPHÉBIE ATTIQUE.
(Extrait du *Bulletin de Correspondance hellénique*.)

une parfaite exactitude ce qu'était devenu le type grec à l'époque déjà fort avancée où ils ont été exécutés [1].

On voit, par la brève indication de ces séries de monuments figurés, quelle place tenait la plastique dans la vie intime, religieuse et publique des Grecs. Les croyances, les idées, les actes politiques, se traduisaient pour eux sous une forme sensible; aussi l'étude des marbres peut-elle révéler bien des faits qui nous échapperaient absolument, si nous étions réduits aux témoignages de textes écrits.

---

1. A. Dumont : *Bulletin de Correspondance hellénique*, I, p. 229-235, et II, pl. VI, VII.

LIVRE IV

LES FIGURINES DE TERRE CUITE

L'étude méthodique de ces petits monuments, qui forme un des chapitres les plus importants de l'histoire de la céramique grecque, n'a commencé que fort tard. C'est seulement depuis quelques années qu'elle a pris dans l'archéologie générale une place distincte, et que les collections de terres cuites des musées d'Europe sont décrites et classées. L'art des *Coroplastes,* ou modeleurs de figurines, est cependant loin d'être à dédaigner, car il nous révèle, sous un aspect souvent imprévu, le côté familier et populaire de la vie antique, dont on ne saurait demander le secret au grand art. L'étude des terres cuites forme la transition naturelle entre l'histoire de la sculpture et celle des vases peints, qui constituent une autre branche de l'industrie céramique.

Il est à peine besoin d'indiquer que l'art du modeleur en terre cuite trouvait son emploi sous les formes les plus variées. C'est de son atelier que sortaient tant d'objets destinés à la décoration des monuments : chéneaux en terre peinte, gargouilles ornées de masques et de têtes, comme ces « maîtresses tuiles à têtes de lion » désignées dans les inventaires des arsenaux du Pirée, et dont on a retrouvé des exemplaires. Nous n'envisagerons ici que l'art des *coroplastes* [1] proprement dits, de ces « modeleurs de poupées », ainsi qu'on les appelait vulgairement, et dont les œuvres nous offrent comme un commentaire indispensable des monuments de la grande sculpture.

Les terres cuites forment deux catégories bien distinctes : les plaques estampées et les figurines.

§ I. — LES PLAQUES ESTAMPÉES [2]

On connaît aujourd'hui environ cinquante de ces monuments dans les diverses collections d'Europe. Le procédé de fabrication est uniforme; on les exécutait au moyen d'un moule, directement travaillé en creux, qu'on appliquait sur une galette de terre humide. L'empreinte ainsi obtenue, l'ouvrier découpait la plaque en suivant les contours des personnages et en ajourant les fonds, pour donner à l'œuvre plus de légèreté; après la cuisson, la plaque était peinte, et toute prête à être appliquée à une paroi de mur ou de tombeau.

---

1. Κοροπλάσται. « Coroplaste : celui qui modèle des figures d'êtres vivants, car il ne fait pas seulement des images de petits garçons ou de petites filles, mais toute espèce de figure. » *Etym. Magnum*, p. 530.

2. Schoene : *Griechische Reliefs,* pl. XXX-XXXV. O. Rayet : *Monuments de l'art antique.* 1re livraison : pl. X.

La provenance de ces produits n'est pas certaine. De ce que plusieurs d'entre eux ont été trouvés à Égine, au Pirée, à Milo, il ne s'ensuit pas nécessairement que les ateliers aient été établis dans ces villes. Il y a lieu de croire que la fabrication en a été fort restreinte, et le style des plaques, qui accuse tous les caractères de l'art du ve siècle, fait supposer qu'elle a été de courte durée.

Les sujets figurés sur ces plaques sont tantôt mythologiques, tantôt relatifs à la vie ordinaire. Deux des plus beaux spécimens du premier ordre de sujets sont une plaque estampée de Milo, représentant Bellérophon combattant la Chimère, et Persée tuant la Gorgone, dont l'âme s'échappe du corps décapité, sous la forme d'une petite figure. Le combat de Thétis et de Pélée, sur une plaque trouvée à Égine, offre un singulier intérêt au point de vue de la facture; on y retrouve les proportions grêles et élancées de l'archaïsme finissant. Le musée du Louvre en possède une fort belle, montrant Oreste et Électre près du tombeau d'Agamemnon, motif plusieurs fois reproduit sur les monuments de cette nature.

Les sujets empruntés à la vie ordinaire sont les moins nombreux; mais il en est d'infiniment précieux pour l'histoire de la vie antique. Telle est la plaque estampée représentant un convoi funèbre, dont le dessin est ci-joint; elle montre le cortège qui accompagne la sortie du corps (l'ἐκφορά) placé sur une charrette attelée de deux chevaux. Les personnes qui le composent sont celles dont la présence est autorisée par la loi; l'*enkhytristria*, portant sur la tête le vase destiné aux libations; le joueur de flûte, et les membres de la famille, femmes

FIG. 74. — PLAQUE EN TERRE CUITE ESTAMPÉE, REPRÉSENTANT UN CONVOI FUNÈBRE.

aux cheveux dénoués, jeunes gens en costume de guerre mais sans armes, qui semblent reprocher au mort de les avoir quittés. C'est comme le commentaire figuré des passages des auteurs et des textes de lois relatifs à ce sujet, qui nous sont parvenus [1].

Intéressantes par les motifs qu'elles reproduisent, les plaques estampées ne le sont pas moins par les caractères de l'exécution. En général, le style offre une certaine uniformité : une grande simplicité dans le modelé, un relief de peu de saillie, quelque raideur dans les attitudes ; c'est bien le style encore jeune et naïf des premières années du Ve siècle, dont la tradition a peut-être duré plus longtemps chez les modeleurs d'argile que dans les écoles de sculpture.

---

1. Décret de Iulis à Céos : *Mittheil. des deutsches arch. Institutes in Athen*, I, p. 239.

§ II. — LES FIGURINES DE TERRE CUITE

HEUZEY : *Nouvelles recherches sur les terres cuites grecques*, et *Les Figurines antiques de terre cuite du musée du Louvre*. — KÉKULÉ : *Griechische Thonfiguren aus Tanagra*. — O. RAYET : *Les Figurines de Tanagra au musée du Louvre* (extrait de la *Gazette des Beaux-Arts*, 1875). — J. MARTHA : *Catalogue des figurines en terre cuite du musée de la Société archéologique d'Athènes*. (Voir dans cet ouvrage, p. XXIX, la bibliographie complète du sujet.)

FIG. 75. — MASQUE TRAGIQUE.
(Terre cuite.)

Un des points les plus importants de l'étude des figurines est la question de provenance; c'est l'élément le plus sûr pour le classement. A ce point de vue, les parties du monde grec qui ont fourni le plus de monuments sont les suivantes: pour la Grèce propre, l'Attique, la Béotie, et surtout la ville de Tanagra, la Locride, le Péloponèse, les Cyclades; en Afrique, la Cyrénaïque; dans la Grèce asiatique, Rhodes, Ephèse, Pergame et Tarse. De tous ces points de provenance, les mieux connus sont ceux où l'on a pu faire des fouilles régulières, comme à Rhodes, dans la nécropole de Camiros, ou dont on a pu étudier les produits méthodiquement, comme pour les terres cuites de Tanagra. La partie essentielle de l'étude des terres cuites restera longtemps encore la question de provenance ; c'est par l'examen de la terre, des procédés de fabrication, qu'on peut arriver à les grouper par régions, et à leur appliquer la méthode employée pour l'étude des céramiques modernes.

Au point de vue chronologique, le classement présente certaines difficultés. Parmi les figurines du style le plus ancien, il en est certainement qui sont contemporaines des débuts de l'art grec ; mais on n'a jamais cessé de reproduire ces types avec une fidélité scrupuleuse, pour satisfaire aux exigences de la dévotion populaire ; et le style archaïque n'est pas nécessairement un signe infaillible d'ancienneté. Tout au plus, pour les figurines de Tanagra, peut-on déterminer une date encore fort peu précise ; elles appartiennent en général, par l'esprit et par la facture, au IVe siècle, ou aux premières années du IIIe. Enfin les figurines de Tarse ne sont pas antérieures aux Séleucides, et marquent la dernière époque de l'industrie des terres cuites. En faisant ces réserves, et en admettant tout d'abord que les terres cuites n'appartiennent pas strictement à la période que leur style semble dénoncer, on peut y suivre les variations de style que nous avons observées dans les marbres : style primitif et archaïque, art sévère du Ve siècle, art du IVe et du IIIe siècle, et enfin style de la dernière période, qui répond à la diffusion de l'hellénisme après Alexandre.

1° *Style primitif et archaïque.* — Ces figurines sont le plus souvent des idoles communes, et ont été trouvées en très grand nombre dans les nécropoles de Tanagra et à Tégée. Elles rappellent les vieilles images du culte taillées dans une planche (σανίς) comme la Héra de Samos, ou les statues de bois (ξόανα) telles que l'Athéna Polias de l'Acropole d'Athènes; grossiers simulacres, taillés à la hache, et que les plus belles œuvres de la plastique ne firent jamais oublier. La technique de ces petites idoles est des plus simples. Elles sont rapidement modelées à la main dans des galettes d'argile découpées en plaques rectangulaires; deux appendices en forme de moignons figurent les bras; l'ouvrier obtient une apparence de visage humain en pinçant la terre entre ses doigts. Quelquefois la tête est modelée avec plus de soin et porte la haute coiffure cylindrique appelée *polos*; les accessoires, tels que les rubans, diadèmes, pendeloques et colliers, dont on chargeait les images du culte, sont imités à l'aide de boulettes en pastillage, appliquées sur la terre humide, et un bariolage au rouge ou au bistre complète la toilette de la figurine. Il serait fort hasardeux d'attribuer des noms mythologiques à ces grossières statuettes; on ne saurait le faire que dans des cas très rares; c'est ainsi que Gerhard a cru reconnaître dans une terre cuite de l'Attique l'imitation du ξόανον d'Athéna Polias, grâce à une sorte d'égide qui couvre la poitrine de la figurine[1].

On croira sans peine que ces terres cuites n'ont qu'une valeur archéologique. L'art est déjà beaucoup plus sensible dans les figurines de l'époque archaïque, qui reflètent le style de la plastique au VIᵉ siècle. Dans le nombre, on rencontre fréquemment des figures de déesses assises, avec l'attitude calme et

---

1. *Gesammelte Akad. Abhandlungen*, I, p. 232.

solennelle que les Grecs caractérisaient par l'épithète
εὔθρονος. Coiffées de la stéphané, le visage encadré par les
plis du voile, elles ont les bras collés au corps et les
mains posées sur les genoux, comme les statues qui
ornaient la voie sacrée des Branchides ; les nécropoles
de Rhodes, de Camiros et de Tanagra en ont fourni
de nombreux exemplaires. Cette classe de terres cuites
forme la transition entre les grossières idoles primitives et les figurines d'une époque postérieure.

2° *Style sévère.* — On peut ranger sous cette dénomination les figurines qui procèdent de l'art sévère du
ve siècle, et où les traces d'archaïsme n'ont pas complètement disparu. Elles ont encore un autre caractère ;
c'est de représenter le plus souvent des sujets mythologiques, des figures de divinités, traitées avec l'esprit
religieux qui prédominait au temps des guerres médiques[1]. Certains types de divinités féminines en particulier se distinguent par un air de dignité austère ; représentées debout, les bras pendants, vêtues d'un costume aux plis droits et verticaux, elles ont une attitude sculpturale et hiératique ; telle est une belle statuette de Coré, trouvée à Thisbé, et dont le style offre
tous les signes caractéristiques de l'art du ve siècle. On
est en droit de supposer que, parmi ces figurines, il en
est qui reproduisent, dans leurs dimensions fort réduites,
certaines œuvres célèbres de la sculpture placées dans
les temples. Telle figurine de Thespies, par exemple,
qui montre Hermès portant un bélier sur ses épaules,

---

1. Il n'est pas rare de trouver sur ces figurines des traces de
flammes ; on les brûlait sur le bûcher.

FIG. 76. — HERMÈS CRIOPHORE.
(Terre cuite de Thespies.)

semble inspirée directement par l'Hermès criophore de Kalamis, exécuté pour les Tanagréens, en souvenir d'une peste qui désolait la ville : « le dieu détourna des Tanagréens une maladie pestilentielle en portant un bélier tout autour des murailles [1] ». D'autres offrent la représentation d'Hermès, coiffé du petit chapeau (κυνῆ) et portant un bélier sous le bras (fig. 76); c'est ainsi que les sculpteurs éginètes Onatas et Callitelès avaient conçu la statue du dieu qu'ils exécutèrent pour Olympie [2]. Cette préoccupation des coroplastes, de reproduire les œuvres de la sculpture, explique le style magistral de certaines figurines, qui, grandies par la pensée, peuvent assez fidèlement

[1]. Pausanias, IX, XXII, 2.
[2]. Pausanias, V, XXVII, 6.

FIG. 77. — DÉMÉTER.
(Buste de terre cuite estampée.

nous représenter les œuvres perdues des vieux maîtres.

Aux figurines de style sévère se rattachent les bustes estampés en terre cuite, où l'on a reconnu les types des divinités chthoniennes. Ordinairement ces bustes, à leur partie supérieure, sont percés d'un trou servant à recevoir des attaches; on pouvait ainsi les suspendre aux parois d'un tombeau; ils paraissaient sortir de la terre, et, dans l'esprit des Grecs, ces images évoquaient le souvenir des divinités du monde inférieur, apparaissant aux hommes en montrant leur buste au-dessus du sol. Un des plus remarquables exemplaires de cette classe de monuments est le buste de Déméter publié et commenté par M. Heuzey[1], et qui provient, semble-t-il, de Tanagra. Le visage de la déesse est encadré par les plis d'un voile, posé sur une écharpe ornée d'une grecque peinte, qui enserre les boucles de la chevelure; les deux mains sont ramenées sur la poitrine. Par l'analyse des caractères du visage et des attributs, M. Heuzey est conduit à désigner ce buste sous le nom de Déméter : « Je connais peu de figures antiques, même de marbre, où la profondeur de l'expression pensive et réfléchie produise sur le spectateur une émotion religieuse aussi pénétrante[2] ». Quelquefois, toujours avec la même signification, la statuette est coupée à mi-corps, comme on le voit d'après une terre cuite d'Athènes représentant Coré, la fille de Déméter, qui a, elle aussi, le rôle de divinité infernale (fig. 78).

1. *Monuments grecs publiés par l'Association des études grecques*, 1873, pl. I.
2. *Loc. cit.*, p. 19.

3º *Style du* IVᵉ *siècle*. — C'est une nouvelle période de l'industrie figuline, que caractérisent surtout les

FIG. 78. — CORÉ.
(Terre cuite d'Athènes.)

fabriques béotiennes de Tanagra[1], de Thisbé et d'Aulis, celles d'Athènes et de Corinthe. Le procédé de

---

1. Les musées les plus riches en figurines tanagréennes sont le Louvre et les musées de Berlin et d'Athènes.

fabrication est celui que les coroplastes employaient pour toutes les figurines faites au moule. Bien qu'on trouve des statuettes venues d'une seule pièce, généralement, pour les plus soignées, la face antérieure est obtenue d'abord dans un moule, au repoussé; la tête et les extrémités sont exécutées à part. On ajuste la face antérieure à un revers, qui offre le plus souvent une surface lisse, et l'ouvrier ajoute après coup la tête, les pieds et les mains. Au milieu du dos est pratiqué un trou d'évent, destiné à faire évaporer l'air, et la statuette est posée sur un socle. Les détails de la tête, du costume, refouillés à la pointe, donnent à chaque figurine son air individuel et sa physionomie propre; c'est ainsi qu'on peut voir, dans les vitrines d'un musée, deux statuettes sorties d'un même moule, qui diffèrent cependant par des détails particuliers. Après une première cuisson, la statuette passe aux mains de l'ouvrier chargé de la peindre de la tête aux pieds, et quelquefois de dorer les ornements, comme les boucles d'oreilles, les colliers et les diadèmes; les couleurs employées le plus fréquemment sont le bleu, le rose avec toutes ses nuances, le rouge, le rouge brun et le noir.

L'interprétation des sujets, qui n'offre pas de grandes difficultés pour les figurines de style archaïque, où l'on reconnaît sans peine des divinités, est ici beaucoup plus délicate. On n'entrera pas dans le détail des discussions qui ont été soulevées, et qui ont surtout porté sur ce point : faut-il attribuer un sens mythologique aux terres cuites du IVe siècle, ou n'y voir, en général, que des représentations de la vie familière? Les deux thèses ont été soutenues avec une grande richesse d'arguments ; toutefois, il semble que la dernière opinion s'accorde mieux avec le caractère des types figurés où le sens mythologique est loin d'apparaître avec une évidente certitude. A voir ces figurines d'une allure si vive, d'une exécution si spirituelle, on se sent transporté plutôt dans le monde des vivants que parmi les divinités de l'Olympe hellénique, et l'on est conduit à leur demander le secret de la vie quotidienne des Grecs dans ses détails les plus piquants.

En raison de leur infinie variété, il est impossible de classer les sujets en séries, et l'on ne peut que donner un rapide aperçu des représentations les plus fréquentes. Les sujets empruntés à la vie masculine sont les moins nombreux. Dans les statuettes de Tanagra, ils montrent tantôt un enfant tenant une bourse qui paraît renfermer une balle, la tête parée d'une couronne de fleurs, et assis sur une sorte de cippe (fig. 79); tantôt l'éphèbe, vêtu de la chlamyde, portant à la main les instruments de la palestre, emblèmes des exercices physiques qui tenaient une grande place dans la vie des Grecs.

Beaucoup plus nombreuses sont les scènes de la vie féminine ; ici l'imagination des coroplastes est inépuisable, et leur génie inventif est servi par une étonnante habileté de main. C'est avec un art parfait qu'ils savent varier, par des différences d'attitude et d'ajustement, le motif très-simple qu'ils traitent avec prédilection : une femme grecque en costume d'intérieur ou de sortie. Les pièces de ce costume sont peu nombreuses : une tunique talaire, tombant jusqu'aux pieds, serrée à la taille par une ceinture, et un manteau (*himation* ou *calyptra*), d'une étoffe plus fine, qui comporte, suivant le goût et le caprice individuels, une

FIG. 79. — TERRE CUITE DE TANAGRA.

infinie variété de plis. Les figurines béotiennes montrent quel parti les modeleurs peuvent tirer de ces éléments. Tantôt les femmes sont drapées dans l'himation, et ne laissent voir qu'une partie du visage; d'autres fois, elles portent en outre un petit chapeau, et à la main un éventail en forme de feuille de lotus. Ailleurs c'est une jeune fille assise, qui a laissé retomber de ses épaules la calyptra, ou qui s'en enveloppe complètement, de façon à recouvrir les mains. Quelques-unes de ces figurines ont une physionomie toute moderne : il n'est pas jusqu'aux détails de la coiffure qui ne leur donne un air vivant, et presque contemporain. Les figurines sont par-

FIG. 80.
FEMME GRECQUE COIFFÉE DU PÉTASOS.
(Terre cuite de Tanagra.)

fois groupées deux à deux; ainsi dans un beau groupe trouvé à Corinthe, et dont les différentes fabriques de la Grèce propre fournissent des répliques, une jeune fille en porte une autre sur ses épaules; c'est le jeu de l'ἐφεδρισμός ou de l'ἱππάς, encore en usage dans la Grèce moderne.

Bien que les représentations mythologiques comme celles des divinités, des Éros, ne soient pas négligées complètement par les coroplastes du ive siècle, les sujets de la vie familière sont de beaucoup les plus fréquents. Comment expliquer ce changement dans les traditions de l'industrie figuline à deux siècles de distance? Il semble que les modifications survenues dans l'esprit hellénique et dans les croyances religieuses, après la guerre du Péloponèse, n'y sont pas étrangères. Trouvées dans les tombeaux, ces figurines, qui ont un caractère votif, sont évidemment en relation avec les croyances funéraires. Que dans les siècles de foi, comme au temps des guerres médiques, on enterre avec le mort des images du culte représentant des divinités, rien n'est plus naturel; on l'entourait de ses dieux, on y joignait ses armes, ses bijoux, tout ce qui lui avait été familier pendant sa vie. Plus tard, quand le sentiment religieux se relâche, on continue à respecter la tradition, dont le sens s'est obscurci; on persiste à placer dans le tombeau du mort des figurines qui lui rappelleront dans l'autre vie les compagnons de son existence mortelle; ces personnages charmeront la vie à demi réelle qui l'anime encore dans le tombeau; ils remplacent les êtres vivants, esclaves, chevaux, qu'aux temps héroïques on immolait sur la tombe du guerrier

LES FIGURINES DE TERRE CUITE. 249

mort, pour qu'il arrivât dans l'Hadès escorté de ses compagnons habituels.

Nous avons insisté sur les figurines de Tanagra en raison de leur importance et de leur valeur artistique. Elles n'ont pas seulement l'intérêt de nous offrir de curieux renseignements sur la vie grecque au IVᵉ siècle ; elles correspondent en outre à l'une des périodes d'évolution du génie hellénique, où prédomine un art plus raffiné, plus recherché, et moins religieux.

4° *Style du* IIIᵉ *siècle.* — Cette période est surtout caractérisée par les fabriques de l'Asie Mineure, celles de Pergame, de Smyrne, d'Éphèse, de Milet et de Tarse.

FIG. 81. — BACCHANTE.
(Terre cuite de Tanagra.)

Les différences techniques sont sensibles ; la terre est plus fine et plus serrée, et, par suite, l'exécution a une rigueur que n'offrent pas les figurines de Tanagra, librement retouchées suivant la fantaisie de l'artiste. En outre, les sujets paraissent souvent inspirés par les œuvres de la statuaire contemporaine, quand les terres cuites ne sont pas des surmoulages directs de petits bronzes, et dans les types d'Héraklès, d'Éros, d'Aphrodite, on retrouve les proportions chères à l'école de Lysippe, la tête petite et les corps allongés, pour obtenir un effet d'élégance et de sveltesse.

Les types que traitent le plus fréquemment les coroplastes asiastiques sont ceux que l'art du IVe siècle a mis en faveur : les divinités gracieuses du cycle d'Aphrodite, des Éros aux ailes déployées, imités sans doute de la célèbre statue de Praxitèle ; l'Aphrodite Anadyomène, Éros et Psyché se tenant embrassés, tels que les montre un beau groupe doré trouvé à Smyrne. Ces monuments donnent lieu à d'intéressantes comparaisons avec les œuvres de la sculpture, dont ils se rapprochent par une exécution très soignée. La fantaisie et l'imitation libre de la nature y trouvent cependant leur place. C'est d'Asie Mineure que proviennent de curieuses statuettes représentant des grotesques, bateleurs, marchands forains, etc., traitées d'une main rapide et sûre, et qui nous montrent comment l'esprit grec comprenait la caricature (fig. 82).

La plus récente en date des fabriques asiatiques paraît être celle de Tarse, dont les produits ne sont pas antérieurs au temps des Séleucides. Elle est surtout connue par des fragments conservés en partie au

Louvre, en partie au musée Britannique, et qui proviennent d'un monticule appelé le Gueuslu-Kalah (*Fort du Belvédère*), près des murs de l'ancienne Tarse; les fouilles avaient été faites par les soins de M. W. Barker, en 1845, et de M. Langlois, en 1852[1]. Il résulte des observations de M. Heuzey que ces fragments étaient des pièces de rebut, mal venues à la cuisson; rejetés en un même lieu par les modeleurs, ils avaient fini par former des amas considérables. En dépit de leur humble provenance, ces terres cuites ont une réelle valeur; elles offrent tous les caractères du style grec, tel qu'il prévaut après Alexandre, et tel que la diffusion de l'hellénisme l'a répandu dans toutes les régions du monde grec. Les modeleurs de Tarse se rattachent à cette école

FIG. 82. — MARCHAND FORAIN.
(Figurine grotesque d'Asie Mineure.)

1. Voir L. Heuzey: *les Fragments de Tarse au musée du Louvre*, Gazette des Beaux-Arts, 1876.

de sculpture, qui avait son centre à Rhodes, à Tralles, à Pergame ; ils en copient les œuvres, et c'est ainsi que parmi les fragments du Louvre, on en trouve qui reproduisent le groupe fameux du Laocoon. En même temps, le style participe du goût un peu théâtral et maniéré qui se fait jour sous les successeurs d'Alexandre.

Les sujets figurés ne sont pas moins dignes d'atten-

FIG. 83. — FRAGMENT DE TERRE CUITE DE TARSE.

tion. Ils offrent un singulier mélange de types empruntés à la mythologie hellénique, et d'attributs orientaux. Les caractères distinctifs des divinités sont souvent mêlés et confondus, en même temps que les dieux indigènes, comme Mên et Atys sont fréquemment figurés. Ce sont là des documents précieux pour l'étude de ce travail d'assimilation qui se fait en Asie Mineure, après la conquête grecque, et qui confond les cultes indigènes avec les croyances mythologiques venues de la Grèce.

LIVRE V

LES VASES PEINTS

CHAPITRE PREMIER

QUESTIONS GÉNÉRALES DE L'HISTOIRE DE LA CÉRAMIQUE

GERHARD : *Rapporto Volcente*, Rome, 1831. — OTTO IAHN : Introduction au catalogue des vases de Munich : *Einleitung der Beschreibung der Vasensammlung*, etc., 1854. — CH. LENORMANT et de WITTE : *Introduction de l'Élite des monuments céramographiques*. — DE WITTE : *Études sur les vases peints*, 1865. — BIRCH : *History of ancient Pottery*, 2ᵉ éd., 1873. — A. DUMONT : *Peintures céramiques de la Grèce propre*, Paris 1874. — A. DUMONT et CHAPLAIN : *les Céramiques de la Grèce propre*, (à paraître).

La peinture des Grecs est fort mal connue. Les descriptions que les auteurs ont laissées des œuvres de Polygnote, de Zeuxis, d'Apelles, de Parrhasios, de Protogènes, etc., ne suffisent guère à nous en donner une idée exacte, et les peintures de Pompéi, où l'on retrouve parfois le souvenir de compositions célèbres, appartiennent surtout à l'histoire de l'art en Italie ; elles trahissent d'ailleurs le goût dominant d'une époque déjà tardive, celle qu'on appelle alexandrine ou hellénistique.

En l'absence d'autres monuments, les peintures céramiques ont une singulière valeur; elles représentent une branche de cet art dont les principales œuvres sont perdues pour nous. Mais ce n'est pas là le seul intérêt de l'étude des vases peints; les sujets qui les décorent, grâce à leur variété, sont comme le commentaire illustré de toute l'antiquité grecque. Scènes mythologiques, où figurent toutes les divinités de l'Olympe, légendes héroïques, cérémonies religieuses et funéraires, exercices du gymnase, scènes de repas, de fiançailles, de noces, de toilette, etc., tous ces sujets se déroulent sur les vases, et font revivre pour nous toute l'antiquité dans sa vie religieuse ou familière. On jugera de l'importance de ces documents par le nombre des vases peints qui ont été conservés: on n'en connaît pas moins de 20,000 [1] répartis dans les musées et dans les collections privées [2].

Les premiers vases peints qui attirèrent l'attention des savants, vers la fin du XVIIe siècle, avaient été trouvés en Toscane; l'opinion commune les considéra comme des produits de l'Étrurie; de là cette dénomination de *vases étrusques*, aujourd'hui tout à fait abandonnée. On

1. Birch: *History of ancient pottery*, p. 149.
2. Musée du Louvre et Cabinet des médailles à Paris. — Musée Britannique. Le catalogue est publié: *A Catalogue of the Greek and Etruscan vases, in the British Museum.* — Berlin: Catalogue de Levezow. — Munich: Otto Iahn: *Beschreibung der Vasensammlung Kœnig Ludwigs, in der Pinakothek zu München.* — Naples, musée Bourbon; Heydemann: *Vasensammlung des Museo Nazionale zu Neapel.* — Pétersbourg, musée de l'Ermitage, Catalogue par Stephani. — Athènes, musée du Varvakéion. Collignon: *Catalogue des vases peints du musée de la Société Arch. d'Athènes.*

n'a pas à examiner ici tous les systèmes erronés auxquels donna lieu l'interprétation des vases peints pendant le xviiie siècle; c'est à Winckelmann que revient l'honneur d'avoir reconnu l'origine hellénique des vases peints, et c'est James Millingen qui, au commencement de ce siècle, ramena la critique à des idées plus justes et plus simples. La découverte de la nécropole de Vulci, en Étrurie, près de Ponte della Badia (1828), est un fait capital pour l'histoire des études céramographiques. Plusieurs milliers de vases peints étaient mis au jour, et le mémoire que Gerhard consacra aux vases de Vulci [1] marque le point de départ de nouvelles recherches qui ont substitué la science aux hypothèses. Des savants français et étrangers, parmi lesquels Gerhard, Panofka, Otto Iahn, Ch. Lenormant et M. de Witte, occupent le premier rang, ont créé la méthode dans cet ordre d'études.

Depuis qu'on a renoncé à attribuer aux vases peints une origine exclusivement étrusque, la question de la provenance des vases est restée un des problèmes les plus délicats de l'archéologie. D'où viennent, en réalité, ces vases de style grec trouvés dans les nécropoles de l'Étrurie, et désignés sous le nom de vases italo-grecs? Ont-ils été importés de Grèce, ou bien faut-il y voir des produits d'ateliers locaux, des imitations faites par des artistes italiotes d'après des modèles apportés de Grèce? On ne saurait admettre l'opinion d'Otto Iahn, soutenue avant lui par G. Kramer, et d'après laquelle tous les vases trouvés en Italie, sauf quelques rares exceptions,

---

1. *Rapporto Volcente.*

proviendraient de Grèce et même d'Athènes ; ce système trop absolu ne laisse aucune place à l'activité des céramistes italiotes. La question ne saurait être résolue que par une comparaison attentive des vases italo-grecs avec ceux de la Grèce propre.

Il n'est pas douteux qu'aux VIe et Ve siècles l'importation de Grèce en Italie ait été très fréquente, et elle est prouvée par les faits. On a trouvé en Grèce et en Italie des vases de style identique, offrant des sujets analogues, et cette concordance est surtout frappante pour la période archaïque. Le témoignage de l'histoire vient d'ailleurs confirmer celui des faits : on sait que vers l'an 655 (ol. XXXI. 2) le Corinthien Démarate, chassé de Corinthe par le tyran Kypsélos, émigra à Tarquinies, accompagné de deux artistes *Eucheir* et *Eugrammos* [1]. Le nom légendaire d'Eugrammos (*qui trace de belles lignes*) paraît signifier simplement que Démarate amenait avec lui des ouvriers céramistes, habiles dans l'art de la terre. Ainsi paraît s'expliquer la présence en Étrurie de poteries grecques couvertes d'inscriptions en caractères corinthiens. La fréquence du commerce entre la Grèce et l'Italie pour des époques plus récentes est d'ailleurs prouvée par des faits précis : certaines signatures d'artistes se lisent à la fois sur des vases trouvés en Grèce et sur des poteries provenant des nécropoles italiennes [2] ; l'argument tranche la question.

---

1. Pline H. N., XXXV, 12-43.
2. A. Dumont : *Peintures céramiques de la Grèce propre*, p. 5 seq. Les noms relevés par M. Dumont sur les vases de la Grèce propre sont les suivants : 1° figures noires : Charès, Chiron, Ergotimos, Exékias, Néarkhos, Skythès, Timonidas, Tléson, fils de Néarkhos,

D'autre part, il est hors de doute qu'avec le temps, les pays italo-grecs ont eu des ateliers locaux, et que les vases grecs ont été imités en Italie; c'est ce qui ressort de l'étude des céramiques italiotes, qui trahissent, surtout au temps de la décadence, un style local très accentué. En résumé, « importations fréquentes au vi^e et au ve siècle, communauté d'inspiration, imitation en Italie des types de la Grèce propre, relations commerciales en tous temps, et cependant importance des fabriques locales d'autant plus grande que nous nous éloignons de la belle époque de l'art; telle semble être la vérité sur cette question des rapports des céramiques grecques et des céramiques italiennes [1]. »

On est donc en droit, dans un exposé général, d'appliquer aux vases italo-grecs et aux vases de la Grèce propre les mêmes principes, et de les considérer comme les produits d'une industrie hellénique qui s'exerçait avec les même traditions dans tous les pays grecs du bassin de la Méditerranée [2].

Pasias, Khélis, Nicosthènes, Gamédès; 2° figures rouges : Hégias; Hilinos, Psiax, Xénophantos. Il faut y ajouter ceux de Cakhrylion, Teisias, Proclès et Mégaclès.

1. A. Dumont : ouvrage cité, p. 25.
2. Il faut cependant noter que si les vases à peintures sont grecs et non étrusques, l'Étrurie a une industrie spéciale : les vases noirs à reliefs. On ne les trouve que dans un territoire restreint, qui ne dépasse pas au nord le Tibre, au sud Sienne. C'est la céramique nationale de l'Étrurie.

CHAPITRE II

LES FORMES ET LA TECHNIQUE DES VASES PEINTS

§ I. — FORMES DES VASES

La nomenclature des vases grecs est loin d'être fixée rigoureusement. Parmi les formes variées que créait la fantaisie des potiers, il en est qu'on ne saurait désigner par un terme spécial ; aussi dans les recueils consacrés à la céramique grecque, l'usage est de renvoyer le lecteur, pour chaque vase, à un tableau général des formes, en attribuant à chaque forme un numéro d'ordre. Cette méthode, tout à fait conforme à la précision scientifique, a l'avantage de suppléer à l'insuffisance des noms connus. Toutefois, certaines désignations de vases offrent tous les caractères de la certitude; un important mémoire de Panofka[1], repris et com-

---

1. Panofka : *Recherches sur les véritables noms des vases grecs,* 1829. Letronne : *Observations sur les noms des vases grecs,* etc., Paris, 1833. Cf. Ussing : *De nominibus vasorum,* 1844. Ch. Lenor-

plété par d'autres savants, a permis de déterminer le sens d'un grand nombre de noms, adoptés aujourd'hui par tous les archéologues, et qui répondent à des formes déterminées. Nous citerons ici les types les plus fréquents et les plus simples.

L'*amphore* (ἀμφορεύς) est un vase à large panse ovoïde, monté sur un pied qui affecte quelquefois la forme d'un cône tronqué; deux anses s'attachent au col et à la partie supérieure de la panse. Les dimensions en sont très variables, depuis l'amphoridion, servant aux usages domestiques, jusqu'aux magnifiques amphores décorées de riches peintures, qui figuraient parmi les cadeaux de noces dans le cortège nuptial, comme on le voit sur un beau vase du musée d'Athènes. Ces amphores étaient uniquement des objets de luxe; car on en trouve dans nos musées qui semblent n'avoir jamais eu de fond; elles ne pouvaient être d'aucun usage.

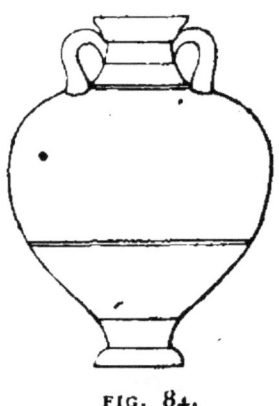

FIG. 84.
AMPHORE.

Le *cratère* (κρατήρ) a généralement de grandes dimensions; si l'on se reporte à l'étymologie du nom, c'est le vase qui sert au mélange de l'eau et du vin; la forme en est évasée, l'orifice largement ouvert, et deux petites anses s'attachent au bas de la panse. L'*oxybaphon* en dérive presque directement, avec cette différence, que les anses, placées plus haut, ont leur point d'attache

---

mant et de Witte : introduction de l'*Élite des monuments céramographiques*. Voir aussi Lau : *die Griechischen Vasen, ihr Formen und decorationssystem*, Leipzig, 1877.

sous l'orifice du vase; celui-ci, au lieu de s'épanouir

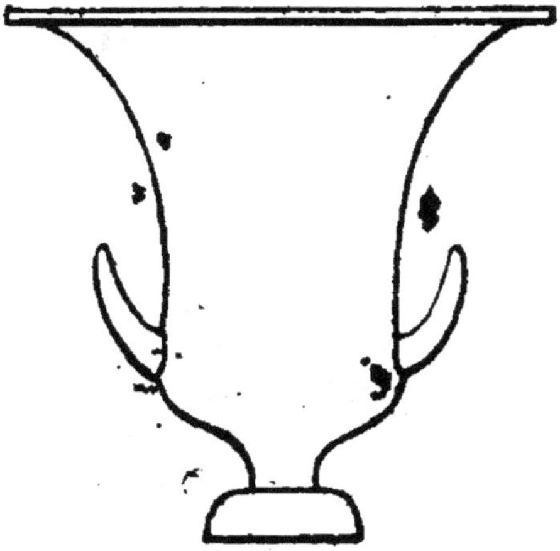

FIG. 85.
CRATÈRE.

FIG. 86.
CRATÈRE AVEC ANSES A VOLUTES.

en calice de fleur, comme dans le cratère, rejoint la

FIG. 87. — OXYBAPHON.

FIG. 88. — KÉLÉBÉ.

panse par une moulure oblique. La *kélébé* (κελέβη)

présente aussi des analogies de formes avec les deux

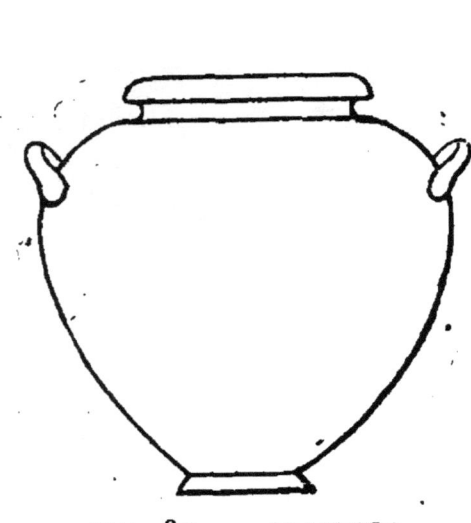

FIG. 89. — STAMNOS.

FIG. 90. — HYDRIE.

précédents; mais le col se rétrécit, et les deux anses se fixent sous un large rebord plat qui couronne l'orifice. Le *stamnos* a également le col resserré, avec deux petites anses posées à la partie supérieure de la panse.

L'*hydrie* (ὑδρία) est caractérisée par le goulot qui surmonte la panse ovoïde, et par ses trois anses, dont l'une, à la partie postérieure, s'attache à l'orifice qu'elle dépasse en hauteur, tandis que les deux autres, en forme de poignée, s'appliquent sur les flancs du vase.

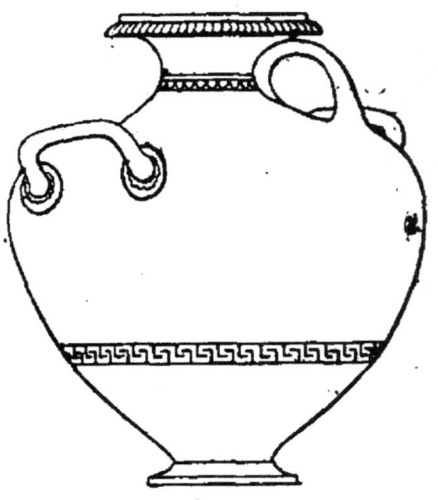

FIG. 91. — KALPIS.

La *kalpis* en diffère à peine par la nature de l'anse postérieure, qui est plus basse, et la *péliké* n'a que deux anses, placées à la gorge du vase, qui se relie à la panse par une courbe peu accusée.

L'*oenochoé* (οἰνοχόη) est en général de dimensions plus petites, et offre les formes les plus élégantes ; l'anse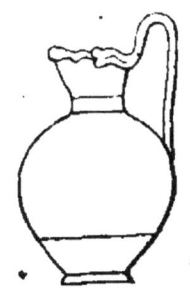

FIG. 92.
OENOCHOÉ.

unique, qui orne la partie postérieure, est fine, et gracieusement courbée ; les bords de l'orifice sont en trois endroits comme repliés à l'intérieur, et dessinent un trèfle ; il n'est pas rare qu'aux beaux temps de la céramique, l'oenochoé, comme les vases de dimensions réduites, soit décorée des peintures les plus délicates ; certaines oenochoés de style attique sont des chefs-d'œuvre. Le *prokhoos* en diffère peu, semble-t-il : c'est le vase que le poète homérique met aux mains des échansons, dans l'Odyssée[1], et l'*épikhysis* est de même une variante de l'oenochoé.

Au nombre des vases les plus élégants, il faut placer

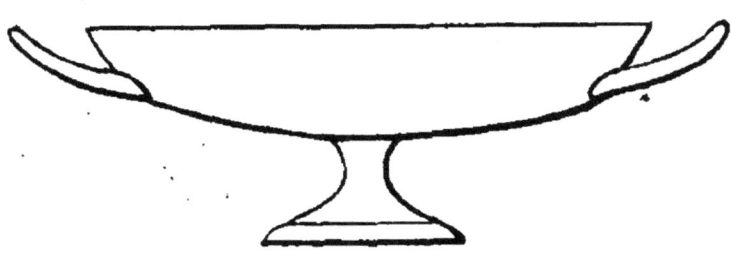

FIG. 93. — KYLIX.

la coupe ou *kylix*, tantôt sans pied (*apode*) tantôt portée sur un pied très léger, au-dessus duquel elle

---

1. *Odyssée*, XVIII, 398.

s'épanouit largement. La kylix est plus ou moins profonde; on en trouve qui sont presque plates. Le *kyathos* est une kylix à une seule anse, et l'*holmos* une sorte de calice à pied très mince, dépourvu d'anse.

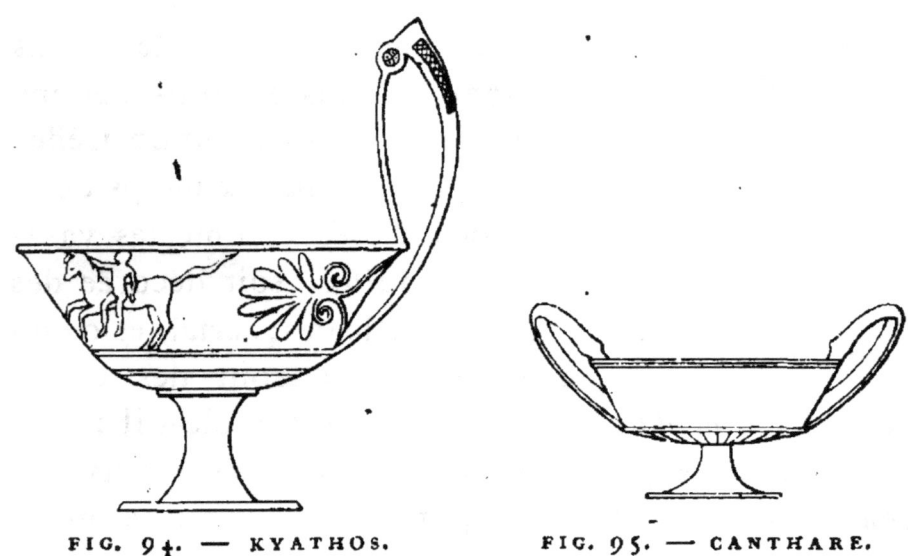

FIG. 94. — KYATHOS.   FIG. 95. — CANTHARE.

Quand les anses plates de la kylix sont ajustées à un vase sans pied, et diminuant de diamètre à la base, ce vase prend le nom de *skyphos*.

Le *canthare* (κάνθαρος) est par excellence le vase dionysiaque[1]: c'est une large coupe, munie de deux anses très élevées, montée sur un pied, et que décorent souvent des sujets empruntés au cycle de Dionysos. Le *karkhésion* en diffère par les dimensions et par les anses, qui sont rattachées par des tenons aux flancs du vase.

1. Dans la lutte des Lapithes et des Centaures, peinte par Hippeus, les combattants se battent à coups de canthares. Athénée, 474, D.

Les formes soignées et délicates de certains vases, aussi bien que leurs faibles dimensions, indiquent qu'ils

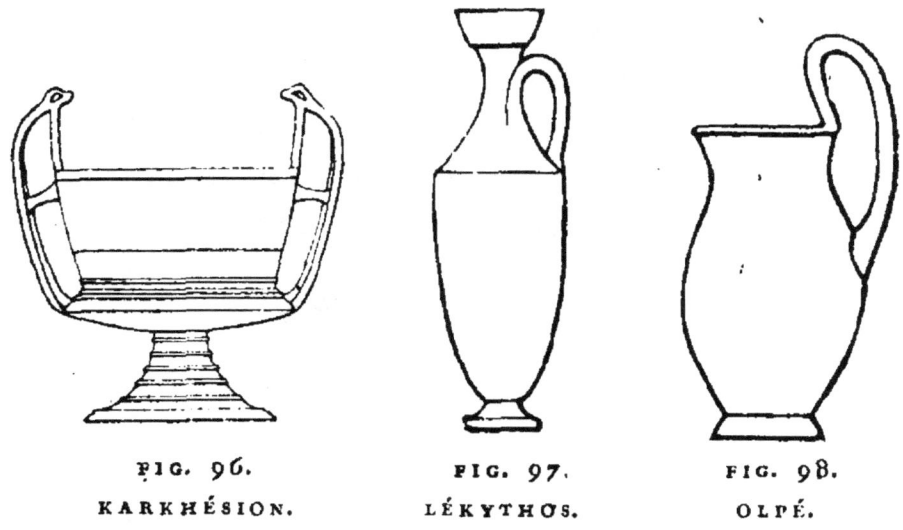

FIG. 96.
KARKHÉSION.

FIG. 97.
LÉKYTHOS.

FIG. 98.
OLPÉ.

étaient destinés à recevoir des liquides plus précieux que le vin et l'eau. Tel est le *lékythos*, ou vase à parfums, dont la panse effilée se termine par un col élégant, à ouverture conique, et qui, dans la fabrication athénienne, offre souvent des formes d'une rare distinction. L'*olpé*, qui en dérive, a la panse plus arrondie, le col plus ouvert ; l'anse, très élevée, s'attache à l'orifice et au bas de la gorge. Si le lékythos, au lieu de s'allonger, s'arrondit, et offre une panse sphérique, on le désigne par le mot de *lékythos aryballisque;* il se rapproche alors de l'*aryballe,* vase en forme de sphère, sans pied, dont le col

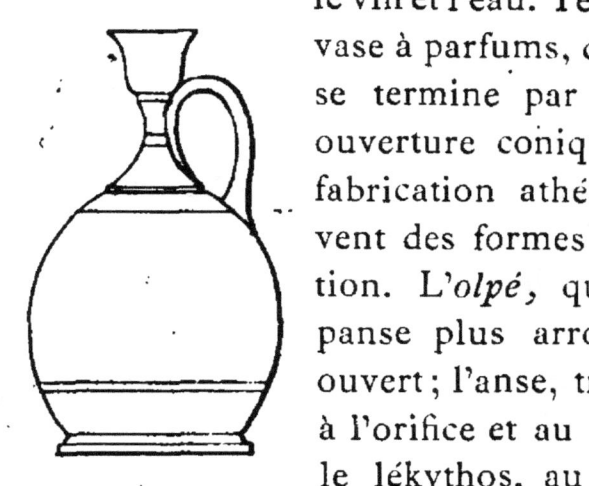

FIG. 99.
LÉKYTHOS ARYBALLISQUE.

étranglé se termine en un large rebord cylindrique, rattaché à la panse par une anse très courte. L'aryballe servait à contenir l'huile dont se frottaient les athlètes ; il figure souvent dans les scènes de bain, de palestre ou de gymnase. Le *bombylios* est un aryballe allongé ; à rebord plat, muni d'une anse pleine percée d'un petit trou ; avec une panse plus renflée dans le haut et très effilée par le bas, il devient le *kotyliskos*.

FIG. 100. FIG. 101. FIG. 102. FIG. 103.
ARYBALLE. BOMBYLIOS. KOTYLISCOS. ALABASTRON.

Tous les vases ne sont pas destinés à contenir des liquides. Ainsi la *pyxis* est une véritable boîte de toilette, formée d'un corps qui s'emboîte exactement dans un couvercle parfois garni d'un anneau de bronze : les scènes de toilette qui ornent souvent le couvercle, rappellent l'usage auquel servait la pyxis ; dans l'un de ces vases, découvert à Athènes, on a trouvé des pastilles de fard. L'*alabastron* tenait aussi sa place dans la toilette ; on le voit, dans les scènes figurées, entre les mains des divinités féminines, ou des suivantes occupées à parer leur maîtresse : c'est un vase de forme allongée, à goulot étroit ; il est quelquefois en albâtre, ou en verre coloré.

Nous sommes loin d'avoir épuisé, dans ce rapide aperçu, la série des formes créées par les céramistes grecs. On ne saurait se faire une idée de leur fécondité d'invention, qu'en voyant, dans les vitrines d'un musée, ces formes variées, empruntées quelquefois aux types de la nature animale ou végétale. Tantôt le vase figure un lièvre, un oiseau ; ailleurs, c'est un pied humain, chaussé d'une sandale, ou bien le vase représente deux coquilles rajustées. Dans cette classe de vases, le plus remarquable est le *rhyton*, qui affecte souvent la forme d'une corne recourbée ; la partie aiguë du vase se compose d'une tête d'animal, bœuf ou cheval, surmontée d'un large col évasé et muni d'une anse. D'autres fois le rhyton n'est plus seulement cette corne à boire qui laissait couler un mince filet de liquide ; c'est un véritable récipient, muni d'un pied ; la partie centrale est formée par une tête en relief ; tel est un beau rhyton du musée d'Athènes représentant une tête d'Éthiopien, les lèvres peintes au rouge vif. Quand les céramistes abandonnent les formes classiques, leur fantaisie n'a plus de bornes ; le vase se décore de reliefs qui deviennent la partie essentielle, et ces produits mixtes appartiennent aussi bien à la classe des terres cuites qu'à celle des vases peints.

FIG. 104.
RHYTON.

§ II. — TECHNIQUE DES VASES

C'est surtout aux travaux et aux expériences de M. le duc de Luynes [1] qu'on doit de connaître les procédés de fabrication de la céramique grecque; les analyses minutieuses de ce savant ont éclairci les points principaux de la question.

L'argile dont se servaient les potiers est très fine, et préparée avec soin; le vase était fait sur le tour à potier, et le fabricant rajustait après coup le col et les anses. Après une première cuisson, qui laissait la terre encore molle, le céramiste chargé de peindre le vase y traçait son sujet à l'aide d'un instrument à pointe émoussée ou arrondie, et dessinait les principaux contours [2].

Le procédé de la peinture variait, suivant que le vase était décoré de figures noires sur fond rouge, ou de figures rouges sur fond noir.

Dans le premier cas, c'est la couleur naturelle de la terre qui donne le fond rouge de la peinture. Les figures se détachent comme des silhouettes noires, et l'artiste les obtient en remplissant de couleur [3] les contours de l'esquisse; les détails, tels que la musculature, les plis

---

1. *Annali dell' Instituto di corr. Arch.*, t. IV, p. 138 et suiv.
2. On voit encore sur certains vases les traces de cette esquisse: ainsi sur une kylix du musée d'Athènes, *Catal. des vases peints du musée d'Athènes*, n° 462. De même sur une kylix signée Cakhrylion, *Bull. de la Société des antiquaires de France*, 1878, p. 47. Ces traits constituaient la première esquisse, à l'aide de laquelle l'artiste cherchait son sujet.
3. Cette couleur noire a pour base l'oxyde de fer.

des vêtements, les traits du visage etc., sont ensuite dessinés avec une pointe sèche qui attaque la teinte noire, et fait reparaître la couleur de l'argile. C'est le procédé le plus ancien ; il est appliqué sur les vases de style archaïque.

Quand les vases sont ornés de figures rouges sur fond noir, la technique est très différente. L'esquisse était reprise avec un pinceau fin chargé de couleur noire ; puis l'artiste, à l'aide d'un pinceau plus épais, entourait ces contours d'une large teinte plate, qui servait à les isoler, et revêtait ensuite d'une couverte noire tout le fond du vase ; les détails des figures, ainsi réservées sur la couleur rouge de la terre, étaient alors dessinés au pinceau fin, en lignes d'une singulière ténuité.

Le noir n'était pas la seule couleur employée ; on se servait de couleurs de retouche, blanc, rouge violacé, pour rehausser les détails des figures noires. Plus tard, les peintures polychromes sont fort en faveur, surtout aux IVe et IIIe siècles ; on ajoute même aux vases les plus soignés des dorures qui relèvent encore la richesse des peintures, où le bleu, le vert, le jaune clair, le brun-rouge sont prodigués. Enfin, certains vases, en particulier les lékythos de fabrication athénienne, sont revêtus d'une couverte blanche, polie avec soin, qui se prête au travail du pinceau.

Les inscriptions qui accompagnent les personnages, ou qui relatent les noms des artistes céramistes, sont tracées au pinceau, soit avec le noir brillant employé pour les figures, soit avec les couleurs de retouche ; quelquefois elles sont gravées à la pointe sèche, à la manière des *graffiti*.

On voit que la fabrication des vases exige un double travail : celui du potier, et celui du dessinateur et du peintre. Cette collaboration est attestée par les signatures d'artistes lues sur les vases[1]. C'est ainsi que l'un des plus beaux vases à figures noires qui soient connus, le *Vase François*, de la galerie de Florence, porte la double signature du fabricant Ergotimos, et du dessinateur Clitias, « Ἐργότιμος ἐποίησεν, Κλιτίας μ'ἔγγαψε[2]. » Le verbe ἐποίησεν désigne le plus souvent le travail du modeleur, qui a donné au vase sa forme élégante, et le mot ἔργαψε celui de l'artiste qui l'a couvert de figures dessinées et peintes[3]. Quelquefois le fabricant est en même temps dessinateur; dans ce cas, il fait suivre son nom de la formule, ἔγραψεν καὶ ἐποίησεν. Ces signatures méritent d'être recueillies avec grand soin; elles sont un des éléments de l'étude des céramiques.

Il n'est pas facile de déterminer la part d'invention qui revenait au dessinateur dans la décoration du vase; à coup sûr, il n'employait ni poncif ni calque; les esquisses dont on a reconnu la trace indiquent les tâtonnements de l'artiste qui cherche les contours de ses personnages. Mais copiait-il un modèle? On admet que des tableaux de peintres célèbres ont pu être reproduits par les céramistes; il est encore fort vraisemblable que

---

1. Voir de Witte : *Noms des fabricants et dessinateurs de vases peints*, 1848.
2. ΕΡΓΟΤΙΜΟΣ ΕΠΟΙΕΣΕΝΕΝ (*sic*) ΚΑΙΤΙΑΣ ΜΕΓΡΑΦΣΕΝ.
3. Le mot γράφειν fait allusion non pas aux γραφαί qui sont les peintures, mais aux γράμματα, qui sont les traits à la pointe; c'est là surtout que se révélait le talent de l'artiste; un simple ouvrier pouvait, en effet, remplir de couleur les contours tracés.

pour certains sujets fréquents, l'artiste avait sous les yeux un modèle, qu'il imitait plus ou moins exactement, retranchant ou ajoutant des personnages suivant la place dont il disposait. Mais il n'était pas astreint à une copie servile, et nombre de vases témoignent que l'improvisation et la fantaisie conservaient leurs droits. Les céramistes étaient assurément des artistes d'ordre très modeste; toutefois, chez le peuple le plus artiste qui ait jamais existé, les œuvres les plus humbles rappellent encore les traditions du grand style. L'art et le métier n'étaient pas strictement séparés; et, dans son domaine restreint, le peintre céramiste pouvait garder une certaine personnalité.

CHAPITRE III

CLASSIFICATION DES VASES PEINTS

La méthode la plus sûre pour l'étude des peintures céramiques consiste à les classer d'après le style de la décoration, en suivant l'ordre chronologique. Ainsi se forment des séries, présentant des caractères très distincts, et qui répondent aux différents âges de l'industrie céramique. L'importance de cette classification pour l'histoire de l'art grec ne saurait échapper à personne : grâce à la succession des styles, on peut suivre d'une série à l'autre le développement du goût général, qui a marqué de son empreinte les vases à peintures aussi bien que les plus beaux marbres. Il faut ajouter que cette classe de monuments est l'une des plus riches ; aussi peut-on la considérer comme offrant une suite continue depuis les origines jusqu'au temps de la décadence.

Les vases peints se répartissent tout d'abord en trois groupes principaux, qui comptent eux-mêmes plusieurs subdivisions : 1º vases d'ancien style ; 2º vases à peintures noires ; 3º vases à figures rouges et peintures de style récent. Nous essayerons de résumer brièvement les caractères techniques des séries spéciales à chacun de ces trois groupes [1].

§ I. — VASES D'ANCIEN STYLE

1º *Poteries de Santorin.* — On sait déjà que les vases trouvés à Santorin sous la pouzzolane, et antérieurs à l'effondrement de l'île, comptent parmi les plus anciens monuments de la civilisation dans les pays helléniques [2]; ils peuvent remonter à dix-huit ou vingt siècles avant notre ère. Les ornements qui les décorent sont très simples, et, le plus souvent, sont empruntés au règne végétal ; un trait caractéristique de cette poterie barbare, c'est l'imitation de la forme humaine, en particulier de la gorge féminine, que le potier a tenté de reproduire en modelant la terre.

2º *Vases d'ancien style des Cyclades.* — La dénomination de *vases phéniciens des Cyclades,* quelquefois employée pour désigner cette classe de vases, est loin d'être certaine : toutefois il est admis que la date de la fabrication de ces poteries correspond à l'époque de la domination phénicienne dans l'archipel grec, et n'est pas postérieure au XIIe ou au XIIIe siècle avant notre ère. On les trouve dans les îles grecques, à Milo, à Santo-

---

1. Voir A. Dumont : *Peintures céramiques de la Grèce propre.*
2. Voir liv. I, ch. I. Le musée de l'École française d'Athènes possède une riche série de ces vases encore inédits. Plusieurs seront reproduits dans l'ouvrage que préparent MM. Dumont et Chaplain : *les Céramiques de la Grèce propre.*

rin[1], à Rhodes, à Chypre. Ces vases sont souvent de

FIG. 105. — VASE DU STYLE PRIMITIF DES CYCLADES.

grandes jarres à fond terreux et grisâtre, décorées de zones,

1. Les vases de ce style provenant de Santorin sont postérieurs à l'effondrement de l'île et ont été trouvés au-dessus de la pouzzolane.

de lignes courbes, de zigzags tracés au brun terne, quelquefois relevés de retouches lilas ou rose clair. La figure humaine n'y paraît pas encore. L'exemplaire que nous reproduisons ici provient de Théra : le fond de la terre est blanchâtre, et les ornements, composés de cercles concentriques, de zones et de chevrons, sont tracés au noir brun ou avec un ton orangé.

3° Vases à ornementation géométrique. — On trouve ces vases dans toute la Grèce, à Mycènes, à Égine, en

FIG. 106. — STYLE GÉOMÉTRIQUE DE MYCÈNES
(Extrait du *Mycènes* du Dr Schliemann.)

Attique, etc. Ils sont les produits d'un art national, qui ne doit rien à l'imitation étrangère, et, à ce titre, ils méritent un sérieux examen[1]. Ces vases diffèrent du type des Cyclades par une ornementation plus régulière, dont les éléments sont empruntés au style rectiligne ou

---

1. Voir A Conze : *Zur Geschichte der Anfänge Griechischen Kunst.*

géométrique. Le groupe le plus important de cette classe de vases est formé par les céramiques trouvées à Athènes ; c'est à ces poteries que nous emprunterons le détail de l'ornementation [1].

La forme de ces vases varie depuis l'amphore jusqu'aux petites coupes; les peintures sont tracées au brun rouge, poussé quelquefois jusqu'au noir, sur le fond rougeâtre de la terre. La décoration consiste en méandres, lignes obliques, chevrons, rosaces, cercles concentriques, souvent tracés avec soin; sur quelques vases, les rosaces ont été exécutées au compas. Il est fort probable que les poteries ne font que reproduire la décoration des vases en métal; l'hypothèse est d'autant plus vraisemblable que certains trépieds en terre accusent, par leur forme et par leurs découpures, l'imitation de trépieds métalliques [2]. A ces éléments de style géométrique vient souvent se joindre la représentation d'animaux : chevaux, daims, cerfs et oiseaux. Les figures d'animaux, exécutées avec raideur et gaucherie, ont un type tout particulier, qui ne permet pas de les confondre avec celles de la période suivante, où les imitations orientales sont manifestes. Quant aux personnages humains, qu'on voit disposés par zones sur les vases attiques à décoration géométrique, ils offrent tous les caractères de l'art le plus primitif : il n'y a là que

---

[1]. Voir Hirschfeld : *Annali dell' Inst.*, 1872. Les poteries de Mycènes feront l'objet d'une publication spéciale dont une partie a déjà paru : *Mykenische Thongefaesse*, par MM. Furtwaengler et G. Löschcke. Berlin, 1879.

[2]. Conze, *loc. cit.*, pl. VII. *Catal. des Vases peints d'Athènes.* N° 31.

de grossières silhouettes ; la poitrine est démesurément large, la taille mince, et les cuisses ont un développement exagéré. Les scènes figurées montrent des processions de personnages, des guerriers sur des chars, des scènes funèbres, et l'exposition du mort (πρόθεσις) [1]. Il n'entre pas dans le cadre de cette courte étude d'exa-

FIG. 107. — FRAGMENT DE VASE D'ANCIEN STYLE D'ATHÈNES, REPRÉSENTANT L'EXPOSITION FUNÈBRE.

miner les théories auxquelles ont donné lieu les caractères si particuliers de ce style géométrique ; il suffit de rappeler qu'on le retrouve dans les pays du Nord, et qu'il a été commun à tous les peuples médio-européens, avant leur séparation. En ce qui concerne les céramiques de cet ordre provenant des pays grecs, on ne saurait leur attribuer une date postérieure au xe siècle. Qu'on leur donne avec M. Conze le nom de vases *pélasgiques* ou tout autre nom, il est hors de doute que ces

---

[1]. Les exemplaires les plus remarquables sont au ministère des cultes, à Athènes.

vases ont été fabriqués en Grèce pendant une longue période [1], avant que les relations avec l'Orient asiatique eussent fourni aux céramistes grecs les modèles dont ils s'inspireront bientôt.

4° Vases de Milo. — Les influences orientales apparaissent nettement sur des vases trouvés à Milo qu'on peut dater du VIIIe ou du VIIe siècle. A côté d'ornements rectilignes, restes de l'ancien style géométrique, on voit des zones d'animaux de caractère oriental, des sujets décoratifs propres à l'Asie, comme des chimères affrontées. En même temps, les dieux grecs sont déjà figurés sous leur forme hellénique. Ces vases forment une série de transition, et sont presque contemporains des plus anciens vases de la classe suivante.

5° Vases du style corinthien ou asiatique. — On a souvent donné à ces vases le nom de *vases corinthiens*, parce que les tombeaux des environs de Corinthe en ont fourni un certain nombre; mais on les trouve dans toutes les parties du monde grec, et même dans les nécropoles de l'Étrurie. Le caractère distinctif de ces céramiques, c'est une décoration dont les motifs procèdent directement de l'Orient. On y retrouve les rosaces des monuments assyriens, des êtres fantastiques, moitié hommes et moitié animaux, des oiseaux à tête humaine coiffés du polos oriental, des personnages volants, munis d'ailes recoquillées; symboles qui n'avaient de sens que pour les Orientaux, et que les Grecs copiaient sans

---

1. Il est probable que ce style s'est conservé assez tard par tradition.
2. Voir Conze : *Melische Thongefaesse.*

les comprendre. Les formes les plus fréquentes de ce genre de vases sont l'aryballe sphérique, le bombylios, l'alabastron, et la kylix profonde. La terre est d'un blanc jaunâtre, et les peintures, suivant les époques, sont ternes ou plus vives, ou enfin d'un noir assez intense relevé de violacé et de rouge[1]. La fabrication de ces vases a duré assez longtemps, jusqu'à l'époque de la peinture noire proprement dite; en distinguer les périodes est fort difficile, aussi doit-on se borner à les classer dans l'ordre suivant : 1° vases à zones d'animaux; 2° vases à personnages; 3° vases à sujets mythologiques avec inscriptions.

FIG. 108.
BOMBYLIOS DE TANAGRA,
DE STYLE CORINTHIEN.

1° Les vases de grandes dimensions sont décorés de plusieurs zones d'animaux, tels que

[1]. Le Louvre en possède une riche collection. On en trouvera des spécimens dans l'ouvrage de M. de Longpérier : *Musée Napoléon III*.

lions, boucs, tigres, antilopes, qui sont figurés tantôt affrontés, tantôt passant et marchant à la file; les couleurs de retouche au rouge violacé apparaissent fréquemment, et les détails de la musculature sont indiqués à la pointe sèche. Des rosaces remplissent le champ des zones.

2° Sur les vases à personnages, des sujets empruntés à la mythologie de la Grèce viennent s'encadrer entre les zones d'animaux. Ce système décoratif est directement emprunté à l'Orient; les potiers grecs le copiaient soit d'après les étoffes et les tapis fabriqués en Orient, soit d'après les coupes de métal venues de Chypre ou d'Assyrie par l'intermédiaire des Phéniciens.

FIG. 109. — VASE CORINTHIEN A ZONES D'ANIMAUX.

3° Enfin apparaissent, vers le viie siècle, les inscriptions en caractères corinthiens sur les vases à sujets mythologiques. Les personnages sont désignés par leurs noms, tracés en lettres grecques archaïques, qui sont celles de l'alphabet corinthien au viie siècle. Le type le plus remarquable est la pyxis trouvée à Mertèse (*vase*

Dodwell) qui représente la chasse du sanglier de Calydon ; les personnages ont chacun leur nom. Θερσανδρος, Φιλον, Λακον, Ανδρυτας, Σακις, Αλκα, Δοριμαχος, Αγαμεμνον. C'est aussi sur les vases de cette série que se lisent les plus anciennes signatures d'artistes, celle de Kharès, et celle de Timonidas de Corinthe sur un vase du musée d'Athènes, représentant Achille guettant Troïlos.

La fabrication de ce genre de vases avait pris certainement une grande expansion. Le commerce les répandait dans toutes les parties du monde grec ; on en trouve jusqu'en Étrurie, et la présence dans ce pays de la colonie corinthienne conduite par Démarate a pu contribuer à y mettre ce style en faveur. C'est de Cervetri, l'ancienne Agylla étrusque (ou Caeré), que proviennent en grande partie les vases de style corinthien du Louvre[1] ; ils forment une collection d'une grande richesse, qui n'a d'égale dans aucun musée d'Europe. Nous nous bornerons à citer l'un des plus connus : une grande kélébé, décorée d'une bande d'animaux et, au-dessus, d'une demi-zone de personnages. La scène est empruntée à la légende homérique et représente le départ d'Hector, prêt à monter sur son char de guerre ; les personnages qui entourent le héros sont les membres de la famille de Priam et des guerriers troyens (fig. 110).

On s'accorde à dater les plus anciens de ces vases avec inscriptions de la seconde moitié du VIIe siècle (660) ; ici la date a une importance capitale, car elle permet d'établir de curieux rapprochements entre le

---

1. Ancienne collection Campana.

style des peintures céramiques et celui des autres monuments contemporains. Nous avons déjà parlé du célèbre coffre de Kypsélos[1], qui était pour le temps une des

FIG. 110.
VASE CORINTHIEN AVEC PERSONNAGES ET INSCRIPTIONS.
DÉPART D'HECTOR.

merveilles de la toreutique; le style des figures dont il était couvert, la disposition des sujets, les inscriptions tracées suivant le mode appelé *boustrophédon*[2], c'est-

---

1. Voir livre I, ch. II.
2. Βουστροφηδόν, littéralement : à la manière des sillons tracés par les bœufs, qui reviennent sur leurs pas au bout d'un sillon.

à-dire de gauche à droite et de droite à gauche, toutes ces particularités s'expliquent par l'examen des vases corinthiens. En admettant, pour le coffre de Kypsélos, la date de la xxxᵉ olympiade, il n'est antérieur que de quelques années aux céramiques corinthiennes les plus anciennes; et il est hors de doute que ce groupe de monuments dénote les mêmes inspirations, les mêmes procédés. C'est l'âge où le génie grec, tout imbu d'influences asiatiques, commence à peine à se dégager, et admet encore, à côté de sujets purement helléniques, les étranges motifs de décoration empruntés à l'Orient.

La fabrication des vases corinthiens s'étend jusqu'à l'époque des primitifs. Un grand nombre de ces produits céramiques offrent déjà les procédés de technique usités dans la période suivante, et se rapprochent des vases à peintures noires. Ainsi sur les vases corinthiens du type le plus récent, les chairs des femmes sont peintes en blanc, comme la longue tunique des cochers des chars (auriges) et les *épisèmes* ou emblèmes des boucliers. Un système de classification plus détaillé devrait faire une place, au début de la série suivante, à ces vases, où les traditions de la peinture noire sont appliquées en même temps que l'ornementation asiatique. On se bornera ici, pour ne pas multiplier les divisions, à signaler cette classe de vases, qui forme la transition entre le style corinthien et la peinture noire.

§ II. — Vases a peintures noires

La période de floraison de la peinture noire s'étend de la LXe à la LXXXe olympiade, sans parler des céramiques d'un âge plus récent, où ce procédé apparaît encore par imitation, jusqu'au IVe siècle. Comme celui des maîtres primitifs, le style de ces peintures accuse tous les caractères de l'archaïsme : figures raides, presque toujours représentées de profil ; gestes anguleux, visages sans expression et d'un type uniforme. Ajoutons qu'au déclin de la peinture noire, ces caractères se conservent surtout par convention ; il y a des fautes voulues, des gaucheries trop habilement exprimées pour être sincères. C'est ainsi que les amphores panathénaïques, dont plusieurs datent du temps d'Alexandre, reproduisent tous les traits des peintures archaïques, bien qu'elles soient contemporaines des plus beaux vases à figures rouges ; il n'y a là qu'un archaïsme affecté et de pure convention. On a déjà indiqué la technique de la peinture noire, l'emploi de la couleur blanche pour distinguer les femmes des hommes, et celui du rouge violacé pour rehausser l'effet des peintures ; on n'y reviendra point.

Les sujets figurés le plus souvent sur cette classe de vases sont empruntés à la mythologie, et surtout au cycle de Dionysos ; les processions de dieux y sont très fréquentes, et ces vases offrent un vif intérêt pour l'étude du type plastique des divinités helléniques. Les scènes de la guerre de Troie, les travaux d'Héraklès, les mythes attiques, comme celui de Thésée, ont aussi fourni aux artistes céramistes des motifs fréquemment reproduits.

Une classification sommaire permet de répartir les vases à figures noires en plusieurs séries, dont les principales sont les suivantes : 1° vases à fond blanc ou jaune; 2° vases du style d'Ergotimos et de Klitias; 3° vases du style de Nicosthènes; 4° vases de style sévère; 5° amphores panathénaïques; 6° produits communs.

1° *Vases à fond blanc ou jaune.* — Les vases de cette nature, où les figures noires se détachent sur un enduit d'un blanc jaunâtre, sont encore fort rares. Le cabinet des Médailles, à Paris, en possède un curieux exemplaire, connu sous le nom de coupe d'Arcésilas : la peinture montre ce personnage (où l'on a reconnu un roi de la Cyrénaïque)[1] assis sous un baldaquin, et entouré de serviteurs occupés à peser dans des balances le *silphium*, produit précieux de la Cyrénaïque, fort recherché en Grèce. A la même série appartient une autre coupe du cabinet des Médailles, représentant Ulysse et ses compagnons enivrant le cyclope Polyphème, et lui crevant son œil unique à l'aide d'un pieu rougi au feu.

2° *Vases du style d'Ergotimos et de Klitias.* — La signature de ces deux artistes[2] ne se lit avec certitude que sur un seul monument, le vase *François*, du mu-

---

1. Peut-être le vainqueur aux jeux Pythiques de la LXXX⁰ olympiade, dont parle Pindare (458 av. J.-C.).

2. Leur fils, Eukhéros, est aussi connu par sa signature.

sée de Florence. Néanmoins, ce style de peintures a une telle importance, qu'il marque une des périodes de l'histoire de la céramique grecque; c'est une des merveilles de la peinture noire. Cette magnifique amphore est décorée de trois zones de sujets sur la panse : deux autres ornent le col et le pied, et les anses elles-mêmes sont couvertes de peintures. Le principal sujet offre le cortège des divinités qui assistent aux noces de Thétis et de Pélée, montées sur sept quadriges; les autres motifs sont les funérailles de Patrocle, Achille poursuivant Troïlos, le combat des Lapithes et des Centaures, la chasse de Calydon, Thésée et Ariadne, etc. Toutes ces compositions se développent avec une singulière richesse, traitées dans ce style archaïque et sévère qui prête tant de charme aux œuvres des vieux maîtres grecs. Ce vase d'une rare beauté fait comprendre avec quelle fertilité d'imagination les toreuticiens des écoles doriennes avaient décoré des monuments célèbres, comme le trône d'Apollon Amycléen, connu seulement par les descriptions des écrivains grecs.

3° *Vases du style de Nicosthènes.* — On reconnaît facilement les vases de ce style au dessin déjà plus ferme, et surtout aux palmettes très particulières qui en ornent le col; c'est une combinaison fort élégante de fleurs de lotus et d'entrelacs, qui paraît avoir été propre à Nicosthènes et à son école. La gravure ci-jointe montre un vase du Louvre signé de cet artiste; il est décoré de deux zones de sujets, dont l'un offre la représentation du Sphinx et peut-être d'Œdipe (fig. 111).

Les vases signés de Nicosthènes sont nombreux; on les trouve à Vulci, à Caeré, à Agrigente, et en

Attique. Il est clair que sa fabrication avait une grande renommée, et le goût spécial qui caractérise ses œuvres les faisait rechercher dans les différentes parties du monde grec.

4° *Vases de style sévère*. — Nous désignons sous ce nom les peintres où les couleurs de retouche sont plus rares, et où l'effet est surtout obtenu par la gravure à la pointe sèche qui accuse les détails du corps et du costume. Les figures sont dessinées avec une grande énergie et un souci évident d'accentuer l'anatomie des personnages. En même temps, toute trace d'ornementation orientale a disparu ; on est arrivé à la seconde période archaïque, et les plus beaux spécimens de cette classe sont contemporains des œuvres qui précèdent, dans la plastique grecque, le moment de la perfection. Les noms d'artistes qui se retrouvent le plus fréquemment sur les vases de style sévère sont ceux de Timagoras, d'Amasis, de Tléson, fils de Néarkhos, et d'Hermogènes.

Le Louvre possède une belle série de ces vases, parmi lesquels nous citerons l'hydrie de Timagoras,

FIG. 111.

VASE DU STYLE DE NICOSTHÈNES.

qui montre la lutte d'Héraklès contre Triton ou Nérée (fig. 112). Le style sévère apparaît aussi avec tous ses

FIG. 112. — HYDRIE À FIGURES NOIRES.
(Style de Timagoras.)

caractères dans une peinture du musée d'Athènes : c'est un plat trouvé à Phalère, représentant l'armement d'Achille. Thétis apporte à son fils les armes divines que ce héros revêt en présence de Néoptolème et de Pélée [1].

Aucun musée d'Europe ne possède une œuvre comparable à la magnifique amphore décorée de peintures noires, trouvée au cap Kolias, aujourd'hui au musée d'Athènes (Varvakéion). Le sujet principal est l'exposition d'un mort (πρόθεσις); autour du lit, des femmes pleurent avec des gestes de douleur, et semblent accompagner leur mimique funèbre des exclamations consacrées. La scène est d'un effet saisissant, par la simplicité austère de la composition et par l'expression de tristesse peinte sur les visages; les qualités du style sont déjà celles d'une époque qui atteint à la perfection, et la peinture noire n'a rien produit de plus accompli.

5° *Amphores panathénaïques.* — Ces vases, qui étaient donnés en prix aux vainqueurs des Panathénées, présentent des caractères très particuliers; ils ont la forme d'une amphore surmontée d'un couvercle. La peinture qui décore le devant de la panse montre Athéna armée, brandissant la lance dans l'attitude du combat; de chaque côté de la déesse est figurée une colonne, surmontée d'un coq, d'une chouette, d'un vase ou d'un personnage. Dans le champ, et tracées le long des colonnes, on lit deux inscriptions au pinceau; l'une rappelle la destination du vase : ΤΩΝ ΑΘΗΝΗΘΕΝ ΑΘΛΩΝ (*prix des jeux d'Athènes*)[2]; l'autre signale l'archonte éponyme qui était alors en charge. La peinture du revers représente habituellement le genre de jeux

---

1. *Catal. du Mus. d'Athènes.* N° 231.
2. Sur les plus anciens vases, l'inscription offre les particularités de l'ancienne orthographe attique ; τõν Ἀθένεθεν ἄθλον.

Fig. 113. — AMPHORE PANATHÉNAÏQUE.

pour lequel le vainqueur a été couronné. Ces vases se trouvent en grand nombre dans les musées, et proviennent des différents points du monde grec, comme l'Italie, la Cyrénaïque : Athènes n'en avait fourni qu'un exemplaire jusqu'à ces dernières années. On connaît maintenant plusieurs fragments d'amphores panathénaïques, trouvées à Athènes, près du temple d'Athéna Polias : les vases avaient sans doute été consacrés à la déesse. On sait déjà que, pour ce genre de vases, la peinture noire n'est pas un indice d'ancienneté ; si le style archaïque s'y est conservé, c'est par tradition, car on y a lu des noms d'archontes qui étaient en fonctions au IVe siècle, alors que l'art était déjà bien loin de l'archaïsme naïf des premiers temps.

6° *Produits communs*. — Nous rangeons sous ce titre une nombreuse série de vases, très communs dans les musées, surtout à Athènes, et qui n'ont été étudiés qu'imparfaitement. Les plus nombreux sont les lékythos, décorés de peintures rapidement exécutées, souvent avec négligence. On distingue plusieurs types dans cette série de vases. 1° Ceux du type de Phalère et de Béotie, reconnaissables à leurs formes lourdes, à la couleur jaune de la terre. Les lékythos de Phalère portent sur le col un coq entre deux feuilles de lierre ; les scènes éphébiques et dionysiaques y sont fréquemment figurées. 2° Type d'Athènes : les formes sont plus élégantes, et les mythes de l'Attique fournissent les principaux motifs de la décoration. 3° Type de Locres : les figures sont tracées à la couleur noire sur fond jaunâtre ; un des spécimens les plus intéressants, au musée d'Athènes, représente Dionysos châtiant les pirates tyrrhéniens qui sont métamorphosés en dauphins : c'est le sujet figuré sur la frise du monument choragique de Lysicrate, à Athènes.

§ III. — VASES A FIGURES ROUGES, ET VASES DE STYLE RÉCENT

Cette classe de vases est de beaucoup la plus nombreuse, et les variétés de style, qui répondent aux progrès et à la décadence de l'art, s'y marquent nettement. Elle offre cependant des caractères généraux, qui s'opposent à ceux des vases à peinture noire. Toute trace de convention a disparu, et les artistes, se dégageant des procédés imposés par une sorte de tradition, visent à l'expression juste et individuelle. Les compositions sont aussi moins chargées de personnages; au lieu des zones avec une longue suite de figures, les sujets sont plus restreints, surtout dans les vases les plus soignés. En même temps, l'exécution est plus finie et plus simple, et les détails des figures, des draperies, des costumes, sont traités avec une exquise pureté.

La fabrication de ces vases a certainement commencé avant la fin de la période précédente. On connaît des exemplaires qui montrent l'emploi simultané des deux genres de peintures ; en outre, des fragments de vases à figures rouges ont été trouvés sous les débris du vieux Parthénon, brûlé par les Perses en 484 av. J.-C. (olympiade LXXIV). Mais si les plus anciens vases de ce style peuvent être contemporains de l'époque de la peinture noire, il faut reconnaître que le style nouveau n'a pas tardé à supplanter l'ancien, et que l'âge de la peinture rouge correspond à la plus longue période de l'hellénisme. Les éléments font défaut pour en déterminer la limite ; d'après une opinion qui a pour elle l'autorité de plusieurs savants, la fabrication de ces vases aurait pris fin vers 186 av. J.-C : le sénatus-consulte des Bacchanales, interdisant les cérémonies du culte de Bacchus, aurait atteint en même temps l'industrie céramique, qui fournissait les accessoires obligés de ces fêtes.

Les peintures céramiques de la troisième période présentent une grande variété ; aussi peut-on les répartir en séries nombreuses, dont les plus importantes sont les suivantes : 1° vases de style sévère ; 2° vases du second style de la peinture rouge ; 3° vases de style attique d'une parfaite élégance ; 4° produits communs ; 5° vases rehaussés d'ornements dorés ; 6° vases à reliefs ; 7° lékythos blancs d'Athènes.

1° *Vases de style sévère.* — M. de Witte caractérise en excellents termes les peintures de cette période : « Les compositions conçues dans le style sévère ont quelque chose de roide ; on y retrouve, dans l'expression du visage, la forme des peintures à figures noires, et cependant on sent déjà que l'art est prêt à rompre les entraves qui s'opposent à sa liberté. Les cheveux et la barbe arrangés et disposés avec soin, les boucles frisées, les vêtements aux plis roides et tombant droit distinguent le style sévère [1]. » Pour la date de ces vases, on ne saurait remonter plus haut que les premières années

---

1. *Études sur les vases peints.*

du ve siècle, ni descendre au delà du début du ive siècle. C'est le moment de la perfection de l'art, des grandes écoles de l'Attique et du Péloponèse; toutefois, comme le progrès ne marche point du même pas dans le domaine des différents arts, les céramistes ont fort bien pu rester, plus longtemps que les sculpteurs, fidèles à cette rigidité de formes qui ne s'assouplit complètement qu'au ive siècle. En dépit de ces nuances, il est certain que les peintures céramiques de cette époque reflètent le style du grand siècle; on peut même penser que les céramistes se sont souvent inspirés des maitres de la peinture. A propos d'une magnifique amphore de Munich, représentant l'enlèved'Orithyie par Borée, Welcker a établi des rapprochements ingénieux entre le style de cette composition et celui de Polygnote, qui florissait vers la LXXVe olympiade; le vase de Munich reproduirait la manière imposante et grandiose du peintre qui avait décoré la Lesché de Delphes. Les musées sont très riches en vases de ce genre; mais il faut placer au premier rang la belle amphore du Varvakéion à Athènes, qui montre la lamentation près d'un mort, et le cortège des cavaliers se préparant, la lance baissée, à escorter le convoi.

Sans nous attarder à multiplier les exemples, nous citerons les principaux vases signés de noms d'artistes, ceux surtout qui accusent un style personnel. Andokidès est un des plus anciens artistes de cette période : une amphore signée de lui[1], d'un style encore raide, offre l'emploi simultané de la peinture noire et de la

---

1. *Bull. de l'Inst. Arch.*, 1845.

peinture rouge. Epictétos appartient aussi à la période de transition ; mais s'il s'associe parfois à Nicosthènes et à Hiskhylos, qui peignent encore à la manière noire, il ne signe que des peintures rouges d'un style fin et soigné. Sosias excelle également dans l'exécution du détail, traité avec une rare énergie. Il est l'auteur de la célèbre coupe du musée de Berlin montrant à l'intérieur les grandes divinités, et à l'extérieur Achille soignant Patrocle blessé. Euphronios, qui fait suivre ordinairement sa signature du verbe εποιεσεν, est souvent associé à Cakhrylion. Cependant son nom se lit seul sur une belle coupe du plus grand style, représentant à l'extérieur les exploits de Thesée, et à l'intérieur le héros associé à Athéna et à Amphitrite [1]. Dans cette composition d'une élégance sévère, M. de Witte a pu reconnaître une copie plus ou moins directe des peintures exécutées par Micon pour le Théséion d'Athènes. Le vase d'Euphronios (fig. 114), que nous reproduisons ici, est un cratère du Louvre, représentant la lutte d'Apollon et du géant Tityus. Cakhrylion est connu par dix vases environ, offrant des compositions d'un dessin maigre et élégant, encore empreint d'une sévérité archaïque, avec des attitudes déjà plus souples et plus libres. On possède aussi, pour cette période, des œuvres de Panphaios, de Douris, de Brygos : c'est ce dernier qui a signé la coupe représentant la dernière nuit de Troie, et le massacre des Priamides.

2° *Vases de la seconde époque de la peinture rouge.*

[1]. Publiée par M. de Witte : *Monuments grecs de l'Association,* etc. N° 1.

LES VASES PEINTS.

— Au IVᵉ siècle, la peinture sur vases participe à l'évolution de l'art qui fait prévaloir le goût des formes élé-

FIG. 114. — CRATÈRE A FIGURES ROUGES.
(Vase d'Euphronios.)

gantes. Si, dans la grande peinture, Zeuxis et Parrhasios s'éloignent de la gravité religieuse de Polygnote, le style des céramistes présente la même recherche de la finesse et de la grâce. Les formes robustes font place aux formes juvéniles; aux attitudes raides succèdent des poses charmantes de simplicité et de naturel; les plis des vêtements s'assouplissent, et flottent autour des corps, au lieu de laisser entrevoir les contours sous leur tissu translucide, comme dans le style sévère. A cette période appartiennent les belles amphores de Nola, qui font l'ornement du musée de Naples, telles que le vase de la dernière nuit de Troie, le *stamnos* représentant des Bacchantes. Citons encore, au musée du Louvre, une charmante coupe, représentant le poète Linos (Λινος) donnant une leçon de chant ou de grammaire au jeune Musée (Μουσαιος), qui de la main gauche tient ses tablettes, tandis que son maître développe un rouleau de papyrus. Les sujets traités sur les vases du IVe siècle sont aussi plus libres, moins exclusivement mythologiques. La fantaisie des artistes s'exerce sur des scènes de la vie quotidienne. Une coupe de Vulci nous montre une véritable idylle : deux jeunes gens s'entretiennent avec un personnage d'âge mûr assis sur un tabouret : l'un d'eux montre une hirondelle, et s'écrie : « Voici une hirondelle » (Ιδε χελιδον). « Oui, par Hercule » (Νε τον Ηρακλεα), répond l'homme plus âgé. « La voici » (Ηαυτει), ajoute le plus jeune garçon. « C'est le printemps » (Εαρ εδε), telle est la conclusion prononcée par le personnage barbu. Il est impossible de traduire avec une grâce plus simple cette scène, qu'on peut intituler *le Retour du printemps*[1].

---

1. *Mon. inediti dell' Inst.*, t. II, pl. XXIV.

3º *Vases de style attique d'une parfaite élégance*. — A mesure qu'on avance dans le IVe siècle, il est aisé de voir que le pur style attique tend à prédominer dans les céramiques de la Grèce propre; en même temps, les différences s'accentuent entre les produits purement grecs et les vases italiotes. Aussi faut-il réserver une série spéciale pour les vases de style attique, dont les caractères sont très précis. Ces délicates poteries sont le plus souvent des vases de faibles dimensions, pyxis, œnochoés, aryballes, etc. Elles sont facilement reconnaissables au beau noir de la couverte, aux guirlandes de myrte à feuilles aiguës qui les décorent fréquemment, et surtout à l'extrême délicatesse des peintures; seuls, les artistes athéniens paraissent avoir possédé cette légèreté de main et cette exquise distinction de style.

Les musées d'Europe possèdent quelques beaux exemplaires de ces peintures; un des plus remarquables est l'aryballe du musée de Naples[1], qui représente le combat des Amazones contre les Athéniens. Bien qu'il ait été trouvé à Cumes, ce vase offre tous les caractères du style attique, et n'a rien de commun avec les céramiques italo-grecques de la même époque. Les qualités du plus pur atticisme apparaissent encore dans les peintures d'un aryballe, trouvé à Æxone, et montrant les personnages du chœur de Dionysos; la grâce des attitudes, l'expression des visages et la légèreté exquise du travail en font un chef-d'œuvre. Si les céramistes athéniens continuent à s'inspirer des sujets

---

1. *Raccolta Cumana*. Nº 239 du catal. de M. Heydemann.

FIG. 115. — FRAGMENT D'UNE SCÈNE DIONYSIAQUE.
(Sur un aryballe à figures rouges.)

mythologiques, ils font aussi une large place aux motifs empruntés à la vie de chaque jour. La collection du Varvakéion est riche en vases attiques où figurent des scènes d'intérieur[1] : femmes à leur toilette ou en visite; travaux du gynécée, où les femmes filent en causant; scènes de fiançailles et de galanterie, où des Éros ailés traduisent les sentiments des personnages; la série est nombreuse et variée. Les artistes ne dédaignent pas d'orner avec le même soin de fort petits vases, servant de jouets aux enfants, et ils les décorent de compositions dont les jeux de l'enfance fournissent les motifs. Rien n'est plus spirituel

FIG. 116. — PETIT LÉKYTHOS A FIGURES ROUGES.
(Musée d'Athènes)

que ces petits sujets vivement traités, où l'on voit des enfants traînant leur chariot, galopant sur un chien, ou poussant devant eux des roulettes emmanchées à de longs bâtons. C'est la vie familière, prise sur le vif avec un art parfait.

4° *Produits communs*. — Ces vases se trouvent en grand nombre dans nos musées; d'une exécution plus ou moins négligée, ils n'offrent pas de caractères assez précis pour qu'on puisse les classer dans une des séries précédentes. En général, ces vases sont de grandes dimensions, hydries, kalpis, kélébés, cratères ou am-

---

1. *Catal. du Musée d'Athènes*, de 406 à 499.

phores; et à ces variétés de classes correspondent souvent des différences de sujets. Ainsi un des motifs fréquemment figuré sur les amphores est celui des fiançailles ou du cortège nuptial, auquel assistent la *nympheutria* et des femmes portant les cadeaux, vases ou bijoux renfermés dans des coffrets. Les pélikés, les hydries, offrent souvent des motifs de la vie ordinaire, des tableaux d'intérieur, représentant des femmes assises et travaillant, entourées d'oiseaux apprivoisés, ou bien des scènes de toilette. Les cratères et les canthares sont décorés de sujets dionysiaques : Dionysos, couronné d'ache, portant le thyrse, et entouré de bacchantes et de satyres qui tiennent des canthares ou des prokhoos. Cette classe de sujets est surtout fréquente sur les vases provenant de Béotie : on reconnaît ces vases à l'exécution, parfois négligée, et aux palmettes d'un style lourd qui accompagnent les peintures; ils forment une série déjà nombreuse au musée d'Athènes.

5° *Vases à ornements dorés et à reliefs rehaussés d'or*[1]. — Pendant la période la plus brillante de la céramographie chez les Grecs, la décoration des vases devient d'une grande richesse, grâce à l'emploi de la polychromie et de la dorure. A partir du IV° siècle, c'est un usage général de dorer certaines parties du costume, comme les bandelettes, les boucles d'oreilles, les perles des colliers et les baies des guirlandes de laurier ou de myrte qui figurent sur les vases à titre d'accessoires ou d'ornements. La dorure s'obtient au moyen

---

1. Voir J. de Witte : *Revue archéologique*, t. VII. — Otto Iahn : *Ueber bemalte Vasen mit Goldschmuck; Rev. Arch.*, 1875. — M. C. *Trois vases peints de la Grèce propre à ornements dorés.*

de feuilles d'or battu, appliquées sur de petits reliefs, ou sur des bossettes de pâte argileuse. Sur les petits vases de style attique, comme les aryballes et les œnochoés, la dorure est souvent appliquée avec discrétion, mais sur les grands vases, elle est prodiguée ; en même temps, des couleurs très vives rehaussent l'éclat de la peinture, et les teintes rouges, vertes, blanches, bleues, violettes, appliquées sur les draperies, marient leur éclat à celui de l'or.

Un des vases les plus beaux, parmi ceux où l'or s'unit aux couleurs vives, est la péliké trouvée à Camiros, aujourd'hui au musée Britannique; la peinture représente l'enlèvement de Thétis par Pélée ; le péplos que la déesse laisse tomber est vert de mer, avec une bordure blanche ; sa parure et celle des Néréides qui l'accompagnent sont richement dorées. Parmi les vases dorés du musée d'Athènes, nous citerons surtout un joli aryballe, où est figurée Athéna couronnant Pélops après sa victoire, en présence de l'idole d'Athéna Cydonia, à laquelle le héros sacrifia avant sa lutte. Trouvé en Attique, ce vase, d'une rare pureté de style, est le type des céramiques de petite dimension, où l'or est appliqué avec la réserve que commmandent les proportions restreintes des sujets figurés.

On a pu croire quelque temps avec vraisemblance que les vases rehaussés d'or étaient de fabrique exclusivement athénienne; la finesse du style semblait accuser cette origine. A mesure que s'est accru le chiffre des vases communs, on a été amené à reconnaître qu'ils étaient fabriqués dans des ateliers très différents : outre l'Attique, la Béotie, la Mégaride, la Corinthie en ont fourni de remarquables exemplaires. Ce luxe d'ornementation n'était pas particulier à l'Attique; il était usité sans doute dans les principales fabriques du monde grec, et les ateliers de Corinthe pouvaient rivaliser sur ce point avec ceux d'Athènes.

Il y a toute une classe de vases où les peintures sont remplacées par des figures modelées en relief, et appliquées, comme une frise, sur la panse du vase. Si les monuments de cette nature sont rares, ils comptent parmi les merveilles de la céramique grecque, et les plus beaux montrent l'emploi combiné de toutes les ressources de l'art décoratif : le relief, la polychromie et la dorure. Il faut placer au premier rang le fameux vase de Cumes, autrefois dans la collection Campana, aujourd'hui au musée de l'Ermitage à Saint-Pétersbourg. Le fond du vase, revêtu d'une brillante couverte noire, est cannelé, et le principal groupe des figures en relief offre la représentation de Triptolème avec les déesses Éleusiniennes; dans la seconde frise sont figurés des lions, des chiens, des panthères, des griffons, également dorés. Le merveilleux travail du modelé, la richesse des dorures, l'éclat des couleurs prodiguées sur les vêtements font de ce vase un des plus précieux monuments de la céramique et de la plastique. Des qualités analogues distinguent un aryballe trouvé à Kertsch, en Crimée : le sujet représente une chasse à laquelle prennent part le jeune Darius et ses compagnons, Abrokomas, Seisamès, Euryalos et Euros. C'est un artiste athénien, Xénophantos, qui a signé ce vase, vers la c^e olympiade (380 av. J.-C.)[1].

---

1. ΧΕΝΟΦΑΝΤΟΣ ΕΠΟΙΗΣΕΝ ΑΘΗΝ[αιος. *Antiquités du Bosphore Cimmérien.*, pl. XLV-XLVI.

Quelquefois le relief est combiné avec la peinture; c'est le cas pour un autre vase de Kertsch, représentant la dispute d'Athéna et de Poseidon; les deux divinités, seules modelées en relief, occupent la partie centrale de la composition, et dans ce groupe on a pu reconnaître une imitation, des statues qui formaient le sujet central du fronton ouest du Parthénon.

6° *Vases à reliefs*. — Dans cette classe de vases, les reliefs ont été modelés à part et appliqués après coup[1]. Mais on comprendra sans peine que le génie inventif des Hellènes a imaginé d'autres systèmes de décoration où entre le bas-relief. Tels sont les vases ornés de bas-reliefs qui ont été produits à l'aide de timbres ou de moules en creux imprimés sur la terre encore fraîche. Ce procédé est très ancien; on le trouve usité sur des vases d'une époque reculée. C'est aussi d'après ce système que sont ornées les coupes de Mégare, vases de forme hémisphérique à vernis noir, où se déroulent des sujets empruntés aux mythes dionysiaques. Nous avons déjà signalé les récipients en forme de statuettes ou de figurines, où le col et le goulot sont tout ce qui rappelle le principe du vase[2]. Dans cette voie, la fantaisie des artistes ne connaît pas de limites; et il serait difficile de signaler toutes les combinaisons créées par le caprice ou par le goût de la nouveauté.

---

[1]. On distingue très bien ce procédé de technique sur un vase en forme de gourde plate du musée d'Athènes; les bas-reliefs, figurant des combats d'Amazones, sont détachés par endroits.

[2]. Voir G. Treu : *Griechische Thongefässe in statuetten — und Büstenform*. 1875.

7° *Lékythos blancs d'Athènes*[1]. — Il y a lieu de consacrer une étude particulière à une classe de vases d'un extrême intérêt, qu'on ne trouve pas en dehors de l'Attique. Ces vases offrent un type uniforme, avec des caractères très précis. Ils ont tous la forme du lékythos, de proportions allongées ; la panse est revêtue d'un enduit blanc, de couleur très franche, qui se raye facilement à l'ongle, et sur lequel sont tracées des figures ordinairement relevées de couleurs vives ; le trait est dessiné au brun rouge. Un vernis noir très brillant recouvre le col et le pied.

Tandis qu'on trouve fréquemment ce genre de lékythos dans les tombeaux de l'Attique, on ne les rencontre sur aucun autre point du monde grec[2]. Ce fait s'explique par le caractère funéraire du lékythos, qui joue un rôle important dans les pratiques athéniennes relatives au culte des morts. On sait qu'à côté des croyances générales, communes à toute la Grèce, chaque province avait des coutumes spéciales, des cultes funèbres

FIG. 117.
LÉKYTHOS BLANC
D'ATHÈNES.

---

1. Voir surtout le recueil de M. O. Benndorf : *Griechische und Sicilische Vasenbilder*.
2. Aussi ces vases, rares dans les musées d'Europe, sont-ils nombreux dans les collections athéniennes.

qui lui étaient propres. Ceux de l'Attique sont très particuliers, et l'on comprend sans peine qu'un genre d'industrie qui s'y rattachait étroitement, n'ait jamais franchi les limites de cette province. C'est à Athènes seulement qu'on fabriquait ces vases déjà signalés par Aristophane comme ayant un sens funéraire : le poète comique parle de ceux « qui peignent des lékythos pour les morts[1] », et le témoignage des monuments montre qu'ils figuraient dans la cérémonie de *l'exposition du mort* (πρόθεσις).

Le texte d'Aristophane prouve en outre que, dès l'année 392, on fabriquait des lékythos blancs. Il est probable que la fabrication a duré pendant tout le IVe siècle, et ne s'est même arrêtée qu'à la fin du IIIe siècle; il n'y a pas d'exemple de lékythos blancs de style archaïque. Les exemplaires les plus soignés accusent nettement la date de la plus haute perfection du style attique, et on ne trouve pas ce genre de vases dans les tombeaux de l'époque romaine. Ces faits nous fournissent des raisons plausibles pour limiter à deux ou trois siècles la fabrication des lékythos blancs.

Le caractère commun des sujets figurés sur ces vases est de se rattacher aux coutumes funèbres; avec les stèles de marbre, ils offrent les documents les plus certains pour établir l'histoire du culte des morts en Attique. La forme traditionnelle de ces coutumes, et le respect des Athéniens pour des rites qui touchaient aux préoccupations les plus graves, ne permettaient pas aux peintres céramistes d'apporter dans

---

1. Ἐκκλησιάζουσαι. V. 995.

les sujets une grande variété; aussi les peintures des lékythos peuvent-elles se ramener aux motifs suivants :

L'offrande auprès de la stèle du mort, et la lamentation. — La scène de l'offrande est ordinairement conçue d'une façon très simple. De chaque côté de la stèle ornée de bandelettes, des personnages s'avancent,

FIG. 118. — L'OFFRANDE AUPRÈS DE LA STÈLE.
(Lékythos blanc d'Athènes.)

tenant dans les mains les objets dont ils vont faire hommage au mort : des tænies ou bandelettes, pour en décorer la stèle, un calathos ou corbeille contenant des fruits et des gâteaux, quelquefois un oiseau, un canard, comme sur un lékythos du Varvakéion à Athènes[1] (fig. 118). Il n'est pas rare qu'un des personnages représente un éphèbe en costume de guerre ou de voyage, qui semble être revenu pour accomplir les

---

1. N° 661 du *Catalogue*.

rites funéraires sur la tombe d'un parent. Cette scène peut d'ailleurs se compliquer : ainsi, sur un lékythos d'un beau style[1], un jeune garçon tenant une lyre s'avance auprès de la stèle, conduit par un personnage d'âge mûr vêtu d'une chlamyde sombre. La présence de l'âme du mort est indiquée par un curieux détail : une petite figure ailée (la ψυχή ou l'εἴδωλον du défunt), voltige auprès du monument, comme émue par les sons de la lyre. On sait déjà que le génie attique ne répugnait pas à traduire sur les stèles l'idée de la mort, mais avec une parfaite discrétion; les lékythos confirment le témoignage des stèles. Sur plusieurs vases, la morte elle-même semble recevoir les offrandes; elle est figurée sous les traits d'une femme dont le visage est empreint de tristesse; accoudée sur le dossier de son siège, elle est assise au pied de sa propre stèle, et paraît agréer les dons que lui apportent les vivants. C'est le sujet figuré sur un lékythos polychrome d'un style exquis[2]; la personne assise au pied de la stèle a la tête inclinée, le visage d'une charmante distinction de traits. Une femme apporte les offrandes et se retourne pour regarder une petite fille qui la suit.

La scène de la *lamentation* n'est qu'une variante de la précédente; elle montre les personnages groupés autour de la stèle, dans l'attitude de la tristesse, et la main portée vers le front, faisant le geste consacré. Certains détails méritent d'être notés. Ainsi un vase nous montre une femme agenouillée sur les degrés de

1. N° 650 du *Catal. d'Athènes*.
2. N° 637.

la stèle, le corps incliné, comme si elle parlait au mort, et lui adressait le reproche de l'avoir quittée[1]; aujourd'hui, les Grecs ne font pas autrement dans les complaintes funèbres ou *myrologues,* qu'on chante encore dans quelques cantons de la Grèce.

La toilette funèbre. — Au pied du monument funéraire est assise la morte qui reçoit l'hommage; ses femmes lui apportent des objets de parure. Le caractère de ces représentations, généralement très recueilli, montre avec quelle délicatesse le génie attique sait atténuer la tristesse de l'idée de la mort. Un lékythos blanc, qui est un chef-d'œuvre, offre la scène de la toilette traitée avec une rare distinction : la morte, richement parée, écartant son voile d'un geste élégant, semble revivre pour la vie terrestre; elle porte encore sur le revers de la main ses oiseaux favoris; ses femmes lui apportent un éventail, des vases à parfums. Si la stèle ne rappelait le sens funéraire de la peinture, on croirait voir une scène de la vie ordinaire.

L'exposition. — Ici l'idée de la mort apparaît dans toute sa réalité[2]. Le mort, couronné de fleurs, est couché sur le lit funéraire; des bandelettes, des couronnes, ornent le champ du vase, rappelant ainsi la décoration de la salle funéraire; près du lit, un grand lékythos fait connaître le rôle que ce vase jouait dans les cérémonies de la πρόθεσις. Les parents du mort se

---

1. Cf. Benndorf. Ouvr. cité, pl. XXIV, 1-3. *Femmes s'arrachant les cheveux devant une stèle* : la peinture est très négligée, mais l'expression est d'une rare sincérité.

2. Un des plus beaux exemplaires est un *lékythos polychrome* du musée de Vienne. O. Benndorf : ouvrage cité; pl. XXXIII.

livrent à des démonstrations de douleur, tandis que parfois une petite figure ailée vole auprès du lit, image sensible du souffle à demi matériel qui vient de s'exhaler du corps. Tous les détails de la scène sont retracés avec précision ; c'est que dans le rituel funéraire des Athéniens rien n'était laissé au hasard. On connaît des textes de loi, comme le décret de Iulis, à Céos, réglant minutieusement tous les actes des funérailles, et un décret de Solon déclare obligatoire la cérémonie de la πρόθεσις. Les peintres céramistes ne font que reproduire une scène familière à tous les Athéniens.

La déposition au tombeau. — Ce sujet est rare sur les lékythos blancs d'Athènes ; mais l'un des vases qui le représentent est un chef-d'œuvre. Deux génies ailés soutiennent avec précaution le corps d'une jeune femme, qu'ils vont déposer dans un tombeau creusé au pied de la stèle ; un jeune homme, debout près du marbre funéraire, regarde la scène avec tristesse. L'image de la réalité fait place à une interprétation de l'idée de la mort, traduite avec le goût le plus pur ; c'est une scène idéale, à laquelle la merveilleuse distinction du style, les attitudes des personnages, la pose charmante du corps de la jeune femme, qui semble endormie, prêtent le charme le plus pénétrant.

Charon et la barque infernale. — On retrouve ici les croyances de la mythologie courante. Le musée d'Athènes possède de beaux exemplaires de cette scène, où Charon appuyé sur sa rame, coiffé d'un bonnet de marin, se prépare à faire entrer dans la barque des personnages debout sur la rive.

Les autres sujets, moins fréquents, sont la scène de

l'*Adieu,* si souvent figurée sur les marbres, le *Cavalier* combattant contre un soldat à pied, la représentation

Fig. 119. — Déposition funèbre. (Lékythos blanc d'Athènes.)

des *Divinités,* comme Déméter et Triptolème, et les *Epitaphia,* scènes commémoratives des cérémonies funèbres

On voit que toutes ces scènes sont en relation étroite avec l'idée de la mort; elles offrent le plus précieux commentaire pour l'étude des stèles de marbre, car elles sont inspirées par les croyances et par les sentiments que les sculpteurs traduisaient sur les bas-reliefs funèbres. Toutefois, les peintures des lékythos ont un caractère plus expressif et plus intime. Si la convention pouvait avoir une certaine part dans des sculptures où dominaient les traditions de l'art, elle est beaucoup moins sensible dans ces peintures, faites souvent par de pauvres potiers, pour satisfaire aux exigences des croyances populaires.

Le style des peintures offre aussi un singulier intérêt. Nous avons cité les plus belles, celles qui trahissent une exécution très finie, et qui peuvent soutenir la comparaison avec les stèles du meilleur travail. Mais il en est qui accusent une facture négligée, et ce sont les plus nombreuses. Néanmoins, elles méritent d'être étudiées de près; si imparfaites qu'elles soient, elles nous retracent avec une vérité saisissante le type athénien, naïvement reproduit; le nez allongé, le menton bien accentué et développé, tous les traits que les maîtres archaïques copiaient avec tant de soin, et qui disparaissent de la sculpture à l'époque classique. En même temps, sous la négligence du travail, on sent une forte tradition artistique, qui s'imposait même aux plus humbles dessinateurs. Dans les attitudes des personnages, dans l'agencement des draperies, on retrouve la trace du grand style; il n'y a pas d'exemple qui fasse mieux comprendre combien l'art était populaire à Athènes, et trouvait sa place jusque dans les moindres productions de ce peuple privilégié.

Nous ne suivrons pas l'art céramique dans la période de décadence, représentée surtout par les produits de la Grande Grèce. Les vases de Sant' Agata di Goti, de Ruvo, d'Armento, en Italie, montrent à quel point l'exagération des formes, l'emploi indiscret des couleurs et des ornements, la recherche de la bizarrerie, conduisent rapidement ce genre d'industrie loin des traditions simples et grandes qui en avaient fait l'honneur.

CHAPITRE IV

LES PLAQUES DE TERRE CUITE PEINTES[1]

A l'étude des vases peints se rattache celle des plaques de terre cuite décorées suivant les procédés de la peinture céramique. Cette classe de monuments n'a été étudiée que depuis peu de temps, et la rareté des exemplaires connus leur donne une grande valeur. Les plaques peintes ont la forme de rectangles, couverts de sujets figurés ; on y retrouve la succession des styles que nous avons énumérés plus haut : peintures à figures noires, et figures rouges.

Les plaques à figures noires sont les plus nombreuses. Nous citerons comme type de cette série un exemplaire du Louvre représentant l'exposition du mort et la lamentation[2]. Les personnages de style archaïque sont dési-

---

1. O. Benndorf. *Griechische und Sicilische Vasenbilder*. Dumont : *Peintures céramiques*, p. 29 et suiv.
2. Benndorf : loc. cit., pl. I.

gnés par des inscriptions avec un soin scrupuleux ; à la tête du lit, se tient la grand'mère (θεθε), la mère (μετερ) et une sœur (αδελφε) : plus loin, deux femmes (θετις προς πατρος, — *tante maternelle*, et θετις, — *tante paternelle*) font des gestes de douleur, tandis que le père et les frères, debout au pied du lit, se livrent à la lamentation. Des inscriptions, tracées dans le champ, traduisent les exclamations de douleur, (οἴμοι *hélas!*) Le même sujet est figuré sur deux autres plaques de style analogue. D'autres exemplaires montrent des scènes mythologiques, Héraklès et Iolaos, Athéna sur un char. Enfin des plaques peintes, récemment découvertes à Corinthe[1], offrent des représentations de Poseidon et des scènes empruntées à la vie ordinaire, comme des combats de pugilistes, des potiers occupés à la cuisson de leurs vases, des carriers armés de la pioche, travaillant sur une montagne.

Parmi les exemplaires à figures rouges, qui sont fort rares, nous citerons surtout des fragments montrant la procession des dieux : Hermès, Apollon tenant une lyre, et Athéna armée de la lance.

La destination de ces monuments n'est pas douteuse. On y reconnaît à coup sûr des *ex-voto*, consacrés soit dans les tombeaux, soit dans les temples. Certaines peintures de vases en expliquent l'usage. Ainsi une amphore de Munich montre un éphèbe ou un athlète vainqueur, tenant des rameaux de myrte, et une plaque peinte, analogue à celles que nous avons décrites,

---

1. O. Rayet : *Gazette archéologique*, 1880. Le musée de Berlin a récemment acquis de nombreux exemplaires de ces tablettes votives qui sont encore inédits.

représentant un coureur; le jeune vainqueur va consacrer dans un sanctuaire l'*ex-voto* qui rappelle son triomphe. Un témoignage plus décisif encore est fourni par les inscriptions qui se lisent quelquefois sur ces monuments. Parmi les plaques à figures noires, trouvées près de Corinthe, plusieurs portent une dédicace à Poseidon. Ainsi l'une de celles que vient d'acquérir le musée de Berlin, signée Timonidas, montre d'un côté Poseidon, auprès d'un four de potier; et de l'autre un chasseur accompagné de son chien, avec la dédicace : [Ὁ δεῖνα] ἀνέθηκε τῶι Ποτειδᾶνι (*Un tel m'a consacré à Poseidon*). On a trouvé de ces plaques intactes, qui semblent avoir été jetées hors de l'enceinte d'un temple comme objets de rebut : on en débarrassait sans doute le sanctuaire pour faire place à des *ex-voto* plus importants.

LIVRE VI

NUMISMATIQUE ET GLYPTIQUE

CHAPITRE PREMIER

NUMISMATIQUE

Eckhel : *Doctrina Nummorum Veterum*. — Mionnet : *Médailles grecques et romaines*. — Beulé : *Monnaies d'Athènes*. — Fr. Lenormant : *La Monnaie dans l'Antiquité*.

L'histoire de la monnaie antique, des principes qui ont présidé au monnayage, et l'étude des types figurés sur les médailles, des légendes qui les accompagnent, constituent une science spéciale, celle de la *numismatique* : on ne saurait ici, même d'une façon sommaire, en donner une idée générale. Nous nous bornerons à indiquer les rapports qui unissent la science des médailles à l'archéologie de l'art. Si la numismatique est l'auxiliaire indispensable de l'histoire politique et économique, de la géographie, etc., elle n'est pas moins utile à l'histoire de l'art. Déjà, en 1842,[1] Raoul Rochette avait montré le parti qu'on pouvait tirer de la connaissance des médailles pour restaurer les statues

---

1. *Mémoires de l'Académie des Inscript. et Belles-Lettres.*

décrites par les auteurs, ou en découvrir des copies parmi les marbres de nos musées; cette méthode est aujourd'hui d'un usage général. Appliquée soit aux statues, soit aux monuments de l'architecture [1], elle a fourni les résultats les plus féconds, par la comparaison des types monétaires avec les descriptions des auteurs et avec les monuments figurés.

Considérées en elles-mêmes, les médailles offrent encore un vif intérêt pour l'histoire de l'art. Elles forment une série chronologique, riche et variée, où l'on peut suivre avec certitude les progrès et la décadence du style. A ce point de vue, on peut classer les médailles par grandes périodes, correspondant aux principales époques de l'art grec, et il ne sera pas inutile d'indiquer pour chacune de ces divisions les types monétaires les plus remarquables.

I. Les plus anciennes monnaies grecques d'argent paraissent dater de l'olympiade VIII. C'est à Pheidon, roi d'Argos, que les textes anciens font remonter l'invention du monnayage. Les ateliers monétaires frappent alors des pièces de forme irrégulière, ayant l'aspect de petits lingots, dont la face convexe porte seule un emblème ; le revers est marqué d'une empreinte carrée et creuse, trace du carré (*quadratum incusum*) qui servait à maintenir la pièce pendant la frappe. Les emblèmes sont peu compliqués. C'est la tortue à Égine, l'abeille à Éphèse, le Pégase ailé et la lettre *coppa*, à Corinthe, le Gorgonéion à Athènes, le bouclier sur les pièces

---

[1]. Voir Donaldson : *Architectura numismatica*. Cf. Lenormant : *La Numismatique et l'Architecture : Rev. génér. de l'architect.* 1877.

béotiennes. Aucune légende n'accompagne l'emblème sur les monnaies primitives.

II. Entre 580 et 460 av. J. C., les progrès de l'art se font sentir dans le travail des monnaies. Aux emblèmes très simples du premier âge succèdent des têtes

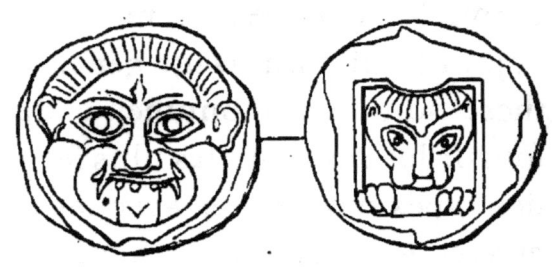

FIG. 120.
MONNAIE D'ARGENT D'ATHÈNES.
(Du plus ancien style.)

de divinités, des personnages mythologiques, tandis que le carré du revers se remplit peu à peu de lettres et de sujets figurés. Telles sont, par exemple, les monnaies d'Égine du style de transition, où la face porte la tortue avec les lettres A I, tandis que le revers offre le carré creux, avec un dauphin et les lettres I N Αἰ[γ]ιν[ατᾶν]. On peut suivre ce progrès sur les monnaies d'Athènes; celles de Solon et de Pisistrate offrent encore au revers le carré creux, divisé par des diagonales, et, sur la face, des emblèmes tels que la tête de Gorgone, la moitié de cheval, la roue. Après l'expulsion des Pisistratides, on voit apparaître la tête archaïque d'Athéna, que les pièces athéniennes conserveront longtemps encore; ce type est traité dans le style le plus archaïque : l'œil est figuré de face, et les lignes énergiques du profil ont une grande dureté. Sur le revers prend place la chouette,

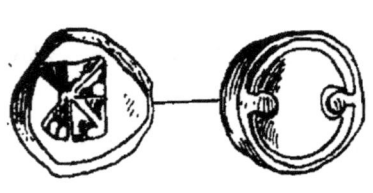

FIG. 121.
MONNAIE D'ARGENT
BÉOTIENNE.
(Du plus ancien style.)

qui est le sceau de la République, accompagnée d'un croissant, d'un rameau d'olivier, et de la légende ΑΘΕ ('Αθη [ναίων]).

FIG. 122. — TÉTRADRACHME D'ATHÈNES.
(Style archaïque.)

A cette période appartiennent les monnaies *incuses* de la Grande Grèce, dont la face porte un sujet en relief, reproduit en creux sur le revers. C'est aussi le moment où sont frappées les pièces de Rhégion et de Messine, avec l'attelage de mulets et le lièvre, celles de Géla, avec le dieu fluvial à corps de taureau et à tête humaine, et les anciennes monnaies de Syracuse, avec la tête d'Aréthuse entourée de dauphins, et dans le champ un bige, au-dessus duquel

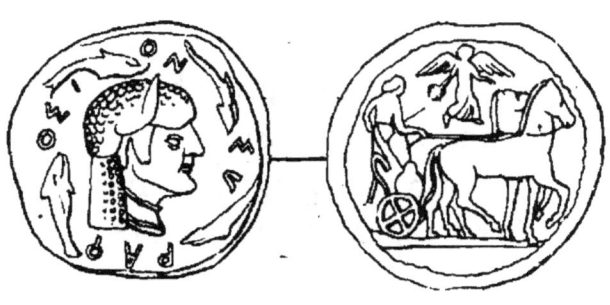

FIG. 123. — MONNAIE DE SYRACUSE.
(Type archaïque.)

vole une figure de la Victoire. Le progrès de l'art se marque très nettement sur les monnaies de Thasos; les plus anciennes montrent un satyre enlevant une nymphe, traités avec une brutalité de style qui rappelle les grossières conceptions de l'art grec primitif. Sur les médailles de l'âge suivant, la scène est rendue dans un sentiment plus élevé, et les formes courtes et ramassées ont fait place à un dessin plus correct et plus élégant.

Avec les belles monnaies de Macédoine et de Chalcidique, on touche déjà à l'époque de la perfection. A mesure qu'on avance, les légendes deviennent plus explicites. Les anciennes légendes se bornent à quelques lettres, quelquefois même à une seule, indiquant sommairement le nom de la ville; (ΘΑ pour Θα[σίων], monnaies de Thasos; ΕΦ pour Εφ[εσίων] monnaies d'Éphèse; A pour Ἀ[ργείων] monnaies d'Argos, etc.). Plus tard, l'usage se répand d'écrire en toutes lettres le nom de la ville, sans qu'on ne puisse toutefois trouver de fréquents exemples de dérogation à cette règle.

III. L'époque comprise entre les années 460 et 336 marque l'apogée de l'art monétaire. Pendant la première moitié de cette période, le style des monnaies, quoique très pur, conserve encore quelques traces de l'archaïsme. On sait déjà que les monnaies d'Athènes gardent jusqu'aux plus beaux temps le type ancien d'Athéna; celles de Sicyone, avec la chimère; d'Argos, avec le loup; d'Agrigente, avec deux aigles posés sur un lièvre, représentent bien le premier moment de cette période.

A partir du IVe siècle, les monnaies émises par les villes grecques sont empreintes du plus grand style. Il en est peu qui soient plus accomplies que les belles médailles de Phénéos en Arcadie, offrant au droit la tête de Déméter ou de Coré, et au revers Hermès portant le jeune Arcas. Celles de Stymphale, avec la tête de l'Artémis arcadienne, et Héraklès, combattant les oiseaux stymphaliens, sont des chefs-d'œuvre. Le magnifique développement de la sculpture péloponésienne exerce une influence puissante sur l'art monétaire en

Arcadie, au moment où la ligue arcadienne fait frapper les monnaies qui rappellent sa domination à Olympie; elle adopte pour emblèmes la tête de Zeus olympien et la figure du dieu Pan, assis sur le sommet du Lycée, l'Olympe arcadien, comme l'indique la légende OΛYM ('Ολύμ. [πος]).

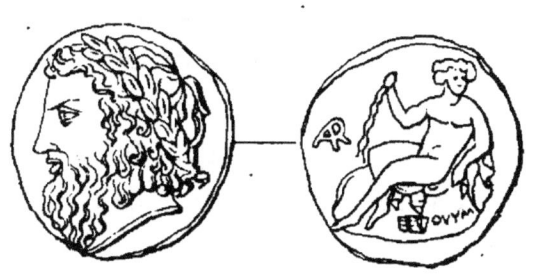

FIG. 124.
MONNAIE D'ARGENT
DE LA LIGUE ARCADIENNE.

En Sicile et dans la Grande Grèce, le travail des monnaies atteint une perfection qui n'a pas été dépassée. Les graveurs signent leurs médailles, comme les sculpteurs leurs statues[1]. C'est à cette période qu'appartiennent les monnaies de Catane et de Naxos de Sicile signées Proclès; celles de Métaponte, gravées par Aristoxénos, et surtout les admirables pentécontalitres de Syracuse, signés par Cimon et Evainétos, où la tête d'Aréthuse est traitée avec une rare noblesse.

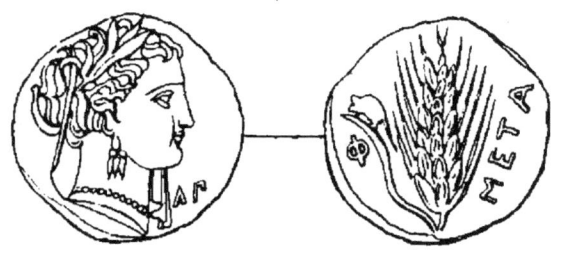

FIG. 125.
MONNAIE D'ARGENT
DE MÉTAPONTE.

---

1. Le recueil des signatures de graveurs en médailles est dû à M. von Sallet: *Die Künstlerinschriften auf Griechischen Münzen.* On trouve fort peu de signatures en dehors de la Sicile et de la Grande Grèce; et, dans ces pays, elles sont limitées à une très courte période, qui va de 490 à 350.

Le progrès n'est pas accusé seulement par la parfaite distinction des types de divinités, qui reproduisent souvent les œuvres des grands maîtres, comme la Héra de Polyclète et le Zeus Olympien de Phidias. En outre, les graveurs traitent, dans le champ restreint du revers, de véritables scènes plastiques, composées avec l'art le plus ingénieux. Les victoires remportées aux jeux olympiques, les jeux célébrés en l'honneur des dieux, les légendes mythologiques relatives à l'histoire de la cité, sont les sujets ordinaires de ces compositions. C'est ainsi que le revers des monnaies de Syracuse montre un char à quatre chevaux, conduit par un aurige que couronne une victoire, et, dans le champ,

FIG. 126. — TÉTRADRACHME D'ATHÈNES.
(Style récent.)

les armes données en prix aux vainqueurs. Sur les monnaies de Sélinonte, Apollon et Artémis s'avancent, l'arc tendu, comme les divinités de la peste; au revers, le dieu fluvial Sélinos (ΣΕΛΙΝΟΣ) fait des offrandes à Asclépios pour conjurer le fléau : allusion évidente à un fait connu de l'histoire de la ville; sur le conseil d'Empédocle, les Sélinontins avaient détourné le cours des fleuves Sélinos et Hypsas pour assainir les marais qui entouraient la ville [1].

Un autre caractère particulier de cette période, c'est que les graveurs représentent sur les monnaies des têtes vues de face ou de trois quarts, exécutées en haut relief [2]. Vers la LXXXe olympiade, Cimon de Cléones

FIG. 127. — MONNAIE D'ARGENT DE SYRACUSE.

avait le premier rompu avec les traditions timides des anciens peintres, et représenté des têtes de face, ce que n'avaient osé faire ni Polygnote ni Micon. Les graveurs en médailles appliquent cette innovation à l'art monétaire, vers le temps d'Alexandre, tyran de Phères (369), qui fait frapper un beau tétradrachme, avec la tête d'Artémis vue de face. Beaucoup de villes grecques suivent cet exemple; la tête de face apparaît sur les monnaies d'Amphipolis, de Thèbes, de Syracuse et de Catane, de Métaponte, de Crotone, de Rhodes, de Clazomène d'Ionie, etc. Mais cet usage dure peu : on reconnaît vite avec quelle facilité s'altèrent des médailles en haut relief, et on revient aux têtes de profil, dès le temps d'Alexandre le Grand.

1. Diogène Laerce. VIII, 2, 11, 70.
2. Cf. de Witte : *Revue numismatique*, tome IX, 1864. *Médailles d'Amphipolis*.

IV. A l'époque des dynasties macédoniennes, l'art monétaire, comme les autres arts plastiques, s'achemine vers la décadence. Les monnaies d'Alexandre et de ses premiers successeurs sont encore fort belles; celles qui sont frappées par Philippe Arrhidée, par Antigone, par Lysimaque sont encore dignes des beaux temps de

FIG. 128. — MONNAIE D'ARGENT D'ANTIOCHUS IV.

l'art grec. En Sicile, les monnaies d'Agathocle, de Nicétas et de Pyrrhus témoignent aussi du goût fin et pur qui s'est conservé par tradition. Mais les dynasties des Séleucides et des Ptolémées frappent des monnaies dont le style va s'altérant peu à peu. Depuis Alexandre, l'usage s'est établi de faire figurer sur les pièce l'effigie du souverain, et les légendes du revers relatent avec prolixité les noms et les titres des princes : (Monnaie d'Antiochus IV : ΒΑΣΙΛΕΩΣ ΑΝΤΙΟΧΟΥ ΘΕΟΥ ΕΠΙΦΑΝΟΥΣ). Infiniment précieuses pour l'histoire des dynasties grecques et pour l'iconographie des souverains, ces monnaies n'offrent plus qu'un faible intérêt pour l'histoire de l'art grec, et la décadence du goût ne se fait pas moins sentir sur les monnaies frappées dans la Grèce propre.

CHAPITRE II

LA GLYPTIQUE

Krause : *Pyrgoteles, oder die Steine der Alten*, etc. Halle, 1856. King : *Antique Gems, their Origin, uses*, etc. Londres, 1872. Billing : *The Science of Gems, Jewels*, etc. Londres, 1867. Westropp : *A Manual of precious Stones and antique Gems*.

L'étude de la *glyptique*, ou des pierres gravées, se rattache naturellement à celle des médailles ; elle a pour objet l'interprétation de petits sujets, qui offrent souvent de l'analogie avec ceux des monnaies. Toutefois on rencontre ici des difficultés. L'absence de légendes rend le classement chronologique moins certain ; on est réduit le plus souvent à ne considérer que le style des pierres gravées, sauf pour les cas où le sujet, par son caractère historique, accuse une époque déterminée. Les signatures des graveurs, quand elles sont tenues pour authentiques, peuvent aussi fournir d'utiles indices.

La glyptique est une des branches de l'art ancien qui ont éveillé le plus vivement la curiosité au début des études archéologiques ; les collectionneurs recherchaient avec ardeur les pierres gravées, et depuis l'ouvrage du Parmesan Æneas Vicus, graveur du duc de Ferrare Alphonse II, les recueils consacrés à la glyptique ancienne se sont fréquemment succédé[1]. Cette curiosité provoqua l'industrie des faussaires ; aussi le nombre de pierres fausses est-il considérable. Il faut une grande sûreté de coup d'œil et une critique très exercée pour distinguer ces imitations des œuvres authentiques. Les musées d'Europe possèdent de riches collections de pierres gravées ; celles des cabinets de Paris, de Florence, de Vienne, de Naples, de Berlin, occupent les premiers rangs.

I. — Au point de vue de la technique, les pierres gravées se divisent en deux grandes séries : les *intailles* et les *camées*. La première classe comprend les pierres gravées en creux, à l'aide desquelles on obtenait sur la cire molle une empreinte en relief. On choisissait pour cela des pierres d'une seule teinte, telles que l'améthyste, l'hyacinthe, les agathes, la cornaline, la chalcédoine, etc ; le polisseur donnait à la pierre une forme ovale et convexe, et le graveur l'attaquait à l'aide de la bouterolle, apportant le plus grand soin à polir les creux de la figure qu'il traçait : ce fini du travail est regardé comme un signe d'authenticité[2]. Les imitations d'intailles n'étaient pas rares dans l'antiquité même ; on fabriquait de fausses gemmes gravées à

---

[1]. Voir Mariette : *Traité des pierres gravées*, 1750 ; et de Murr : *Bibliothèque Dactyliographique*.

[2]. Voir les détails techniques donnés par Pline : *Hist. Nat.*, livre XXXVII.

l'aide de surmoulages en pâtes de verre colorées, et on les montait en bagues, en colliers, en bijoux. C'était le luxe des classes pauvres. Le plus souvent, les intailles servaient de sceau ou de cachet (σφραγίς) et se portaient en chaton de bague.

Les camées se distinguent des intailles par leur gravure en relief; ils ont aussi fréquemment des proportions plus grandes. Les graveurs les sculptaient dans des pierres polychromes, à plusieurs couches, et obtenaient une coloration différente pour le relief et pour le fond.

II. — Les anciennes intailles grecques paraissent avoir été gravées à l'imitation des scarabées égyptiens et des cylindres babyloniens. On en a trouvé dans les tombeaux de Mycènes, sans qu'on puisse y reconnaître avec certitude une fabrication hellénique : de bonne heure les rapports avec l'Orient ont dû fournir des modèles aux graveurs grecs. Il est superflu de revenir sur la question des origines orientales, et d'indiquer longuement les caractères gréco-orientaux des anciennes intailles; ils apparaissent nettement sur des pierres gravées trouvées à Cypre, dans le trésor de Curium[1]. Le style des pierres gravées passe par les mêmes phases que celui de la sculpture. La glyptique, déjà représentée pendant la période des primitifs par le Samien Théodoros, qui monte le célèbre anneau de Polycrate, se développe comme une branche de la plastique; elle atteint à la perfection avec Pyrgo-

---

[1]. Pierre gravée représentant Némésis. *Gazette Archéologique*, 1878. Myrtilos et les chevaux d'Oenomaos : *ibid.*

tèles, qui grave le cachet d'Alexandre, et elle ne cesse pas, même sous l'empire romain, de produire les œuvres délicates qui ornent nos musées. Les artistes qui ont signé les gemmes les plus connues appartiennent surtout à la période macédonienne et à l'époque romaine, si l'on en juge par la forme des lettres et par les formules usitées : Satyreios florissait sous Ptolémée II; Tryphon, sous le roi Polémon, le protégé de Marc-Antoine; Discorides sous Auguste. On connaît une longue série de graveurs en pierres fines, qui correspond à cette période : toutefois on ne saurait admettre avec certitude tous les noms qui se lisent sur les gemmes. Les faussaires ont sou-

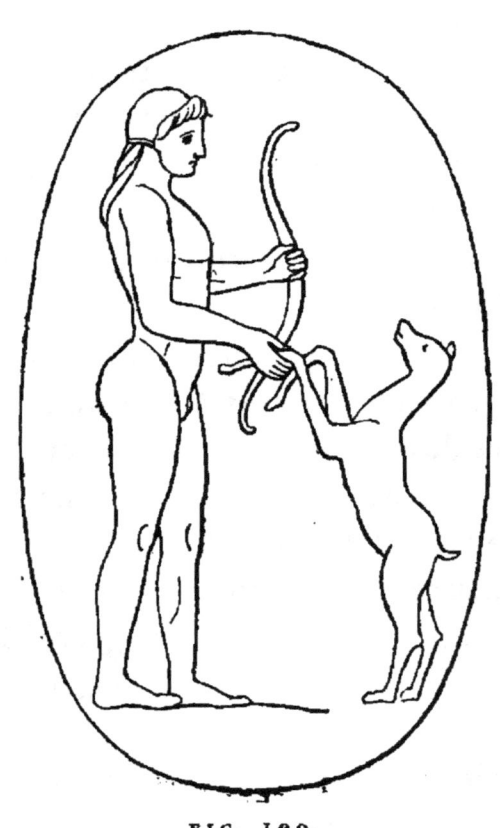

FIG. 129.
APOLLON AVEC LA BICHE.
(Pierre gravée archaïque.)

vent ajouté à des pierres antiques des noms de fantaisie pour leur donner plus de valeur[1], ou bien ils y ont inscrit des noms mal compris. Aussi ne doit-on accepter qu'avec réserve les signatures de graveurs; celles

---

1. V. Letronne : *Bullettino di Corr. Arch.* 1851. On lit sur une gemme le nom Πωημου, qui n'est pas grec. Ailleurs le faussaire a défiguré un nom : Αλλιον pour Δαλιων.

qui présentent le moins de doute sont les suivantes : Agathopous, Apollonidès, Aspasios, Athénion, Boethos, Dioscorides, Epitynkhanos, Evodos, Eutychès, Phélix, Héracléidas, Hérophilos, Hyllos, Koinos, Mykon, Neisos, Nicandros, Onésas, Pamphilos, Protarchos, Solon, Teucros.

FIG. 130.
GEMME D'APOLLONIDÈS.

Il règne une grande variété dans les sujets traités par les graveurs en pierres fines; on s'en convaincra facilement en parcourant le catalogue que M. Chabouillet a consacré aux pierres gravées de notre Cabinet des médailles. Les sujets mythologiques sont très fréquents. Souvent les artistes reproduisent les types classiques des divinités grecques : telles sont les belles intailles d'Eutychès et d'Aspasios représentant la tête d'Athéna : la gemme d'Aspasios est d'un style si pur, que plusieurs savants ont pu, après Eckhel, y reconnaître une copie de l'Athéna chryséléphantine de Phidias. Sur le camée de Zeus Ægiokhos, trouvé à Éphèse, le dieu a une expression calme et puissante qui rappelle les meilleures traditions de l'art. Il serait facile de multiplier les exemples, et de montrer que les pierres gravées sont pour l'étude de la mythologie figurée une source très riche de documents.

Les graveurs ne se bornent pas à la représentation

des têtes; ils abordent, dans le champ restreint des gemmes, des scènes compliquées, ou ils s'inspirent des motifs les plus gracieux de la mythologie. Le cycle d'Éros et celui d'Aphrodite, en particulier, exercent l'imagination des artistes, et leur fournissent la matière de compositions charmantes, où la recherche heureuse de l'esprit s'allie à l'exécution la plus délicate. Sous une forme plastique d'une exquise élégance, les graveurs traduisent souvent les fines épigrammes des poètes de l'Anthologie ; il y a comme un lien naturel

FIG. 131.
SCÈNE
DE FIANÇAILLES.
(Pierre gravée.)

FIG. 132. — PÉLOPS ABREUVANT SES CHEVAUX.
(Camée.)

entre ces productions légères de l'art et de la poésie. Dans une épigramme, le poète Krinagoras s'adresse à Éros, enchaîné en punition de ses méfaits : « Oui, pleure et gémis, traître, maintenant que tes mains sont attachées; pleurer te sied bien. Personne ne te détachera. Ne regarde pas d'un œil oblique. Tu as fait jaillir des larmes de bien des yeux, lorsque, lançant des traits dans les cœurs, tu distillais le poison des désirs qu'on ne saurait fuir, ô Éros! Les douleurs des mortels te semblent choses risibles. Eh bien! tu souffres ce que tu as fait souffrir. La justice a du bon[1]. » Ne croirait-on pas qu'en écrivant ces vers, l'auteur a eu sous les yeux une jolie intaille qui nous montre Éros désarmé, les mains liées derrière le dos, et tout confus de sa mésaventure? Sur une autre gemme, le dieu torture, en la brûlant à la flamme de sa torche, Psyché ou l'image de l'âme. C'est le motif d'une épigramme de Méléagre : « Si tu t'obstines à brûler l'infortunée Psyché, elle fuira, ô Éros! car elle aussi, malheureux, elle a des ailes[2] ». Les pierres gravées nous font connaître tout un côté de l'esprit grec, qui se développe surtout à l'époque macédonienne : le raffinement du goût poussé jusqu'à la mièvrerie ; une extrême subtilité et une rare facilité à traduire sous une forme ingénieuse les fines analyses de sentiments dont se nourrissent à ce moment l'art et la littérature.

Une série fort importante est celle des gemmes ornées de portraits; la glyptique grecque compte des chefs-d'œuvre dans ce genre. Il suffit de citer le magnifique camée Gonzaga (aujourd'hui en Russie), représentant les têtes de Ptolémée II et d'Arsinoé; celui de

---

1. *Anthol. Plan.* IV, 199.
2. *Anthol. Pal.* V, 57.

Vienne, montrant également la tête d'un Ptolémée, avec celle d'une Arsinoé, le cède à peine en beauté au camée de Russie. Ces gemmes appartiennent à la période où les pierres gravées prennent des dimensions considérables ; elles ne sont plus de simples cachets ; mais l'usage se répand de les faire contribuer à la décoration des vases et des coupes précieuses. Le luxe des gemmes va se développant de plus en plus ; à l'époque romaine, elles se couvriront de véritables scènes historiques, conçues comme des tableaux : tel est le célèbre camée de la Sainte-Chapelle, conservé à la Bibliothèque nationale, représentant l'apothéose d'Auguste. Mais ces compositions compliquées, si elles sont l'œuvre de mains grecques, appartiennent, par l'esprit qui les inspire, à l'histoire de l'art romain.

LIVRE VII

BRONZES ET BIJOUX

CHAPITRE PREMIER

LES BRONZES

FRIEDERICHS : *Kleinere Kunst und Industrie in Alterthum. Die Broncen.* — Cf. une très intéressante étude de M. Guillaume : *La Sculpture en bronze*, 1868. Cf. *Dictionnaire des antiquités grecques et romaines,* de Ch. Daremberg et E. Saglio ; art : *Caelatura.*

On sait déjà la place que l'art du bronze tenait dans la plastique grecque. Il a de tout temps été cher au génie des Grecs, et on le trouve représenté au début, dans les écoles de la Grèce orientale, à Samos, aussi bien que pendant la période la plus florissante. Les grands maîtres de l'art grec excellent dans l'art du bronze : comme Kalamis Agéladas et Kanakhos, Phidias, Polyclète et Lysippe sont des toreuticiens, et travaillent aussi habilement le métal que le marbre. Il semble même que certaines écoles, telles que celles d'Argos et de Sicyone, se soient vouées par tradition à l'art du bronze. Aux derniers temps de l'hellénisme, sous les successeurs d'Alexandre, cet art est exercé par des artistes d'une extrême habileté, et les bronzes de Pompéi et d'Herculanum, où l'on reconnaît le travail d'une main grecque, prouvent que les traditions d'école se sont conservées intactes.

Cette prédilection des Grecs pour l'art du bronze s'explique en partie par les qualités que commande le travail du métal, et qui sont de tout point conformes aux aptitudes les plus particulières du génie grec. Le bronze exige la netteté des contours, l'élégance parfaite de la silhouette, en même temps qu'il permet de donner aux figures plus d'indépendance et plus de variété ; les parties accessoires, telles que les supports, peuvent être supprimées, et, grâce à cet évidement, les contours acquièrent toute leur valeur.

On ne reviendra pas ici sur l'étude des écoles de fondeurs en bronze et sur les procédés primitifs employés, au début de l'art grec, dans les écoles orientales. Nous ne tenterons pas non plus de résumer les notions qu'on peut recueillir sur les grands bronzes, sur les chefs-d'œuvre des toreuticiens, qui ont leur place marquée dans l'histoire de la sculpture. Nous n'envisagerons que les bronzes de petites dimensions, statuettes, plaques repoussées, objets mobiliers, armes, etc., tous ceux qu'on peut comprendre sous la rubrique « petit art et industrie ». Toutefois, si modeste que soit la destination de ces objets, ils n'ont pas seulement la valeur de documents précieux pour l'histoire de la vie antique ; ils offrent, le plus souvent, un sérieux intérêt pour l'histoire de l'art. Nulle part l'alliance entre l'art et l'industrie n'a été plus étroite que chez les Grecs ; ils n'auraient pas compris qu'on en parlât comme de deux choses distinctes.

Les objets de bronze offrent une infinie variété de destinations et de formes. Nous nous bornerons à signaler trois séries importantes : les statuettes, les objets d'ornement et les objets de toilette, parmi lesquels les miroirs occupent une place importante.

§ I. — LES PETITS BRONZES

Les figurines grecques en bronze, de petites dimensions, paraissent accuser des destinations variées, indiquées soit par la nature du sujet, soit par la technique : elles servaient d'images du culte, d'ex-voto, d'amulettes, ou elles étaient simplement destinées à la décoration des demeures.

Le caractère votif d'un grand nombre de petits bronzes n'est pas douteux, et il est attesté aussi bien par les inscriptions qui accompagnent ces monuments, que par les conditions mêmes où ils ont été trouvés. Une statuette archaïque d'Apollon, découverte à Naxos, porte une dédicace au dieu lui-même : « Deinagorès m'a consacré au dieu Apollon, qui frappe de loin » : (Δεινχγόρης μ'ανέθηκεν έκηβόλω 'Απόλλωνι). Certaines inscriptions prouvent même qu'on dédiait quelquefois à un dieu une statue d'un autre dieu : telle est celle qu'on lit sur l'Apollon de bronze de Piombino, du musée du Louvre ; il a été consacré à Athéna[1]. Une des plus riches collections de bronzes grecs, celle de M. Carapanos, provient des fouilles faites à Dodone, sur l'emplacement du temple de Zeus Dodonéen; elle nous fait connaître clairement l'emploi de ces petites figurines, reproduisant les motifs les plus divers, et qui ne peuvent avoir qu'un sens, celui d'offrandes consacrées au dieu par les dévots qui avaient visité son sanctuaire, ou consulté son oracle[2].

Certains petits bronzes, trouvés dans les tombeaux, paraissent avoir été portés comme amulettes; c'est ce dont témoigne l'anneau dont ils sont munis, et qui servait à les suspendre au cou.

Quant au rôle décoratif des statuettes en bronze, il est attesté par les découvertes de Pompéi; dans la villa d'Herculanum, une des pièces était ornée de bustes représentant des philosophes célèbres, Zénon, Épicure, etc.

On classe d'habitude ces figurines d'après les sujets figurés, en observant dans chaque série l'ordre chronologique; c'est la méthode suivie par M. de Longpérier, dans sa savante *Notice des bronzes du Louvre*. Nous nous bornerons à les envisager au point de vue des différences de style, qui répondent aux progrès de l'art. Sans multiplier les séries, on peut les répartir en deux groupes : 1° bronzes d'ancien style grec; 2° bronzes de la période de plein développement de l'art.

---

1. « Kharidémos [a consacré] à Athéna [cette statue], produit d'une dîme. » V. de Longpérier : *Notice des bronzes du Louvre*. N° 96.

2. On a découvert, il y a plusieurs années, au cap Ténare une série de chevaux et d'animaux en bronze, consacrés à Poseidon.

I. — *Bronzes d'ancien style*[1]. Parmi les monuments archaïques de l'art du bronze au VIᵉ siècle, les plus remarquables proviennent des fouilles de Dodone[2]. C'est d'abord un satyre à pieds de cheval, du modelé le plus énergique, qui danse, la main droite posée sur la hanche. Dans l'expression de bestialité joyeuse empreinte sur son visage, dans le travail soigneusement fini de la barbe et des cheveux, on reconnaît la naïveté consciencieuse de l'art grec à ses débuts. M. de Witte n'hésite pas à dater ce bronze du VIᵉ siècle, ou même du VIIᵉ avant notre ère. A la même époque appartient la *Joueuse de flûte* (Aulétria), trouvée également à Dodone; étroitement serrée dans une tunique talaire d'étoffe très fine, la bouche couverte de la bande de cuir qui sert à maintenir la double flûte, elle joue de son instrument avec une rare vérité d'attitude. C'est encore l'art du VIᵉ siècle qui a produit la curieuse statuette représentant un homme assis, sans doute un personnage royal : les cheveux nattés, la tête couverte du bonnet conique porté par les Thraces, il est entièrement vêtu d'un ample manteau, sous lequel apparaît une des mains, relevée à la hauteur de la poitrine (fig. 133). Si les bronzes de Dodone sont venus singulièrement enrichir la série des statuettes archaïques, elle était déjà, avant cette découverte, représentée par d'intéressants

---

1. On confond souvent les bronzes grecs de style ancien avec les bronzes étrusques; ces derniers ont cependant une physionomie très spéciale, qui permet de les reconnaître, malgré la parenté entre les deux arts.

2. Carapanos : *Dodone et ses ruines*. Paris, 1878.

exemplaires. L'Apollon dédié par Polycrate[1], de l'ancienne collection Pourtalès, souvent reproduit par la

FIG. 133. — PERSONNAGE EN COSTUME ROYAL.
(Bronze de Dodone.)

gravure, montre encore toute la raideur de l'ancien style; les bronzes trouvés dans les substructions du vieux Parthénon brûlé par les Perses, offrent également un caractère d'authenticité qui les rend infiniment précieux; telle est la statuette d'Athéna, de l'ancienne col-

---

1. Inscription sur la base, en caractères archaïques : Πολυκράτης ἀνέθηκει

lection Oppermann, qui montre la déesse dans l'attitude du combat, et dont l'attitude hiératique, le geste gauche, font penser aux antiques *palladia* de la déesse.

La transition de l'art primitif au style déjà plus libre du v⁰ siècle n'est pas moins sensible dans la série des bronzes que dans celle des monuments de la grande sculpture. Un petit bronze d'Apollon, trouvé à Athènes[1], paraît accuser tous les caractères du style attique vers l'époque des guerres médiques. Mais le spécimen le plus remarquable de l'art du bronze, dans la première moitié du v⁰ siècle, est sans contredit la belle statuette d'Héraklès combattant qui, après avoir fait partie de la collection Oppermann, est venue enrichir le Cabinet des médailles. « Le dieu marche d'un mouvement rapide et, la jambe gauche en avant, la droite en arrière, les jarrets tendus et les genoux raidis, il lève son bras droit armé de la massue, et va frapper l'ennemi placé devant lui, tandis que de son bras gauche étendu, il tient son arc et semble s'en servir pour parer[2]. » Cette belle figurine, où l'on est tenté de reconnaître une copie de l'Héraklès fait pour les Thasiens, par Onatas l'éginète, offre de frappantes analogies de style avec les statues des frontons d'Égine. A coup sûr, elle procède de la même école, et montre qu'au v⁰ siècle l'art du bronze marchait du même pas que la sculpture.

II. *Statuettes de style récent.* — On n'entreprendra pas d'énumérer les plus remarquables des petits bronzes

---

1. De Witte : *Rev. Arch.*, 1873, pl. VI.
2. O. Rayet : *Monuments de l'Art antique. I*ʳᵉ *Livraison.*

de style accompli que possèdent nos musées ou les collections privées. Les bronzes de Pompéi et d'Herculanum, réunis au *Museo Nazionale* de Naples, forment à eux seuls le plus riche musée d'étude, et révèlent à quelle perfection les Grecs avaient su porter l'art du bronze. Toutefois, les statuettes d'une époque antérieure aux bronzes italo-grecs des villes campaniennes sont encore rares; à ce titre nous signalerons une œuvre d'une singulière perfection, qui résume tous les caractères du style grec contemporain des grandes écoles. C'est une statuette représentant Aphrodite, vêtue du costume dorien aux plis simples et droits, et coiffée d'une couronne décorée de fleurons ; la tête est charmante de pureté, et les formes, d'une élégance exquise, rappellent sans peine les œuvres les plus achevées de la fin du ve siècle. L'attitude encore hiératique, l'agencement majestueux des plis du costume, paraissent être une sorte de concession faite aux traditions sévères du ve siècle, tandis que le modelé du visage a toute la grâce de l'âge suivant.

FIG. 134.
BRONZE DE TARENTE.

C'est à l'art du IV° siècle qu'on peut rapporter le beau bronze de Tarente, reproduit par la figure ci-jointe, et qui paraît représenter un chef militaire haranguant ses troupes. Il est peu de bronzes antiques qui soient supérieurs à cette statuette pour le fini du modelé et pour la recherche heureuse du type individuel.

Bientôt, l'art du bronze suivra la sculpture dans la voie ouverte par les maîtres de la nouvelle école attique; et la fantaisie des toreuticiens se traduira par ces œuvres charmantes, d'un goût exquis, où domine la recherche de la grâce et de la fantaisie spirituelle : Faunes ivres, Héraklès buveurs, Silènes ventrus, chancelants sous l'influence de l'ivresse, Victoires ailées; ce sont là autant de sujets chers aux artistes qui travaillent le métal[1]. Ce goût nouveau apparaît dans les statuettes gréco-syriennes, provenant de Tortose, qui datent du temps des Séleucides, et parmi lesquelles les représentations d'Aphrodite sont si nombreuses. Les bronzes gréco-syriens forment la transition entre l'art hellénique du temps de l'indépendance, et les bronzes italo-grecs dont les Pompéiens décoraient leurs demeures[2].

---

1. *L'Antiquarium* de Berlin possède une charmante figurine de Satyre, trouvée à Pergame, contemporaine, pour le style, des marbres de l'autel de Zeus. Furtwaengler : *Satyr aus Pergamon*.

2. Le musée de Berlin possède un fort beau spécimen des bronzes de l'époque hellénique ; c'est un groupe trouvé à Aphrodisias, dans la vallée du Méandre, et représentant Thésée et le Minotaure : A Conze ; *Theseus und Minotauros*. Berlin, 1878.

§ II. — Objets d'ornementation. Plaques en bronze repoussé

Il est souvent difficile de déterminer avec exactitude le mode d'emploi des bas-reliefs en bronze repoussé, qui forment une série intéressante parmi les objets en métal. Servaient-ils d'appliques pour décorer des meubles ; appartenaient-ils à des pièces d'armures, ou ces plaques de métal, souvent très minces, étaient-elles destinées à être cousues sur des étoffes ou sur des lanières de cuir? Toutes ces hypothèses sont vraisemblables, et elles sont justifiées par la technique de ces plaques métalliques, souvent garnies de trous qui servaient à les fixer.

C'est encore la collection Carapanos qui a le plus contribué à enrichir cette classe de monuments[1]. Nous citerons dans le nombre une plaque au repoussé qui faisait peut-être partie des lambrequins d'une cuirasse. Le sujet reproduit une scène souvent traitée sur les vases peints et sur les ex-voto de marbre : la dispute d'Apollon et d'Héraklès pour la possession du trépied de Delphes. Les deux divinités sont traitées dans le style hiératique conservé par tradition; mais la pureté de lignes des profils et l'aisance des contours montrent que l'archaïsme est affecté; le travail est fort soigné et trahit le style du IVe siècle. S'il fallait démontrer quel souci du beau les Grecs apportaient jusque dans les

---

1. Carapanos : *Dodone et ses ruines*.

objets d'industrie, on ne trouverait pas d'argument

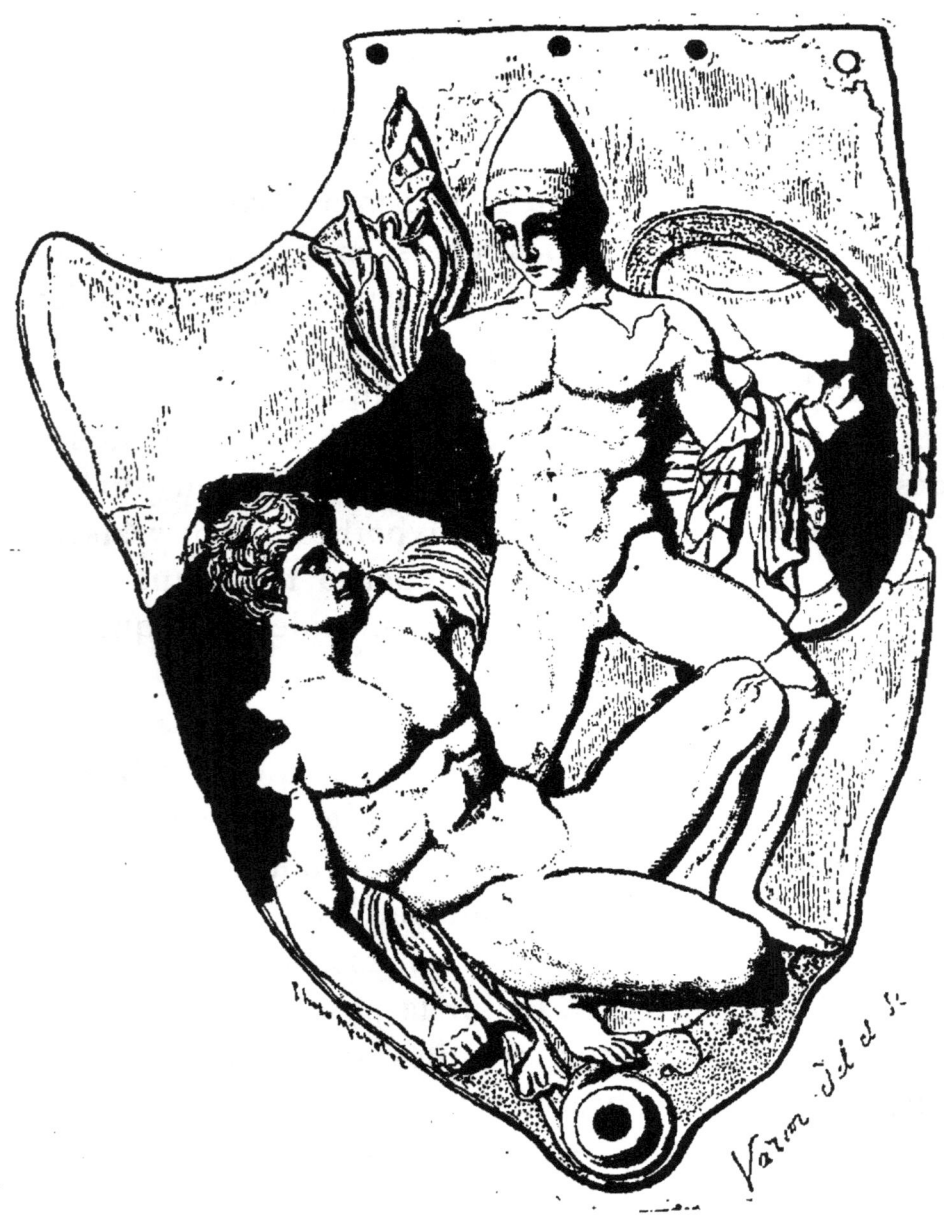

FIG. 135. — COMBAT DE POLLUX ET DE LYNCÉE.
(Relief en bronze de Dodone.)

plus décisif qu'une autre plaque de Dodone, représentant le combat de Pollux contre Lyncée (fig. 135).

Ce bas-relief décore un garde-joue de casque, ou *géniastère;* néanmoins le modelé des chairs, l'ajustement des draperies sont traités avec le même soin que si l'œuvre était de grandes dimensions. On n'a aucune peine à y reconnaître le style de l'époque de Lysippe, et ce monument prend rang parmi les plus belles œuvres du IVe siècle qui nous soient connues.

Certaines pièces de la collection de Dodone, d'un aspect fort étrange, témoignent du goût original qui présidait à la décoration des armures grecques. Parmi les garde-joues de casques trouvés par M. Carapanos, il en est qui imitent le visage humain : ce sont de véritables masques, reproduisant les traits du guerrier, les détails de la barbe frisée avec soin, ou largement massée, la courbe des moustaches. Le soldat coiffé de ce casque et armé de toutes pièces semblait une véritable statue de bronze ; rien ne fait mieux comprendre la légende rapportée par Hérodote, d'après laquelle les premiers hoplites grecs qui pénétrèrent en Égypte parurent aux indigènes de véritables hommes d'airain (ἄνδρες χάλκειοι)[1].

§ III. — OBJETS DE TOILETTE. — LES MIROIRS

De Witte : *Les miroirs chez les Anciens.* Mylonas : Ἑλληνικὰ κάτοπτρα. Athènes, 1876. Cf. Dumont : *Monuments grecs* de l'Association des études grecques, 1873 ; *Miroirs grecs ornés de figures au trait.*

Grâce à l'usage qu'avaient les Grecs d'ensevelir avec le mort tout ce qui avait pu le charmer pendant sa

---

1. II, 152.

vie, les découvertes de tombeaux, dues à des fouilles ou à des hasards, ont mis au jour un grand nombre d'objets de toilette, fibules, boîtes à fard, miroirs, etc. Parmi ces objets, les miroirs grecs forment une classe importante de monuments, qui n'a attiré que depuis peu de temps l'attention des archéologues. On connaissait des miroirs étrusques et latins, les premiers en grand nombre; les miroirs grecs étudiés récemment sont infiniment supérieurs en beauté aux miroirs étrusques, et prouvent que l'art hellénique n'a pas dédaigné d'orner avec un soin exquis ces accessoires de la toilette féminine.

Les miroirs grecs, aussi bien que ceux de l'Étrurie, sont en bronze, et affectent le plus souvent la forme arrondie. Au point de vue de la technique, ils se divisent en deux classes : 1º les miroirs simples, en forme de disques, offrant une face convexe, soigneusement polie, qui reflétait l'image, et une face concave, ornée de figures tracées au burin. Ces disques sont garnis d'un manche, en forme de statuette munie d'un socle, qui permettait, soit de les tenir à la main, soit de les poser sur une table. Les peintures de vases qui reproduisent des scènes de toilette montrent souvent des femmes tenant leur miroir : sur un vase du musée Britannique, une femme se regarde dans son miroir, et à côté d'elle on lit le mot αὐτοψία (*la vue* d'elle-même). 2º Une autre forme, fréquente surtout en Grèce, est celle des miroirs figurant une boîte; ils se composent de deux disques métalliques s'emboîtant l'un dans l'autre, quelquefois réunis par une charnière. Le disque supérieur, ou le couvercle, est orné extérieurement de figures en bas-relief, tandis qu'à l'intérieur il est poli avec soin, et argenté; c'est cette face qui réfléchissait l'image. Le second disque formant le corps de la boîte est décoré, à l'intérieur, de figures gravées au trait; souvent le contour des figures est rempli par une légère couche d'argent, tandis que le fond est doré.

On voit que la technique des miroirs grecs fournit un triple sujet d'étude : 1° la gravure au trait; 2° les bas-reliefs; 3° les manches en forme de statuettes.

1° *Miroirs gravés au trait.* — Les artistes étrusques ont pratiqué avec habileté l'art de graver au burin, comme le prouvent les nombreux miroirs trouvés en Étrurie. Mais sur ce point, comme sur beaucoup d'autres, les Grecs ont été leurs maîtres. Que les Grecs aient été initiés à cet art par les Orientaux, la question n'est pas douteuse[1]; toutefois il faut reconnaître que les Hellènes ont porté à la perfection l'art de graver au burin sur le bronze; et cette extrême habileté, jointe à la rareté des monuments connus, donne une haute valeur aux miroirs grecs qui nous ont été conservés[2]. Un des plus beaux exemplaires, parmi les miroirs gravés, est celui qui représente le héros éponyme de Corinthe (Κόρινθος) couronné par une femme (Λευκάς) personnifiant la colonie corinthienne de Leucade. Le héros, à demi nu, est assis sur un siège aux pieds massifs; un manteau couvre le bas

---

1. Voir les coupes de métal travaillées au burin, de provenance cypriote. *La patère d'Idalie. Rev. Arch.*, 1872.
2. Sur le nombre des miroirs connus, voir A. Dumont : *Bull. de Corr. hell.*, 1877. *Miroirs grecs.* Le premier a été découvert à Corinthe en 1867.

du corps, et le torse apparaît dans toute la beauté de ses formes robustes ; la tête a une expression calme et puissante. Il se tourne vers Leukas, qui, drapée dans

FIG. 136. — LEUKAS ET CORINTHOS.
(Miroir grec gravé au trait.)

l'himation, couronne le héros ; une rosace, des fleurs et des plantes marines, dessinées dans le champ, complètent la composition. Le goût très simple qui a dicté l'ordonnance de la scène, la perfection du dessin et la hardiesse de certains détails, témoignent des qualités les plus rares de l'hellénisme. Qu'on compare ce miroir aux plus beaux des miroirs étrusques, on reconnaîtra bien vite quelle distance sépare ce style élégant et pur de la lourdeur des dessins étrusques. Parmi les autres miroirs grecs, celui du génie des combats de coqs (au musée de Lyon) et celui des danseuses, le cèdent à peine au miroir de Corinthos. L'étude de ces monuments a révélé la perfection de l'art grec dans un genre qu'on avait cru longtemps le privilège exclusif de l'Étrurie.

2° *Couvercles de miroirs avec bas-reliefs*. — Les bas-reliefs de bronze qui décorent les couvercles de miroirs rentrent dans des séries déjà connues ; ils n'ont pas, comme les figures gravées, l'avantage de représenter une branche, ignorée jusqu'ici, de l'industrie hellénique. Néanmoins, on ne saurait méconnaître la valeur artistique de ces reliefs, dont plusieurs appartiennent à la meilleure époque. Celui qui montre Ganymède enlevé par l'aigle est un chef-d'œuvre de grâce (fig. 137). Sur un autre relief, un Silène ivre porte une Ménade, en tenant sur sa hanche le genou de la jeune femme, tandis qu'un Éros aux longues ailes vole devant le groupe ; bien que le style soit déjà des derniers temps, il a conservé toute la finesse de la belle époque de l'art. En général, les reliefs de miroirs[1] offrent des sujets empruntés aux cycles d'Aphrodite et de Dionysos ; divinités d'un caractère gracieux et sensuel, dont le cortège joyeux, Éros, Pans ou Ménades, inspire la verve des artistes ; ces motifs

---

1. Ils sont encore peu nombreux, et ne dépassent pas le chiffre de trente.

sont d'ailleurs en parfait accord avec la destination des objets qu'ils décorent.

FIG. 137. — GANYMÈDE ENLEVÉ PAR L'AIGLE.
(Miroir grec à relief.)

3° *Pieds de miroirs.* — Depuis que les miroirs grecs ont été étudiés avec plus de soin, on a pu reconnaître que plusieurs statuettes de style italo-grec, déjà publiées, avaient servi de manches à des miroirs. La série de ces monuments s'est donc rapidement enrichie. Au point de vue de l'histoire de l'art, ces figurines forment une suite précieuse. Les plus anciennes ont toute la raideur archaïque et rappellent les figures de femmes qui ornaient le faîte du temple d'Égine. L'une d'elles, qui appartient à une collection privée d'Athènes, offre la représentation d'Aphrodite sous sa forme ancienne : la déesse, étroitement serrée dans un manteau qui dessine le corps, les pieds joints, tient une colombe, et deux chimères aux ailes retroussées soutiennent le disque du miroir. Toute autre est la figurine que nous reproduisons (fig. 138) : le style a déjà toute sa perfection, et l'attitude droite du corps, les plis verticaux du costume, rappellent seuls le style sévère de l'époque précédente ; deux Éros ailés supportent le miroir, sur les bords duquel court une élégante rangée d'oves[1].

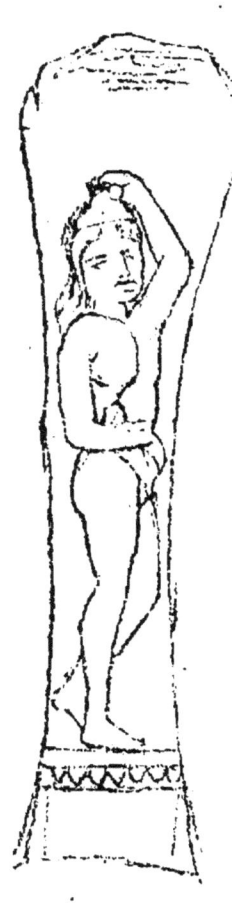

FIG. 138.
MANCHE DE STRIGILE
GRAVÉ AU TRAIT.
(Athènes, inédit.)

On ne saurait énumérer tous les objets de bronze qui constituent ce qu'on appelle la *muséographie;* nous signalerons pourtant les disques de bronze à gravures, encore fort peu nombreux, et qui ne doivent pas être confondus avec les miroirs. Le musée de Berlin en pos-

[1]. Cette figurine a été dessinée par M. Chaplain pour paraître dans un ouvrage encore inédit de MM. Dumont et Chaplain, à qui nous devons d'avoir pu donner la gravure ci-jointe.

FIG. 139. — PIED DE MIROIR GREC.

sède un fort bel exemplaire, représentant un éphèbe s'exerçant aux haltères. Ces disques sont, le plus souvent, des ex-voto. Le procédé de la gravure a été aussi appliqué à d'autres objets, comme les plaques servant à décorer des meubles ou des manches de strigiles, instruments employés dans les palestres et les gymnases, et dont les athlètes se servaient pour racler leur corps couvert de sueur et d'huile. Le manche de strigile figuré ici se trouve au musée du Varvakéion, à Athènes.

L'étude des petits bronzes promet encore de curieuses découvertes. On voit par ces exemples que rien ne doit être dédaigné par l'archéologie. L'examen de ces petits monuments contribue puissamment à développer le tact, à faire cette éducation de l'œil, sans laquelle il n'y a pas d'études archéologiques. En même temps, rien ne fait mieux apprécier à quel point l'unité régnait dans tous les arts de la Grèce; les Hellènes n'auraient pas admis que les objets d'usage quotidien, produits de l'art le plus modeste, fussent dépourvus de cette élégance qui était pour la race grecque le plus impérieux besoin.

CHAPITRE II

L'ORFÈVRERIE, LES BIJOUX

De Lasteyrie : *L'orfèvrerie depuis les temps anciens jusqu'à nos jours*. — Billing : *The Science of Gems, Jewels*, etc. Londres, 1867. — Clément : *Catalogue des bijoux du musée Napoléon III*. Paris, 1862. — Arneth : *Die Antike Gold-und Silbermonumente des Antik. Cabinet in Wien*. — Daremberg et Saglio : *Dictionnaire des Antiquités grecques et romaines*; art : *Caelatura*.

Le travail des métaux précieux constitue une branche importante de la *toreutique*, et, à l'origine, les Grecs ne séparaient pas ces deux arts; dans l'antiquité homérique, l'ouvrier qui travaille le bronze (χαλκεύς) est en même temps orfèvre (χρυσοχόος)[1]. La Grèce, longtemps pauvre en métaux précieux, attribuait à l'orfèvrerie, comme à l'art du bronze, une origine légendaire : si les Cabires et les Dactyles étaient les premiers forgerons, les Telchines étaient les premiers orfèvres. On

---

1. *Odyssée*, III, 425-432.

sait déjà que ces légendes dissimulent le plus souvent des emprunts faits à l'Orient asiatique. La part qui revient à l'Orient dans l'initiation de la Grèce aux procédés de ces arts délicats est évidente : les bijoux d'or et d'argent, les vases en métaux précieux étaient par excellence des objets de commerce, apportés par le trafic des Phéniciens. Les trouvailles de Mycènes laissent peu de doutes sur ce point. Aux temps homériques, les ouvrages en métal les plus recherchés viennent de l'étranger; le plus bel éloge qu'en puisse faire Homère, c'est de dire qu'ils ont été fabriqués à Cypre ou à Sidon. La cuirasse et le char d'Agamemnon sont un présent du roi de Cypre [1]; le cratère d'argent donné en prix par Achille aux jeux funèbres en l'honneur de Patrocle, est l'œuvre d'artistes sidoniens [2]. Les monuments qui nous aident le mieux à comprendre les descriptions d'Homère sont les pièces d'orfèvrerie découvertes à Cypre, à Rhodes, et jusqu'en Italie [3]; ces coupes d'argent ciselé, travaillées au repoussé, offrant des scènes guerrières ou religieuses disposées par zones, nous donnent une idée exacte des vases précieux que les navigateurs phéniciens importaient en Grèce, et qui ont fourni les principaux éléments des descriptions homériques.

Au reste, les bijoux du style le plus ancien trouvés dans les pays grecs, accusent nettement cette influence

---

1. *Iliade*, XI, 19.
2. *Iliade*, XXIII, 741.
3. Voir les coupes de Cittium et de Larnaca au musée du Louvre, et surtout la belle patère d'Amathonte, publiée par M. Colonna-Ceccaldi. *Rev. Arch.*, 1876.

de l'Orient sur les objets de luxe et de parure à l'époque du VIIIe siècle. Sans multiplier les exemples, nous citerons un curieux bandeau d'or estampé, trouvé à Athènes[1], qui montre une suite d'animaux rappelant de très près, par la disposition et par le style, les zones d'animaux asiatiques. Le groupe de bijoux le plus important, pour cette période, est celui que M. Salzmann a découvert à Rhodes, dans la nécropole de Camiros. Le style oriental qui les caractérise apparaît dans des plaques estampées d'un or très pâle, qui appartenaient à un collier ; elles offrent deux types alternant : d'une part, un Centaure à pieds humains, coiffé à l'égyptienne, et figuré sous sa forme la plus ancienne ; de l'autre, une déesse asiatique, l'Artémis persique ou Anaïtis, tenant de chaque main un lion ou une panthère.

Avec les types d'ornementation, les Grecs reçoivent de l'Orient la science des procédés techniques ; aussi l'orfèvrerie se développe-t-elle, comme l'art de travailler les autres métaux, dans la Grèce asiatique. Les toreuticiens de Samos et de Chio sont également des orfèvres ; et ils arrivent rapidement à une telle habileté de main, que l'Orient leur fait à son tour des emprunts. Désormais, les artistes grecs vont apporter dans l'exécution des objets de luxe et de parure un goût exquis et une perfection de procédés qui s'imposent à l'imitation des Étrusques eux-mêmes, ces maîtres consommés dans l'art de ciseler les métaux précieux.

---

1. Musée du Louvre. Le même musée possède des ornements d'or, boutons ou boucles d'oreilles, décorés de têtes humaines coiffées à l'égyptienne : ces bijoux proviennent de Mégare.

Les bijoux trouvés dans la Grèce propre sont assez rares : une des plus riches collections de bijoux grecs, celle de l'Ermitage, à Saint-Pétersbourg, provient de l'ancienne Panticapée (aujourd'hui Kertsch) en Crimée[1]. Comment des œuvres de travail évidemment grec sont-elles parvenues dans des pays aussi lointains ? Le fait n'a rien de surprenant, si l'on songe qu'au ve et au ive siècle, la renommée des artistes grecs s'étendait assez loin, pour que les princes du Bosphore cimmérien les fissent travailler pour eux, soit à Athènes, soit dans leur propre pays. Un autre lieu de provenance, plus riche encore en bijoux grecs, est l'Étrurie : ce sont les nécropoles étrusques de Vulci et de Caeré qui ont fourni les éléments de la collection du musée grégorien, à Rome, et de la collection Campana, dont le Louvre s'est enrichi. Malgré leur origine étrusque, ces objets n'en sont pas moins de précieux documents pour l'histoire de l'orfèvrerie grecque ; ils appartiennent à la période où l'ancien art étrusque, issu de l'Asie, a fait place à un art dérivé de la Grèce. A ce moment, les relations sont fréquentes entre les deux pays, et le goût hellénique domine dans ces œuvres délicates, dont le travail minutieux convient aux qualités les plus particulières du génie étrusque.

La technique des bijoux grecs offre encore bien des problèmes qui commandent une étude attentive. De nos jours, des orfèvres romains, MM. Castellani, ont

---

[1]. Ces bijoux ont été publiés dans les *Antiquités du Bosphore cimmérien*, et dans les *Comptes rendus de la commission archéologique de Saint-Pétersbourg*.

essayé de les résoudre par des essais pratiques, et par des imitations exécutées avec une parfaite habileté[1]. Il faut cependant reconnaître que sur certains points, les secrets de l'industrie antique n'ont pas été pénétrés ; on se demande encore par quels procédés les artistes grecs et étrusques réalisaient ces œuvres d'une finesse inimitable. Le *granulé,* genre de décoration qui consiste à fixer sur une feuille d'or de petites perles d'or presque invisibles, et qui est employé dans la plupart des bijoux étrusco-grecs, est un de ces secrets que l'art moderne désespère de découvrir.

Le principe qui guidait les artistes grecs semble avoir été le suivant : attribuer une grande supériorité au mérite du travail sur la valeur de la matière employée. Aussi ce n'est pas le luxe des pierres précieuses qui donnait aux bijoux grecs un si haut prix : c'est l'exquise ciselure du métal, et la fantaisie déployée dans l'ornementation. Les éléments en sont empruntés à la nature ; ils comportent des fruits, des fleurs, des feuillages, auxquels vient se joindre l'imitation de la figure humaine. Tous ces motifs sont agencés avec un art fécond en ressources, dont la seule loi est le caprice. Toutefois, la destination des bijoux impose à l'artiste certaines données : ainsi la fantaisie a plus de liberté dans la décoration des pendants d'oreilles, des pendeloques de collier, que dans celle des bracelets ou des couronnes, dont l'art est plus sévère.

---

1. Castellani : *Communication faite à l'Académie des Inscr. et Belles-Lettres,* 20 décembre 1860, et *Della orificeria italiana,* Roma, 1872.

Avant de signaler quelques-uns des types adoptés par les orfèvres grecs, il importe de distinguer, parmi les bijoux anciens, ceux qui ont une destination funéraire, et ceux qui étaient faits pour être portés. Les premiers étaient des ornements de parade, dont on revêtait le mort le jour des funérailles, et qu'on ensevelissait avec lui ; il n'était pas rare qu'on fît ainsi l'économie de bijoux réels. Telles sont les couronnes qu'on trouve dans beaucoup de tombeaux grecs [1] ; elles imitent le feuillage de l'ache, du laurier, etc.; mais l'extrême ténuité des feuilles d'or battu où elles ont été découpées, indique assez qu'elles n'étaient faites que pour l'usage d'un jour. Il est à peine besoin d'indiquer que l'art des orfèvres réservait ses qualités et ses ressources pour les bijoux destinés à être portés.

Il est difficile de passer en revue tous les objets de la parure féminine où s'exerçait la fantaisie des orfèvres ; le caprice et la mode y règnent en maîtres, et créent une infinie diversité de types. Nous nous bornerons à citer quelques exemples. Un des plus beaux bijoux étrusco-grecs du Louvre est un diadème de femme, ou *stéphané*, où des perles en pâte de verre et des palmettes émaillées sont associées aux ornements d'or ciselé [2]. Le diadème imite une couronne de fleurs,

---

[1]. Le musée du Varvakéion, à Athènes, possède des couronnes d'or de ce genre. On en voit aussi au Louvre, au musée de l'Ermitage, à Saint-Pétersbourg, et au musée Grégorien, au Vatican. Les textes anciens font allusion à cette coutume : Ménandre (dans Stobée, *Floril.* CXXIII. 2) parle d'un mort richement paré : πολυτελὴς νεκρός.

[2]. *Bijoux du musée Napoléon III*, n° 1.

faite de marguerites et de fleurs plus petites, auxquelles sont mêlées des aigrettes de feuillage d'un travail exquis. C'était là un objet de parure bien distinct de la superbe couronne d'or, trouvée à Armento, aujourd'hui possédée par l'Antiquarium de Munich. Elle se compose de branches de chêne, auxquelles s'enlacent des guirlandes de fleurs, tandis qu'à la partie supérieure des figures ailées sont placées au milieu du feuillage. L'inscription gravée sur le socle d'une de ces figurines indique le caractère votif de cette œuvre d'art : « Kreithonios a consacré cette couronne. » Peut-être a-t-elle fait partie du trésor d'un temple.

Les colliers se composent souvent de plusieurs rangs de chaînettes terminées par des pendants ; celui du milieu, de dimensions plus grandes, est le plus travaillé, et représente une fleur, ou une tête de divinité. Le musée de l'Ermitage, à Pétersbourg, est très riche en bijoux de ce genre trouvés en Crimée. Nous citerons surtout une magnifique pendeloque, provenant de la tombe d'une prêtresse de Déméter. Des chaînettes et des glands d'or sont suspendus à une plaque ciselée, qui représente une Néréide portant les cnémides de l'armure d'Achille. Mais c'est surtout dans l'exécution des pendants d'oreilles que les orfèvres font preuve d'une surprenante fécondité d'invention. Tantôt, c'est un motif très simple, un bouton ciselé surmontant une petite figure travaillée au repoussé ; tantôt, c'est une complication savante de chaînettes et de figures, quelquefois réunies en groupes. Un des plus merveilleux exemples de cette habileté de main est la paire de pendants d'oreilles trouvée dans un tombeau de Bolsena; l'artiste y a reproduit, dans des dimensions infiniment petites, le char du soleil conduit par le dieu, et accompagné de Victoires ailées. Au-dessus est figurée une sorte de coupole, d'où pendent des chaînettes, terminées par des palmettes et des amphores. A voir ce prodige d'habileté technique, on songe sans peine aux chefs-d'œuvre de délicatesse attribués aux toreuticiens grecs, à Callicratès de Lacédémone et à Myrmécidès d'Athènes ; c'était toujours le même motif : un petit quadrige de fer, qu'une mouche pouvait couvrir de ses ailes.

Les bracelets, les fibules, ou broches pour attacher le peplos, sont nombreux dans nos musées. Le travail est ordinairement plus simple; les bracelets se composent, le plus souvent, de cercles massifs et ciselés, ou de plaques au repoussé, réunies par bandes et munies d'un fermoir. Celui qui est reproduit ici, et qui date de l'époque romaine, se compose d'imitations d'hektés de Mitylène, montées avec de petits grenats. Enfin on trouve aussi dans les tombeaux grecs des plaques d'or ou d'argent, travaillées au repoussé, et qui avaient pu servir à décorer des vêtements. Telle est la plaque ci-jointe, qui provient d'Athènes, et qui offre un joli spécimen des sujets qu'aimaient à traiter les ciseleurs. C'est une jeune fille, pesant deux Éros dans les plateaux

FIG. 140. — BRACELET D'OR. (Trouvé en Épire.)

d'une balance; on y retrouve comme un spirituel commentaire des épigrammes de l'Anthologie, où les poètes raffinent à l'envi sur les plus délicats sentiments de l'âme. C'est la mythologie galante dont s'inspirent les artistes, pour décorer les objets de parure et pour se conformer au goût raffiné des classes élégantes.

FIG. 141.
PLAQUE D'ARGENT.
(Trouvée en Attique.)

A l'art de la ciselure se rattachent encore les grandes pièces d'orfèvrerie, dont l'usage devient fréquent en Grèce vers l'époque macédonienne. Sous les successeurs d'Alexandre, la vie grecque perd sa simplicité première, et le luxe déployé dans leurs cours contribue au développement rapide de cette branche de l'art industriel [1]. Aussi les artistes cités par Pline comme les maîtres de la ciselure sont-ils, pour la plupart, contemporains des Ptolémées et des Séleucides. Mentor, Acragas, Boëthos sont les plus brillants parmi ces toreuticiens, que l'on désignait sous le nom de *petits artistes* (μικρότεχναι), et qui appliquaient leur talent à décorer de reliefs des vases de métal précieux. On ne peut guère juger de leur art que par les textes; les vases d'argent de la belle époque grecque sont très rares. Le vase de Munich représentant les Troyens

---

[1]. Voir dans Athénée (V, 29-30) la description de la pompe de Ptolémée Philadelphe, où l'on portait des vases ornés de sujets bachiques et de masques théâtraux ciselés en haut relief.

captifs, celui de l'Ermitage (trouvé à Nicopol), où sont figurés des Scythes dans leur costume national, tout en accusant un style grec encore très pur, sont sans doute d'une date plus récente. A l'époque romaine, le goût pour les vases d'or et d'argent devient général ; mais le style dégénère singulièrement. Les ornements sont distribués avec profusion, le relief prend une saillie exagérée, et tout est sacrifié à une recherche évidente de la richesse. Parmi les spécimens de l'argenterie antique qui nous sont parvenus, il en est fort peu où la pureté du style, la discrétion des ornements trahissent la copie d'un original grec [1].

1. Par exemple, la coupe trouvée à Porto-d'Anzio et connue sous le nom de coupe Corsini. V. Michaëlis : *Corsinische Silbergefass*.

FIN

TABLE DES MATIÈRES

LIVRE PREMIER

LES ORIGINES DE L'ART GREC

Chapitre Ier. — Période gréco-pélasgique.	9
§ I. — Les antiquités de Santorin et d'Hissarlik	9
§ II. — Les antiquités de Mycènes, de Spata, de Rhodes	14
Chapitre II. — Les origines orientales.	21
§ I. — Influences phéniciennes.	23
§ II. — Influences égyptiennes	26
§ III. — Influences assyriennes	28
§ IV. — L'art lydo-phrygien.	31
Chapitre III. — Période gréco-orientale.	33
§ I. — L'art homérique	33
§ II. — L'art au VIIe siècle	35

LIVRE II

L'ARCHITECTURE

Chapitre Ier. — Les monuments gréco-pélasgiques	39
— II. — Les ordres, leurs origines, leurs principes.	43
§ I. — Origines des ordres	43

Chapitre II. — § II. — L'ordre dorique 46
§ III. — L'ordre ionique 52
§ IV. — L'ordre corinthien. 60
Chapitre III. — Les monuments. . . . . : . . 63
§ I. — Le temple. — Les proportions. — La disposition extérieure. — La disposition intérieure. — L'éclairage des temples hypèthres. — La polychromie. 63
§ II. — Les propylées. — Les portiques . . 82
§ III. — Les théâtres. — Les odéons. — Les stades. 88

LIVRE III

LA SCULPTURE

Chapitre Ier. — Les origines légendaires jusqu'à la fin du VIIe siècle. 99
Chapitre II. — Les maîtres primitifs. 104
§ I. — Grèce orientale. 104
§ II. — Grèce continentale. 106
§ III. — Monuments conservés 109
Chapitre III. — L'archaïsme jusqu'à l'olympiade LXXX . . . 116
§ I. — Écoles doriennes du Péloponèse . . 116
§ II. — École d'Égine 124
§ III. — École attique, ... 128
§ IV. — La Grèce asiatique et les îles. . . . 137
Chapitre IV. — La sculpture jusqu'à l'olympiade XCVI. . . . 142
§ I. — Kalamis et Myron 142
§ II. — Phidias et son école 148
§ III. — Les marbres du Parthénon. 156
§ IV. — La tradition attique au Ve siècle . . 167
§ V. — La sculpture dans le Péloponèse. — Les marbres d'Olympie. — Les marbres de Phigalie. 171
§ VI. — École d'Argos : Polyclète 182
Chapitre V. — La sculpture jusqu'au temps d'Alexandre. . 187
§ I. — Scopas. 188
§ II. — Praxitèle. 192
§ III. — École argivo-sicyonienne. 200

Chapitre VI. — La sculpture au temps de l'Hellénisme . . . 204
    § I. — École de Pergame 205
    § II. — Écoles de Rhodes et de Tralles . . 210
Chapitre VII. — Les stèles et les ex-voto 213
    § I. — Stèles funéraires. 214
    § II. — Ex-voto aux divinités 222
    § III. — Marbres relatifs à la vie politique . 225

LIVRE IV

LES FIGURINES DE TERRE CUITE

    § I. — Les plaques estampées 232
    § II. — Les figurines de terre cuite 236

LIVRE V

LES VASES PEINTS

Chapitre Ier. — Questions générales de l'histoire de la céramique. 253
Chapitre II. — Formes et technique des vases peints. . . . 258
    § I. — Formes des vases 258
    § II. — Technique des vases. Formules des signatures. 267
Chapitre III. — Classification des vases peints 271
    § I. — Vases d'ancien style 272
    § II. — Vases à peintures noires 283
    § III. — Vases à figures rouges et vases de style récent 291
Chapitre IV. — Les plaques de terre cuite peintes 313

LIVRE VI

NUMISMATIQUE ET GLYPTIQUE

Chapitre Ier. — Numismatique 317
Chapitre II. — Glyptique 326

LIVRE VII

BRONZES ET BIJOUX

Chapitre I er. — Les bronzes 335
        § I. — Les petits bronzes 337
        § II. — Objets d'ornementation. — Plaques
                  en bronze repoussé 344
        § III. — Les objets de toilette.— Les miroirs. 346
Chapitre II. — L'orfèvrerie. — Les bijoux. 355

Paris. — Typ. A. Quantin, 7, rue Saint-Benoît.

www.ingramcontent.com/pod-product-compliance
Lightning Source LLC
Chambersburg PA
CBHW070845170426
43202CB00012B/1946